高等职业院校职业素质类公共基础课程教材

心理健康教育

（第二版）

XINLI JIANKANG JIAOYU

主　编　韩　玉　周艳娟

副主编　张　辉　肖震宇

编　委　马　青　刘美佳

　　　　张丹丹　李　赛

中国教育出版传媒集团

高等教育出版社·北京

内容提要

本书是高等职业教育教学用书,是在上一版基础上修订而成的。

本书以高职学生的成长需求为主线,共4个模块、12个单元,每个单元都按照理论阐述和实践活动相结合的思路进行编写。内容包括:了解自我(直面新境、悦纳自我、调控情绪、完善人格),学习成长(善于学习、善用网络、快乐交往),积极面对(把握真爱、化解压力、战胜危机),职业发展(理性择业、适应职场)。为了利教便学,部分学习资源(如心理问卷、测试量表)以二维码形式提供在相关内容旁,可扫描获取。本书另配有教学课件等教学资源,可供教师教学使用。

本书适合作为高等职业院校的公共基础课程教材,也可作为社会人员的心理辅导用书。

图书在版编目(CIP)数据

心理健康教育 / 韩玉,周艳娟主编. — 2 版. — 北京:高等教育出版社,2024.8(2025.9重印). — ISBN 978-7-04-062278-2

Ⅰ. G444

中国国家版本馆CIP数据核字第2024W9Q744号

策划编辑 雷 芳 责任编辑 余 红 封面设计 张文豪 责任印制 高忠富

出版发行	高等教育出版社	网　址	http://www.hep.edu.cn
社　址	北京市西城区德外大街4号		http://www.hep.com.cn
邮政编码	100120	网上订购	http://www.hepmall.com.cn
印　刷	上海叶大印务发展有限公司		http://www.hepmall.com
开　本	787 mm × 1092 mm　1/16		http://www.hepmall.cn
印　张	17.5	版　次	2024年8月第2版
字　数	401千字		2021年7月第1版
购书热线	010-58581118	印　次	2025年9月第2次印刷
咨询电话	400-810-0598	定　价	38.00元

本书如有缺页、倒页、脱页等质量问题,请到所购图书销售部门联系调换

《中华人民共和国职业教育法》明确提出：职业教育是国民教育体系和人力资源开发的重要组成部分。习近平总书记指出：职业教育是广大青年打开通往成功成才大门的重要途径，肩负着培养多样化人才、传承技术技能、促进就业创业的重要职责。当前，我国正在进一步全面深化改革，推进中国式现代化，需要培养更多高素质技术技能型人才、能工巧匠和大国工匠，青年学生步入高职院校，开启大学生活，应努力成为堪当强国建设、民族复兴大任的栋梁之材。

进入高职教育阶段，青年学生怀揣梦想而努力奋斗。生产方式的变革和社会节奏的加快，影响着青年学生的心理健康和行为发展。拥有积极健康的心理，青年学生就能坦然面对人生道路上的挑战、竞争和压力，形成广泛而稳定的兴趣，培育善于学习、执着钻研探索的精神。

心理健康和精神卫生是一项事关国家人口高质量发展的系统工程，也是关系人民健康幸福的重大公共卫生问题和社会问题。党的十八大以来，以习近平同志为核心的党中央高度重视心理健康和精神卫生工作。党的十九大、二十大报告分别强调，"加强社会心理服务体系建设""重视心理健康和精神卫生"。《全面加强和改进新时代学生心理健康工作专项行动计划（2023—2025年）》对学生心理健康工作作出系统安排，为新时代青少年心理健康奠定了坚实基础。加强和改进青少年心理健康工作，是培养造就一代新人，提高民族素质的重要保证，也是社会主义现代化建设事业兴旺发达的必然要求。

开设心理健康教育课程就是要给青年学生提供一个职业发展的推力，让青年学生在追寻人生梦想和职业成功的过程中获得更全面的竞争力，把握人生出彩的机会，在大学期间掌握一些应对压力的有效方法和情绪管理的技巧，在不同的情景和压力下，有效地控制和调节自己的情绪，更好地调控自我、悦纳自我、实现自我，这样不仅能愉快、高效地学习，与老师、同学和谐相处，还能在未来的职场中从容应对可能出现的各种复杂情况，到达职业梦想的彼岸！

好的课程离不开好的教科书。本书编写组从新要求、新理念、新成果、新体系、新模式、新学情入手，大胆探索，贯彻"大思政教育观"和"积极心理健康教育理念"，在编写和修订过程中充分体现针对性强、科学性强、可读性强、互动性强、时代性强、实践性强、思想性强的特色。如第3单元情绪管理的内容，按照合理情绪理论的方式阐述情绪ABC理论，完善和修订了心理箴言、案例等内容，将呼吸减压法改为调息放松法，更利于师生科学认知和操作。第2单元第2节"自我意识的偏差"，增加了自我中心和从众心理、过分的独立意向与过当的逆反心理的内容，使教学内容更为完整。在系统修订本书内容的同时，编写组尤其注重提升编写质量和适用性。通过心理箴言、典型案例等方式，有机融入课程思政内容，让师生共同收获感悟，逐步确立自尊自信、理性平和、积极向上的健康心态。通过案例分析、活动与训练、测评分析、思考与讨论等环节，运用体验式、互动式学习方式，引导学生理解心理健康教育的核心要素、关键领域和重点环节，将心理健康教育与日常生活、学习以及实习实训、就业等方面的实际问题紧密结合起来，让学生在掌握心理健康教育知识的同时，不断提升心理健康素养和心理调整的能力。

本次修订工作由沈阳师范大学韩玉主持，韩玉和哈尔滨医科大学周艳娟担任主编，上海思博职业技术学院张辉、中国科学院心理研究所肖震宇担任副主编。上海思博职业技术学院马青、天津职业技术师范大学刘美佳、重庆财经职业学院张丹丹、陕西工商职业技术学院李赛参与编写。《中国培训》杂志编辑部苗银凤负责统稿工作，并提供了许多专业资料、制作电子课件和教学资源。

在本书出版之际，我们向给予本书编写大力支持的各界人士表示衷心的感谢。尽管我们对编写体系和内容进行了反复推敲，但书中难免有疏漏和不足之处，期待广大读者批评指正。

编　者

目 录

第1模块 | 了解自我

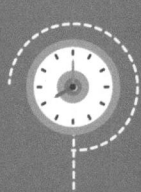

引导语

从高中到大学是人生的一个重要转折点，学生的生活发生了很大的变化。在这样的一个转变过程中，很多职业院校新生在新的环境里心理上会很不适应。学生心中"理想的我"与"现实的我"会发生剧烈的心理碰撞，再加上很多新生都是脱离原有的生活环境来到陌生的城市上学，又从曾经受老师器重、家长宠爱和同学瞩目的状态中，转变成平等独立的角色，这就容易导致部分学生出现心情低落、性格孤僻、思念亲人、怀念家乡的情绪，更严重者则会出现学习积极性不高、不自律，我行我素"混日子"等现象。因此，及时对新生的心理不适应状况进行梳理和调整是十分必要的。职业院校新生要更准确了解自己的现状，尽快从高中到职业院校的"跨度"变化过程引起的身心失衡中摆脱烦恼与困惑，为整个职业院校生活和今后成才的道路打下良好的基础。

心理健康是人们健康快乐生活的必要条件，只有心理健康，心情才会平静愉悦，人的精神状态才会变好，做事的效率才会提高，遇到困难才会以积极的态度去面对。健康良好的心理是取得成功的基础。没有健康的心理，就没有健康的人生。不论我们暂时处于什么样的境遇，面对什么样的苦难，我们都应该开启一段"把握人生、适应生活"的旅程，学会把握自己的人生，适应大学新的生活，让自己的青春更精彩！

学习目标

- ➲ 理解心理健康的含义及重要性。
- ➲ 理解大学新生适应的含义。
- ➲ 掌握正确评价自己心理健康状况的方法。
- ➲ 了解影响大学生心理健康的因素及其常见的心理问题。
- ➲ 学会合理运用方法解决可能出现的心理困扰。

1.1 全面认知健康,幸福从"心"开始

导入案例

高职新生心理问题不容忽视

　　某生高一的时候学习成绩非常好,妈妈非常希望她考入重点大学,然而家庭的期待给她带来了极大的学习压力,造成她思想包袱过重,高考发挥失常。进入高职院校园林技术专业学习后,她晚上睡觉时总梦到高中同学和高中时发生的一些事,白天无精打采,没有目标,无所适从。高职院校具有鲜明的职业教育特色,高中生向大学生的角色转型,新环境的适应等,无不对她提出新的挑战。

　　分析:这是高职院校新生入学常遇到的心理困扰,在心理学上称之为"回归心理"。它产生的主要原因是对新环境的不适应,对新环境产生极大的陌生感和疏离感,通常表现为沉迷于过去,有一种希望回到过去的心态。出现"回归心理"属于一种正常的现象。每一个人在离开一个熟悉的环境,到一个陌生的地方后都容易产生这种心态。但是,如果长期处在一种留恋过去的心理状态中,就会造成对现有生活和学习上的不安心理,对现状不满,无法体验到生活和学习的愉悦,逐渐形成阻碍学习的心理压力,更严重者甚至夜不能眠、烦躁、焦虑,影响正常的学习和生活。

一 心理健康的含义

　　从广义上讲,心理健康是指一种高效而满意的、持续的心理状态。从狭义上讲,心理健康是指人的基本心理活动的过程内容完整、协调一致,即认识、情感、意志、行为、人格完

整和协调,能适应社会,与社会保持同步。

心理健康是维护个体正常心理状态,减少行为问题和精神疾病的原则、措施及活动的总称。心理健康的理想状态是保持性格完美、智力正常、认知正确、情感适当、意志合理、态度积极、行为恰当、适应良好的状态。与心理健康相对应的是心理亚健康以及心理病态。

心理健康的重要性

(一)心理健康有利于促进身心的健康发展

世界卫生组织认为健康不但指没有身体疾患,而且指有完整的生理、心理状态和社会适应能力。人的生理与心理的关系非常密切,某种生理变化或疾病对人的心理活动有着明显的影响,心理状况对人的身体健康有着不可忽视的作用。

研究表明,在生活节奏快、压力大的城市,如北京和上海,人们患高血压的概率远大于其他城市。部分医院设有神经科,专治由于心理原因而非身体原因造成的疾病,如神经性胃炎、偏头痛、神经衰弱等,其实药物治疗只能缓解症状,起一定的暗示作用,大多数情况"心病还需心药医"。

(二)心理健康对家庭、社会安全有着极大影响

当前社会,越来越多的人患有不同程度的心理问题,有关资料显示,近几年青少年犯罪率上升,有的厌学、离家出走,甚至还有偷窃、抢劫等事件发生,这与不健康心理有密切关系。

(三)心理健康有利于提高学习和工作的效率

感觉、知觉、记忆、想象、思维都是心理活动,每个活动中还包括更细的分支,如感觉包括注意,这些心理活动都是有规律可循的。掌握知识、形成技能和培养道德品质的过程,就是学生们在这些心理活动的调节和支配下的实践过程。认识这些规律不仅可以避免日常的误区,而且可以运用这些规律更大程度地提高学习效能。

另外,每个年龄阶段都有其身心特点,如青春期的学生情绪波动普遍都较大。如果认识不到这点,部分学生会极端地认为自己突然不正常了,还有部分学生可能会将这种"不正常"转为言行,引起冲突,造成人际交往困难,最后会因影响心境而降低学习效率。

(四)心理健康有助于情商开发

心理学家们普遍认为,情商水平的高低对一个人能否取得成功有着重大的影响,甚至超过智力水平的影响。情商主要包括以下几个方面:
(1)认识自身的情绪。因为只有认识自己,才能成为自己生活的主宰。
(2)能妥善管理自己的情绪,即能调控自己。
(3)自我激励。自我激励能够使人走出生命中的低潮,重新出发。

（4）认知他人的情绪。这是与他人正常交往,实现顺利沟通的基础。

（5）人际关系的管理,即领导和管理能力。

三. 大学生心理健康的标准

> **案例** ▶ **由友情"PUA"引发心理危机的处理与分析**
>
> 　　N同学,财经商贸专业大二学生,性格内向,不擅表达,某天突然主动找到辅导员说想调换寝室,在与其沟通后了解到背后的原因。她与一位室友在日常相处中形影不离、无话不说,她也一直认为这个室友是她最好的朋友,所以当那位室友提出各种要求的时候总是尽可能去满足。但是这位室友并没有给予她同等的对待,总是习惯性地对她进行"PUA"(全称"Pick-Up Artist",可理解为精神控制),不仅时常对她爱理不理,而且还经常站在"我是为了你好"的角度"好心"地给她提出各种意见,让她改正。这段扭曲的友情不仅没有给她带来应有的快乐,反而让她每天都承受着巨大的精神压力。逐渐地她开始产生自我怀疑,价值感也慢慢降低。当她想摆脱室友对自己影响的时候,又担心会破坏两人之间的友情,随后又轻而易举地被这位室友拉回到"旋涡"之中,于是想调换寝室远离这位"朋友",重新找回自我。
>
> 　　**分析:** N同学因没有正确、及时地处理和调整自己与朋友之间的关系,从而导致彼此关系不对等,进一步产生自卑、自我价值感低等一系列负面情绪的问题。面对学业和生活的挑战,青少年需要关注自己的心理健康,学会调整心态、寻求帮助和支持。同时,学校和社会也应该为青少年提供更多的心理健康教育和支持服务,帮助他们更好地应对困难和挑战,实现全面发展和健康成长。

　　心理健康的人乐观开朗,积极向上,热爱生活,在一般情况下,总是能够保持较为满意的、良好的心境;在适中的情绪状态下,对一切充满信心和希望。

（一）智力正常

　　智力是指以思维能力为核心的各种认识能力和操作能力的总和。它是衡量一个人心理健康的最重要标志之一。智力水平是用智商来衡量的,智商可以用一个人的心理年龄与生理年龄之比来表示。一般情况下,智商在130以上为超常;智商在90以上为正常;智商在70—89为亚正常;智商在70以下为智力落后。正常的智力水平是人们生活、学习、工作的最基本的条件,绝大多数人都是智力正常的。

（二）情绪适中

情绪适中是指情绪的持续时间随着主客观情况的变化而变化，情绪活动主流是愉快的、欢乐的、稳定的。一个人的情绪适中，可以使其整个身心都处于积极向上的状态，对一切都充满信心和希望。也有人认为快乐就是心理健康，就像用体温来测量身体是否健康一样准确。心理健康的人乐观开朗，热爱生活，积极向上，充满阳光，在一般情况下，总是能够保持满意的、良好的心境。

（三）意志健全

判断一个人的意志是否健全，主要看意志品质。行动的自觉性、果断性和顽强性是意志健全的重要标志。行动的自觉性是对自己的行动目的有正确的认识，能够主动支配自己的行动，以达到预期的目标；行动的果断性是善于明辨是非，适当而又当机立断地下决定并予以执行；行动的顽强性是在作出决定、执行决定的过程中，拥有克服困难、排除干扰、坚持不懈的奋斗精神。

（四）人格统一完整

人格，又称性格，是指人类心理特征的整合、统一体，是一个相对稳定的结构组织，并在不同时间、空间下影响着人的内隐和外显的心理特征和行为模式。心理学中比较普遍的人格的定义是：所谓人格，是指一个人在社会化的过程中形成和发展的思想、情感和行为的特有统合模式，这个模式是包括个体独具的、有别于他人的、稳定而统一的各种特质或特点的总体。在心理学中，还经常运用"个性"一词表达人格的概念。人格是一个具有丰富内涵的概念，反映了人的多种本质特征。人格的各种特征不是孤立存在的，而是有机结合成一定关联的整体，对人的行为进行调节和控制。

（五）自我意识正确

自我意识是对自己身心活动的觉察，即自己对自己的认识，具体包括认识自己的生理状况（如身高、体重、体态），心理特征（如兴趣、能力、气质、性格）以及自己与他人的关系（如自己与周围人们相处的情况、自己在集体中的位置与作用）。自我意识具有意识性、社会性、能动性、同一性等特点。自我意识的结构一般体现为知、情、意三个方面，是由自我认知、自我体验和自我调节（或自我控制）三个子系统构成的。自我意识的形成主要表现为：正确的自我认知、客观的自我评价、积极的自我提升和关注自我成长。人生不同的发展阶段，其自我意识的形成各有特点。心理健康的人了解自己的优缺点，了解自己的实际能力、性格、爱好和情绪特点，并且能够依据正确的自我认知来规划安排自己的生活与工作；制订符合实际状况的预期目标，既不会低估自身价值，也不会对自己提出过高的期望，自我期待切合实际。

（六）人际关系和谐

人际交往是人们社会生活的重要内容之一，自我的发展、心理的调适、信息的沟通、各种不同层次需求的满足、人际关系的协调，都离不开人际交往。人际关系和谐是心理健康的重要标准和条件之一。在人际交往中，相互尊重、接纳，待人情感真挚、友善，以集体利益为重，乐于团结，勇于奉献等都是人际关系和谐的具体行为表现。

（七）社会适应良好

社会适应良好是指对于社会环境和一些有益或有害的刺激，能够积极地调整、适应，不让自己长期处于一种封闭、压抑的状态。简单地说就是保持一种好的适应心态，保持良好的沟通能力。"社会适应性"是"新健康教育"的一个重要组成部分，它以培养社会适应性为目的，通过运用健康管理的方法，改善人文环境、校园环境、功能环境，满足学生未来进入社会、投入社会角色与职业生涯的需要。与社会的进步和发展协调一致是心理健康的重要表现。

（八）心理行为符合大学生年龄特征

在不同年龄阶段，都会在其心理发展过程中表现出相应的特征，也称为心理年龄特征。心理发展的年龄特征，是指心理在一定年龄阶段中那些一般的、典型的、本质的特征。心理发展的年龄特征是时间的标志，代表一定的时期和阶段，一切发展都是和时间相关联的。当然，它又不是完全由时间来决定的。发展心理学通过实验研究，从大量的个别心理特征中概括出某一年龄阶段心理发展的一般趋势、典型趋势、本质趋势，虽然这些趋势不能揭示这一年龄阶段的全部个性特点，但是能够代表该年龄阶段心理发展的整体特征。一个人心理行为的发展，总是随着年龄增长而发展变化的，认知、情感和言谈举止等心理行为表现，能够基本符合他的年龄特征，就是心理健康的表现之一。

心理健康是幸福感的来源。只有拥有阳光心态的人，才能积极地面对人生的各种困境，才能处理好生活中的黑暗和悲伤。每一个人在生活当中都会遇到各种不同程度的挫折与不如意的事情，然而，由于人们对其态度不一样，结果也各有不同。就像拿破仑说的："人的一生就像一趟旅行，沿途有数不尽的坎坷泥泞，但也有看不完的春花秋月。如果我们的心总是被灰暗的风尘所覆盖，干涸了心泉，黯淡了目光，失去了生机，丧失了斗志，我们的人生岂能美好？"

心理健康是人生发展的基石。态度决定命运，而态度则由我们的心理决定，没有良好的心态，在处理事情的过程中就会出现困难。在我们成长的过程中，每一个阶段心理总会有变化，也会产生一些不适应，这就需要我们学会调节自己的心理状态。

四 影响大学生心理健康的因素

案例 **小静的心理问题**

小静是一名19岁的大一学生,她来到学校心理健康教育中心咨询的原因是她最近经常性失眠,感到情绪低落、消极、悲观,对什么都不感兴趣。她自述自己从小和妈妈一起生活,妈妈强势、独立,说一不二,小静一旦考试没考好就会被妈妈苛责。考大学前,小静按妈妈的意见,选了自己不擅长的文科,她内心十分抵触,但不敢表达出来,高考结果果然不理想。她觉得自己更擅长理科,如果不是妈妈的干涉,自己一定可以考上更好的学校,那些平时不如自己的同学考得好只是运气。

分析: 在心理学中,小静的情况被称为"酸葡萄心理",可被视为一种自我防御机制,特别是认知失调的一种表现。当个体的行为和其内在信念或价值观不一致时,可能会产生心理上的不适。为了减少这种不适,个体可能会改变自己的态度或信念,去贬低那些与自己行为不一致的事物的价值。

随着社会的发展,现代化程度的提高,人们的心理问题也在日益增多,大学生的心理健康问题也呈现上升的趋势。大学生处在特殊的发展阶段,面临着独特的发展任务,影响大学生心理健康的因素也是复杂多样的,主要包括下列三类因素。

(一)生物因素的影响

1. 遗传因素的影响

一般来说,人的心理机制是不能遗传的,主要是在后天的社会环境影响下形成和发展起来的。但是人作为一个生物整体(身体、心理),其成长发展与遗传因素的关系十分密切,尤其是人的体形、气质、神经结构的活动特点、能力与性格的某些成分都会受到遗传因素的影响。

2. 生理性疾病或生理机能障碍的影响

化学中毒、脑外伤、神经组织受损、病菌感染或个体患有内分泌机能障碍等因素,可能导致心理障碍、意识障碍、言语障碍、精神失常或人格改变等问题。如甲状腺机能混乱、机能亢进的患者,往往会出现暴躁、易怒、敏感、情绪冲动、自制力减弱等心理异常表现;肾上腺素分泌过多的患者,则会有狂躁症的临床表现,肾上腺素分泌不足的患者则可能患上抑郁症等。

(二)心理因素的影响

1. 大学生群体心理因素

大学生是一个非常独特的群体,正处于心理延缓偿付期,为建立自我同一性而进行的自我探索活动是这一阶段的重要任务。因此,大学生的心理发展也具有十分明显的特点,面临着独特的心理冲突。

（1）心理延缓偿付期。心理延缓偿付期是指：从年龄和生理上讲，绝大多数大学生已是成年人。既然是成年人，相对应地，就应当承担成年人的义务，但青年学生正处于学习的黄金时间，鉴于此，社会合法地延缓他们承担责任的时间。美国精神分析家埃里克森将"延缓偿付期"这一概念引入发展心理学，意在强调年轻人虽然在生理上已表现出足够的成熟，但是在履行社会义务和承担社会责任方面可以适当予以延缓。有了这种社会和心理的延缓偿付，大学生便可以利用这一机会通过实践、检验、树立、再检验的往复循环过程，决定自己的人生观、价值观以及职业发展观，并最终确立自我同一性。即便是这样，还是会对大学生产生很大的影响，突出的表现是成人身份与经济、社会地位的不匹配使大学生有更多的心理冲突。

（2）对自我同一性的追寻。自我同一性是指大学生在寻求自我的发展中，对自我的确认和对有关自我发展的一些重大问题，诸如理想、职业、价值观、人生观等的思考和选择，即回答"我是谁""我想成为什么样的人"等问题。在这个过程中，大学生必须利用全部积累起来的有关自己及社会的知识去回答这些问题，并借此作出种种尝试性的选择，最后致力于某一生活策略。自我同一性的确立，意味着大学生对自身有充分的了解，能够将自我的过去、现在和将来组合成一个有机的整体，确立自己的理想与价值观念，并对未来自我的发展作出自己的思考。

2. 个体心理因素

从个体心理的角度来说，大学生的心理问题与他们不良的人格倾向有很密切的关系。影响大学生心理健康的人格倾向或与人格相关的因素主要有以下几个方面。

（1）情绪的不稳定性和内隐性。大学生多数处在青年初期，情绪体验上常表现出两大特点：一是情绪起伏较大，即情绪高涨时可以狂热且不顾后果，而一遇到挫折，就会马上灰心丧气、万念俱灰；二是当大学生意识到自己已经是成人时，便开始学着隐藏自己的情绪，不轻易流露真实想法，这种情绪的隐藏可能导致大学生缺乏社会支持，出现心理问题。不过随着年龄增长，会趋于稳定。

（2）归因方式的片面性。归因方式也称"归因风格"或"解释方式"，是指个体对事件发生的原因习惯上倾向于作怎样的解释。归因方式通过个体对多个事件发生的原因进行判断来评定。大学生由于发展阶段、自身阅历和辩证思维能力的发展还不完善，容易产生错误的认知、归因和应对方式。

大学生常提出诸如此类的归因问题，如"我为什么成功（或失败）""为什么我测试总是考不过别人"。美国心理学家伯纳德·韦纳认为，人们对行为成败原因的分析可归纳为能力、努力、任务难度、运气、身心状况和其他（如别人帮助或评分不公）六个方面。韦纳按各因素的性质，将其分别纳入以下三个向度之内。

① 因素来源：指当事人自认影响其成败因素的来源，分为个人条件（内控）和外在环境（外控）两项。在这一向度上，能力、努力及身心状况三项属于内控，其他各项则属于外控。

② 稳定性：指当事人自认影响其成败的因素，判断的标准是在性质上是否稳定，在类似情境下是否具有一致性。在这一向度上，六因素中能力与任务难度两项是比较稳定的。

③ 控制性：指当事人自认影响其成败的因素，判断的标准是在性质上是否由个人意

愿所决定。在这一向度上,六因素中只有努力一项是可以凭个人意愿控制的。

有成就需要的人会把成就归因于自己的努力,把失败归因于努力不够。不甘于失败,坚信继续努力,便会取得成功。相信自己有能力应付,只要尽力而为,没有办不成的事;相反,成就需要不高的人认为努力与成就没有多大关系,把成就归因于其他因素,是由外界因素导致的,如任务难度不大、运气好。

3. 应对方式

应对方式是指大学生在面对挫折和压力时所采用的认知和行为方式。它是心理应激过程中一种重要的中介调节因素,应对方式影响着应激反应的性质与强度,进而调节着应激与应激结果之间的关系。应对方式主要分为以下几种。

(1)自我防御机制。自我防御机制是自我面对有可能的威胁和伤害时的一系列反应机制。即当自我受到外界的人或者是环境因素的威胁而引起强烈的焦虑和罪恶感时,焦虑将无意识地激活一系列的防御机制,以某种歪曲现实的方式来保护自我,缓和或消除不安和痛苦,包括:否认、压抑、合理化、移置、投射、反向形成、过度代偿、抵消、升华、幽默和认同11种形式。

(2)心理调节机制。心理调节机制也称心理控制机制,是人们对自己情绪、心理活动不断调节、调整的活动,以及人们具备的对这种心理的调节能力。即当人们面临压力时,采取的一种积极主动的心理调适行为,主要包括调整心态、调整情绪、调整认知等方式。

(3)外部疏导机制。外部疏导机制是面对压力时,人们借助外部的力量以减轻内心焦虑的行为方式和手段,例如,采取向他人倾诉、求助等方式。

4. 选择的心理冲突

大学生面临着专业、求职、恋爱等重要的人生选择问题,这些选择本身就容易导致心理冲突。如果冲突长期得不到解决,就会影响个人的心理健康水平。大学生心理冲突的形式虽然表现各异,但主要集中在以下几个方面。

(1)趋避冲突。趋避冲突又称正负冲突,是心理冲突的一种,指同一目标对于个体同时具有趋近和逃避的心态。这一目标可以满足人的某些需求,但同时又会对人构成某些威胁,既有吸引力又有排斥力,使人陷入进退两难的心理困境。例如,大学生既想担任学生干部使自己得到锻炼,又怕占用太多时间、影响学习。

(2)双趋冲突。心理冲突的一种,当两个目标都是自己想要的,但一个目标的实现会使另一个目标无法实现时,就会产生双趋式的冲突。比如,世界杯足球赛总在6月底到8月初这段时间举行,而这段时间又恰恰接近学校期末考试。喜欢看足球的同学就会产生内心的冲突:既想观看高水平的球赛,又不想影响考试。这样的冲突就会产生看与不看的焦虑,导致心理压力。

(3)双避冲突。双避冲突又称负负冲突,是动机冲突的一种,指同时有两个可能对个体具有威胁性、不利的事情发生,两种都想躲避,但受条件限制,只能避开一种,接受一种,在作抉择时内心产生矛盾和痛苦。例如,有的同学既不想用功读书,又怕考试不及格,于是出现"二者必居其一"的心理冲突。

(4)双重趋避冲突。双重趋避冲突是趋避冲突的变式,是指个体对同时碰到的两个目标中的每一个都产生趋避性动机冲突的矛盾心理状态。例如,某同学生病希望住院治疗,但又怕耽误学习;在门诊治疗不影响学习,但又怕得不到有效的治疗。

(三) 社会因素的影响

人生活在一定的社会文化环境中,因此社会环境、家庭的经济状况等外部因素也会对大学生的心理健康产生影响。大学生处于生理和心理的不稳定时期,出现各种心理困惑在所难免。影响大学生心理健康的社会性因素主要包括以下三个方面。

1. 家庭因素

大学生的人格基础形成于家庭,良好的家庭环境对大学生形成健康的人格具有重要作用。一个来自父母管教态度一致,气氛和谐家庭的大学生,通常想法比较成熟,情绪比较稳定正向,也较能够控制自己的行为;反之,一个来自父母管教态度不一致,气氛冲突家庭的大学生,其情绪会较为悲观负向,行为也相对难以自制。因此,父母的管教态度、家庭气氛、手足关系等家庭成长经验,深刻影响着个体日后的人格独立及其心理健康。同时,家庭的经济状况也会对他们产生一定的影响,尤其是人际关系方面。

2. 学校因素

学校因素包括学校的物质环境和心理环境。物质环境包括学校的建筑设施、交通位置、环境安全、校园师资与安静程度;心理环境包括学校文化、学术氛围、同学关系、师生关系等方面。一个良好的大学环境,能够让学生在耳濡目染与言传身教的氛围中安心地学习。特别是在培养大学生人际交往能力的过程中,朋辈之间扮演着重要的角色,在与同学的互动过程中大学生发展个人兴趣,学习如何与人相处,建立良好的自我意识,对其社交能力、认知能力、社会适应及其健康人格的形成有极大的帮助。

3. 社会文化因素

社会文化环境包括一定社会的文化背景、社会意识形态和社会政治局面等。社会文化因素会对大学生产生一定的心理影响和冲击,造成心理困扰。

总之,影响大学生心理健康因素的原因是多方面的,生物因素、心理因素、社会因素常常交织在一起,互相联系、互相作用、互相制约,某些先天因素的不健全,加上不良社会文化环境影响所造成的心理障碍,容易导致心理疾患。因此,保持和维护心理健康也应该从多方面入手。

五、大学生常见的心理问题

加强和改进大学生心理健康教育是时代全面贯彻党的教育方针、落实立德树人根本任务的重要举措,是促进大学生健康成长、培养高素质技术技能人才的重要途径。大学生是祖国的未来,社会、家庭在大学生身上的投入也非常多。大学生担负着更多的社会期望,理应成为心智更加健全的人,对大学生进行心理健康教育越来越重要。

正处于生理和心理发展期的大学生,在日常学习、生活中会遇到各种各样的矛盾冲突,从而可能产生短暂性、发展性的心理困惑。这些心理矛盾或心理困惑表现得并不剧烈,及时使用正确的方法调试就可以恢复到正常的心理健康状态。但如果不及时进行心理疏导,则可能转化成心理障碍,甚至是严重的心理疾病。职业院校学生常见的心理问题主要表现在以下几个方面。

（一）环境适应问题

　　环境的适应问题，一般在大学一年级的新生中较为常见。调查表明，有近一半的大学生会在初入大学时，因为环境的改变而出现矛盾心理和困惑心理。其中的一部分学生会表现出对现实状况较为严重的失落感，把想象中理想的大学与进入大学校园后的实际现状作比较，产生理想与现实的心理落差。也可能会因此出现无奈、失意等心理状态，产生"混文凭"的想法，这会严重影响到学生的自信心和进取心。还有一部分学生会对所学专业表现出困惑，与高中时期相比，大学学习具有更多的自主性、灵活性和探索性。进入大学以后，有些学生从以往对学习的严格"管教"中解脱出来，会感到无所适从，但又不知该如何安排自己的学习和生活，导致心中忧郁、烦躁或焦虑。

（二）学习压力问题

　　大学生常见的学习问题主要表现为：学习目的问题、学习动力问题、学习方法问题、学习态度问题，以及学习成绩差等。大学期间，学习不再像高中阶段那样，成绩是评价学生的单一维度，"应试"的压力变小，在这种情况下，学生很容易在放松的状态下出现学习目的不明确、动力不足、态度不好等学习方面的问题。

（三）人际关系问题

　　随着现代社会的飞速发展，人与人之间的关系也日趋复杂多样。人们在交往中所生成的人际关系的好坏，往往是一个人心理健康水平和社会适应能力的综合体现。对于大学生而言，人际交往又是青年自我意识成熟的重要途径，因此，人际关系的好坏，会直接影响到大学生的适应和发展。和谐的人际关系、适当的交往能力、观察能力以及表达能力是人的心理素质的重要表现。

　　如何与同学友好相处，建立和谐的人际关系，是大学生面临的一个重要课题。同高中阶段相比，大学生对人际关系问题的关注程度超过了学习，也成为大学生心理困扰的主要因素之一。人际关系问题常常表现为难以和别人愉快相处，没有知心朋友，缺乏必要的交往技巧，过分委曲求全等，以及由此而引起的孤单、苦闷、缺少支持和关爱等痛苦的感受。

（四）恋爱与性心理问题

　　大学生的生理和心理都日渐成熟，易萌发对异性的爱恋之情。这种感情是异性间的自然吸引，是最纯洁的、没有夹杂私欲的爱慕情绪的流露，大学生恋爱是符合青年阶段的生理和心理发展需要的。恋爱中常见的问题有单相思、恋爱受挫、恋爱与学业关系问题、情感破裂的报复心理等，而性心理问题常见的有：手淫困扰，由婚前性行为、校园同居等问题引起的恐惧、焦虑、担忧等。

　　埃里克森的自我发展八阶段理论认为，青年时期首要任务就是建立深厚的友谊和亲密关系。然而由于大学阶段的学生自身认知、情绪发展还不完全成熟，初涉爱河时，一方面会分散精力,影响学习;另一方面,这一阶段的青年男女经济还没有独立,缺乏承担义务和责任的能力。不成熟、不稳定的状态又使得大学生恋爱不长久,失恋率极高,同时对失恋的承受力又不强,所以由失恋导致的心理问题就较为突出。失恋心理的表现是情绪低落,无心学业,对一切都失去兴趣,干什么都提不起精神,丧失自信等。极端的表现是纠缠对方,甚至由爱生恨,酿成严重后果。

(五) 性格与情绪问题

性格是指表现在人对现实的态度和相应的行为方式中的比较稳定的、具有核心意义的个性心理特征,它是一种与社会相关最密切的人格特征,其中包含许多社会道德含义。性格表现了人们对现实和周围世界的态度,并表现在行为举止中。情绪,是对一系列主观认知经验的通称,是多种感觉、思想和行为综合产生的心理和生理状态。最普遍的情绪有喜、怒、哀、惊、恐、爱、恨等,也有一些细腻微妙的情绪,如嫉妒、惭愧、羞耻、自豪等。情绪常和心情、性格、脾气、目的等因素互相作用,也受到荷尔蒙和神经递质影响。

性格障碍是大学生中较为严重的心理障碍,其形成与成长经历有关,原因较为复杂,主要表现为自卑、怯懦、依赖、神经质、偏激、敌对、孤僻、抑郁等。

(六) 求职与择业问题

求职与择业问题是临近毕业的大学生普遍会遇到的问题。在即将跨入社会时,大学生常会产生很多的困惑和担忧。例如,如何选择自己的职业,如何规划自己的职业生涯,求职需要一些什么样的技巧,这些都会或多或少给青年学生带来困扰和忧虑。

"如果大一重新开始,我一定不是现在这个样子",这是即将毕业的学生说得最多的一句话。毕业生"就业难,难就业"成了较为普遍的社会问题,要想找一个理想的工作更是不易。毕业班学生的心理压力要比低年级学生更大,在择业过程中可能会遇到各种问题,例如,工作环境、工资待遇不满意,因担心自己经验不足而缺乏自信等,都给临近毕业的大学生造成巨大的心理压力。尤其是一些来自偏远地区的大学生,往往背负着整个家族的期望来到陌生的大城市,生活在理想与现实的"夹缝"之中,更容易产生焦虑、自卑等情绪。

(七) 神经症问题

长期的睡眠困难、焦虑、抑郁、强迫、疑病、恐怖等都是神经症的临床表现症状。神经症问题是偏离正常状态的心理问题,需要进行专业的心理咨询或心理治疗。

通过以上的学习,大家对心理健康的内容有了一个大致的了解。有些同学也许会存在一些困惑,觉得书中指出的很多问题自身都存在,是不是自己有心理问题。其实不要过于紧张和担心,对于大部分同学来说,最常遇到的是前六种心理困扰,这些困扰主要是由很多现实的社会因素导致,也往往是暂时性的,经过自己的主动调节或寻求老师的帮助,绝大多数人能够很快恢复心理的平衡。

总结案例

青春迷茫：探索自我定位的旅程

学生W，大三某班班长，性格乐观开朗，做事风格洒脱干练、力求完美。然而她曾在大二上学期咨询过心理医生，诊断结果为中度焦虑。W一直坚持吃药，焦虑情绪控制良好，趋于稳定。大三学期伊始，W找到辅导员，坦言和本班团支书关系不好，自己内心比较烦乱，不想继续担任班长。起因是团支书要求她帮助整理班团会议记录。W认为，这项工作并不属于班长的分内工作，所以不打算帮忙，团支书与W就此事起了争执。辅导员与W谈话，首先安抚了她的情绪，站在她的角度替她说话，待其情绪趋于稳定后，再鼓励她试着换位思考。在看到她与团支书的微信聊天记录后，辅导员发现W也存在言语过激的行为，就指出W遇事性格略显急躁，不能与对方好好沟通，过于激动导致发生争执。在辅导员的教育下，W冷静下来，并表示自己的确也有做得不对的地方。两天后，全班同学到大学生活动中心参加活动，多名同学不配合到指定位置就座，W多次沟通无果，情绪比较激动，又联想到马上要进行民主测评，担心自己票数不能过半，于是她再次找到辅导员，表示要辞去班长一职。辅导员首先稳定住W的情绪，肯定了W的工作能力，给予其高度认可。然后阐明三个观点：第一，大三年级第一批发展对象只有五个名额，W能在众多班团干部和优秀学生中脱颖而出，具有一定的群众基础和专业能力；第二，W已经做了两年多的班长，一直表现很好，当班干部可以很好地锻炼个人能力，希望她可以坚持下去；第三，辅导员给W讲述了自己上学时的相似经历，力求感染她。在辅导员的鼓励与宽慰下，W渐渐卸下心理负担。

分析：大学生心理具有青年期的许多特点，作为一个特殊群体，大学生要面对学业、生活、情感、就业等多方面的压力。每年的5月25日为全国大学生心理健康日，目的是呼吁大学生关注自己的心理健康，并以此掀起社会关注心理健康的热潮。大学生心理健康已成为社会关注的焦点，部分大学生因心理问题而休学、退学，甚至出现一些恶性事件。因此，大学生的心理健康教育不容忽视。

活动与训练

活动1-1　认识自我

主题：认识自我。

目标：1.通过画自画像，进一步认识自我，学会接纳自我。

　　　　2.通过分享交流，认识到每个"我"都是不同的，加深对自己的了解。

建议时间：30分钟。

活动准备：每人一张A4纸，彩笔若干，轻音乐音频资源，幻灯片。

活动过程：

步骤一：放松冥想。

播放轻柔的音乐，引导学生进行想象放松，为更好地投入自我探索作准备。

放松词：我仰卧在水清沙白的海滩上，沙子细而柔软。我能感受到阳光的温暖，听到海浪的声音，感到温暖而舒适。微风吹来，我有说不出的舒畅。微风带走我的思想，只剩下一片金黄的阳光。阳光照着我全身，我的身体感到暖洋洋的……

步骤二：画自画像。

1.让学生坐在座位上或平躺在空地上，给每人发放A4纸一张，彩笔若干。

2.鼓励学生任意画：具体或抽象，简单或复杂都可以，只要能代表你即可。(说明：自画像就是你心灵中的"我"，是你无意识中的"自我"。作画不在于技术，而在于更真实地展现自我)

3.画好后，学生讨论和交流。然后教师邀请几位学生，用幻灯展示自己的自画像，并作简要说明。

4.写上姓名、时间，或给自画像起个名字，拍照留念。

5.分享：遵循4F原则——做了什么(fact)，感受是什么(feeling)，有何新发现(finding)，对未来有何影响(future)，要求每位同学都要认真倾听别人的分享，认真看别人的自画像。

步骤三：自画像的解释。

教师发现"疑点"，学会适度"提问"，切忌贸然下结论，注意引发同学们认真思考，多听同学们对自我画像的解释，肯定积极想法，对于一些不太积极的想法，建议换角度重新认识。

例如，有一个同学画了一条蛇，猛一看，老师很吃惊。课下老师与他交流，他解释说，本来想画虎，但太难画了，就画蛇代替了。老师再问他画的含义，他说他希望能像虎一样勇猛，而非大家想的像蛇一样为实现目的不择手段。

思考与讨论

1.什么是心理健康？

2.心理健康的标准是什么？

3.在大学阶段，什么样的事情让你感受到不愉悦？你是如何处理的？

1.2 适应大学生活，积极面向未来

明白事理的人使自己适应世界，不明事理的人想世界适应自己。

——萧伯纳

　　李欢四岁时患上了进行性营养不良的绝症，在医学上很难治愈。由于身体原因，她小学阶段在家自学，到学校参加考试。中学起坚持到学校上课，初中毕业后考取了西安市的重点高中，又因为学习成绩优秀，她被保送到长安大学信息工程学院计算机系学习，后又在本校继续攻读研究生。李欢每天的起居都需要父母、爷爷的照顾，在学校需要老师、同学的帮助。但李欢热爱学习，除了学习计算机专业的课程，还选修了日语作为第二专业，业余时间自学电脑网页设计制作。她享受充实的学习生活带给她的幸福感和快乐，她激动地说："如有可能，我将一直学下去！"

　　分析：积极的心态能让人更好地适应不同的生活。

　　每到九月，大学校园里都会增添一张张亲切、可爱的面孔。刚刚告别高中生活，迈进新校园的大学生们能成功转变角色、适应大学生活吗？从容面对新的人际交往圈和新的学习生活方式，正确树立和实现新的学习目标，需要了解什么是大学新生适应、提高大学新生适应的基本方法等基本知识。

一、大学新生适应及其意义

（一）大学新生适应的含义

　　从高中生转变为大学生，大学新生身处全新的环境，随着生活、学习和人际环境的变化，容易产生心理不适感，甚至出现适应障碍，这就是"大学生适应"。"大学新生适应"是人生全部适应过程中较为特殊的一种适应，是指初上大学的学生从入学到第一学期结束后，脱离原来熟悉的环境，进入大学新环境的变化过程中，根据新环境的要求，积极调整自己的心理与行为，顺利实现角色转换，达成与新环境的平衡。从生命全程发展观视角看，

"大学新生适应"是个体发展的关键转折期,是社会角色变化、环境改变、脱离原有社会关系等多方面转变的复合体。

(二) 大学新生适应的意义

不论在人生的哪一个阶段,适应都是一个贯穿始终的重要课题。周围的环境是不断变化的,人们必须不断调节自己的行为才能适应这种变化。新的学校、新的班级、新的老师、新的同学、新的学习任务需要适应;陌生的人、陌生的事以及紧急情况、危险情况需要适应;对于自己的成长变化,挫折与失败也同样需要适应。适应能力是人类战胜自然,改造社会,改造自己的必备素质。

研究表明,大学新生心理适应与心理健康水平密切相关。新生适应不仅对个体的心理健康状况有着直接或间接的影响,还对其后续发展如学业成功、辍学风险、物质依赖等有着显著的预测力。因此,新生适应是个体成长中至关重要的时期,早期识别出可能存在适应困难的新生,及时提供针对性的教育或帮助,对学生的长远发展具有重要意义。

二、大学新生适应的内容及调试方法

大学新生在进入大学后,要经历生活适应,学习与心理适应,完成社会化,协调多种发展,消除自卑心理等方面的适应期。在此期间,多数新生会由于到了一个新环境而产生心理问题,引起程度各异的烦躁、焦虑和其他不适心理,其中以失落感为核心特征,极少数新生甚至因罹患其他身心健康问题而不能或难以坚持正常的学习和生活。失落感主要有:因理想与现实反差而引起的失落感,因角色与地位跌落而出现的失落感,因情感与归属缺失而引起的失落感,因目标与动力消失所造成的失落感。此外,还有因生活技能的不足所引起的茫然苦恼,因学习方法不适应而产生的焦虑紧张,因未及时完成社会化而带来的疏远自责,因难以协调多种发展任务而造成的急躁不安,因语言障碍以及经济拮据等多种原因引起的自卑压抑,等等。可见,适应问题对所有大学新生的心理健康都会产生影响。由于环境、文化、心理等方面的差异,造成新生不适心理或心理健康问题的原因、程度、表现方式也有所不同。因此,新生应掌握行之有效的心理调适方法,来尽快适应大学生活。通常情况下,大学新生适应包含以下几方面内容。

(一) 角色转变的适应

人的一生包含多个阶段,每个阶段都有不同的任务,担负不同的责任,扮演不同的角色。对于刚刚步入大学校园、走向美好大学生活阶段的大学生来说,最重要的也必须面对的就是如何适应新的大学环境,调整自身的状态适应大学的各方面要求,顺利完成从一名高中生到一名大学生的角色转变。

在没有进入大学校园时,我们会对大学生活充满多种多样的憧憬和期待,完全理想化地寄予了无限美好的向往,期盼大学生活的格调和丰富多彩。但当真正走进大学校园,感知到大学生活仍是寝室—教室—食堂"三点一线"的模式时,大学新生会出现心理落差,感到失望。再美好的愿景终究要回归到现实,面对新环境下的挑战,去迎接不同方式的竞争。由于个体所处环境发生了巨大的变化,从前由父母照顾、操办生活和做决策的高中生,如今不得不独当一面,学着自主独立。大学生在进入大学时缺乏必要的生活技巧和心理准备,也突出了大学新生对现实状况的期望过于理想化的心理。由此可见,要顺利地适应新的环境,不仅要逐渐增强生活的自理能力,掌握良好的人际交往技巧,而且要具备积极乐观的心态,消除初入大学的陌生感,实现思想上的自我定位、自我教育、自我完善以及完成自我的心理调适,努力使自己逐渐成熟强大起来。

（二）学习内容、学习方式等转变的适应

大学阶段的学习同样是掌握知识,丰富、完善和提升自我整体素质的重要阶段。但是,由于大学阶段的学习不再以大篇幅的记忆为主,更加注重非智力因素的促进作用,不再有家长和老师的督促,更加依靠自己学习的主动性,因此在学习内容、学习方法以及学习目标等方面都发生了变化。大学生的学习特点主要表现在以下几个方面。

1. 强调专业的学习内容

与高中阶段学习内容更注重全面性和基础性相比,大学阶段的学习内容更加强调专业性,在专业学习的基础上进行拓展、科研和创新。大学生在校学习阶段主要是根据自己所学专业的培养要求,围绕某一专业领域进行学习和研究。同时在学习内容方面也可以根据自己的兴趣爱好,选择自己的学习方向。在德、智、体、美、劳全面发展的要求下,掌握更加精深的专业知识,为将来成为高素质技术技能人才打下基础。

2. 主动自学的学习方法

进入大学之前的学习主要以教师的讲授为主,学生过度依赖教师和课本,学生的学习内容、学习时间以及学习计划大多数是在教师的安排和监督下在课堂上或是通过自习完成的。大学阶段的学习则强调在教师的指导下充分发挥学生的自主性,大学生的学习方式以自学为主,要合理安排学习内容、学习时间,进行自我约束。学生不仅要从课堂课本中寻找答案,从图书馆、网络资源中获取相关的学习资料,还要理论联系实际,从实习实践中学习、掌握、运用专业知识。

3. 明确务实的学习目标

大多数学生在大学之前给自己设定的学习目标是考上一所理想的大学。但是,步入大学后,由于缺乏明确的学习目标,很多大学新生迷失了学习的方向,往往会无所适从,不知道该如何选择。只有明确了学习目标才能够积极主动地学习,认真务实学好专业知识,注重理论和技能的积累,全面提高个人的能力和水平。

因此,在了解了大学学习特点之后,大学新生需要通过自主探索、积极调整,思考如何能够适应大学的学习要求,做好学习规划尽早地让"心理不适应期"平稳度过,树立起新的学习观,让自己不断适应大学生活的要求,顺利完成学业目标。

（三）人际关系转变的适应

良好的人际交往能力以及良好的人际关系是人们生存和发展的必要条件。大学生作为一个特殊群体,面对激烈的竞争和日益强大的社会心理压力,正确认识和处理人际交往中存在的问题具有重要的意义。人际交往障碍会给大学生的学习、生活、情绪、健康等各个方面带来一系列不良影响。因此大学生应努力提高和保持良好的人际交往和沟通能力。与周围形成一种团结友爱、朝气蓬勃的人际交往环境,这必将有利于大学生形成和发展健康的个性品质。

（四）独立生活能力方面的适应

大学生在高中时代都是学校和家庭的"宠儿",很多事情都由老师和家长"包办",但在大学校园里,学习生活的各个方面都必须自理,再没有人会像家长那样包揽其全部的日常生活琐事。在这方面,大学新生也需要有积极适应的态度,应该把自己当作一个社会人来看待,甘心在班集体、寝室等主要生活环境里做好一些力所能及的事情。要知道在集体生活中,关心、帮助别人的同时,也会培养自己的独立生活能力,为自己进入社会做好准备。

（五）外部环境变化的适应

从高中时代走来,每一个大学新生所面临的都是一个全新的世界,都要有一个适应过程。这种适应中包括适应客观环境的改变,大学新生从五湖四海汇集在一个大学校园,还有不少同学来自农村和边远地区,他们不仅对学校的环境感到陌生,而且需要适应城市环境,在新的环境中,会有不同程度的陌生感和失落感。部分家庭困难的同学入学时还背负着沉重的经济负担,面对巨额的学费、相对复杂的人际关系、目不暇接的校园活动以及竞争日益激烈的就业市场,能否正视现实,接受挑战,自信稳步地投入大学生活,是对其更加严峻的考验。个别青年学生不能正确地认识自我,于是就处于自卑与自尊、焦虑与抑郁、依赖与自强、自我封闭与软性自卫并存的状态中,内心充满了矛盾和痛苦,从而产生各种心理问题。这些同学更需要得到学校和班集体的关爱。

（六）就业准备的适应

目前严峻的就业形势让很多还在校园中的大学生也感受到了压力,与其说是"就业难",不如说是"就业迷茫",不知道自己该从事什么样的工作。很多大学生都有"大一大二先轻松一下,大三大四再努力也不迟"的心态,对自己的未来发展缺乏科学的规划,这往往成为他们面对就业压力时感到手足无措的重要原因。所以,大学新生从跨入校门的那一刻开始,就应该对自己的职业规划做好准备,进行正确的自我分析和职业分析,树立正确的职业理想,依据自己的职业目标规划自己的学习和实践,并为获得理想的职业积极准备相关事宜。如充分考虑职业的区域性、行业性和岗位性特征,行业现状和发展前景,职业岗位对求职者的自身素质和能力的要求等。

三、大学生生活自理能力的标准

进入大学,许多事情需要大学生独立处理。因此,大学新生除了学习,还必须学会打理个人生活,培养独立生活的能力。

大学新生生活自理问题不仅仅体现在吃饭穿衣上,还体现在其他方面。大学新生要不断地克服困难,促使自己的心态逐渐成熟,不断感受到个人的成长,逐渐使自己的心理年龄和生理年龄达到统一和协调。培养生活自理能力有助于自我计划能力、统筹安排能力、自我调控能力等全面提升,其操作性标准可从如下几方面做起。

(一) 打理日常生活的能力

能够合理地规划时间,准时起床、安排洗漱、运动,能够整理好自己的物品,收拾好房间,能够自己清洗、缝补衣物,能够自己照料自己的饮食等。此外,同学之间进行友好交流,互相帮助,积极影响,也能在一定程度上促进生活自理能力的提高。

(二) 合理支配钱财的能力

离开父母独立生活的另外一个重要能力是对钱的管理。大学新生第一次独立安排自己的生活,花钱常没计划,有时还没有到月底就稀里糊涂地把钱花没了,忽略了这一次性到手的"巨款"不是零花钱,而是生活费的事实。大学新生应该根据父母的经济能力和自己勤工俭学的实际情况有计划地进行日常消费,以节约为主,树立科学的理财观。该花的就花,不该花的就别花,可花可不花的要量力而为。开始时可以列一个明细表,看看自己一个月多少钱用在学习上、多少钱用于生活费,以免成为"月光族"。

(三) 处理人际关系的能力

大学里的人际关系相对比较单纯,对于在校大学生来说,好的人际关系必须在人际关系的实践中去寻找,要从各个方面锻炼自己,克服自己在各个方面存在的缺陷,改善人际关系,使自己能够适应大学生活。大学时期是大学生心理趋于成熟的时期,特别需要别人的理解,有向别人倾诉的需求,以便通过别人的理解和安慰而对压抑的情绪进行调节。另外,重视人际交往,掌握交往技巧,积累交往经验,不仅是大学生现实生活的需要,也是大学生成功走向社会的需要。

(四) 正确应对压力的能力

在成长的过程中,每个人都会遇到各种各样的压力和困难,这是人生必须要经历的。当遇到困难时,不应该退缩,而是要勇敢地去正视它,解决它。大学生要采取积极态度看待压力,那就是压力可以磨炼人的意志,激发人的智慧和潜能,应把压力看作生活的挑战、成长的机会。巴尔扎克说过:"世界上的事情永远不是绝对的,结果完全因人而异。苦难对于人才是一块垫脚石,对于能干的人是一笔财富,对于弱者则是万丈深渊。"因此在压力面前要保持勇气和信心,有心理准备去勇敢地迎接各种各样的困难和挑战。自信是成功的基石,有了自信才会有克服困难的勇气和力量。要树立正确的奋斗目标,目标确定后,要用自己的毅力和坚强的意志去实现,不好高骛远,也不半途而废,要有不怕困难、相信自己能够战胜困难的精神。

四 良好生活习惯的养成

生活习惯是我们平时在生活中养成的,如果没有好的生活习惯,我们的生活可能会变得一团糟。良好的生活习惯不仅能促进个人的身心健康,而且会对个人的未来发展有重要的影响。那么,良好的生活习惯包括哪些内容呢?

(一) 培养良好的作息习惯

刚刚步入大学的新生,在新的学习和生活环境中,往往会打乱自己原本的作息习惯。每个人都有自己的"生物钟",养成良好的作息习惯,每天早睡早起,保持充足的、高质量的睡眠是保证机体正常运转的前提。现代生活、工作、学习的快节奏,使我们精神压力过大,经常熬夜又使我们体力难支,这些精力和体力的透支,挤走的是我们的睡眠和休息时间。然而任何的生命活动都有其内在规律性,如果长时间改变自己的生活规律,休息时间减少及睡眠不足,就会使自己的生物钟受到干扰,人体的生理功能就会出现紊乱,进而导致神经系统功能失调,体内激素分泌紊乱、基础代谢紊乱、免疫功能紊乱等,疾病便会乘虚而入。因此,如果想拥有一个健康的身体,并且精力充沛、活力四射,那么就要做到合理科学地安排作息时间,劳逸结合、张弛有度、作息有规律。

(二) 养成自觉锻炼的习惯

大学生应形成良好的锻炼习惯。"生命在于运动",体育锻炼是健康生活习惯中十分重要的一部分,适量做一些有氧运动对身体大有好处。在安排好学习的同时,大学生也要根据自身的条件进行适当的体育锻炼,这样不但可以缓解紧张的学习和生活,还可以放松心情,增加生活乐趣,有助于提高学习效率。持续、有规律的有氧运动,能够有效地调动肌体活力,增强身体的免疫功能,同时加快人体的新陈代谢,让人感觉神清气爽、心情愉快,有利于集中精力,更好地学习和生活。在日常生活中我们可以选择跑步、游泳、登山徒步、打篮球、踢足球、跳绳、爬楼梯等各项有氧运动,把锻炼变成生活的一部分,把健身当成一种生活享受。

(三) 拥有良好的饮食习惯

饮食起居是每一个人不可缺少的生活内容。民以食为天,饮食是人类维持生命的基本条件。饮食除了讲究营养、合理搭配之外,还要注意饮食有节。快节奏的生活方式,让人们进餐的时间也变得紧张,一日三餐在时间上、数量上都要做到定时定量。很多同学早晨起床比较晚,来不及吃早饭便去上课,或匆匆忙忙在赶往教室的途中吃一点,有的索性取消了早饭,有的则在课间饿的时候随便吃些零食,还有些同学是喜欢吃什么就吃什么,甚至暴饮暴食,这都不利于身体健康。大学期间应注意安排好饮食,养成良好的饮食习惯。饮食要定时定量;早饭要吃好,午饭要吃饱,晚饭要吃少;吃饭要细嚼慢咽,注意营养和荤素搭配,多吃蔬菜和水果,注意营养均衡。

(四) 克服不良习惯

大学生在养成良好生活习惯的同时,应注意克服不良的习惯。时至今日,网络已成为人们日常生活的重要组成部分,网络在给大学生的学习和生活带来极大便利的同时,也给大学生带来不少负面影响,个别学生可能陷入网络成瘾的坏习惯。这既给自己及家庭带来了一定的经济负担,也严重地影响了自我的身心健康。大学生还要尽可能远离烟酒,防止烟酒对我们身体造成的直接或间接的危害。此外,大学生还应该注意个人卫生和公共卫生,不要养成就寝不洗漱、随地吐痰、乱扔垃圾等不良习惯。

总结案例

A同学的遭遇

小A是一名大学新生,由于自我意识较强且不乐于与人交往,导致人际关系紧张。在学习上,小A上课精力不集中,经常逃课或睡觉,导致课程落后并挂科。小A感到非常苦恼,对未来的大学生活感到迷茫。辅导员通过与小A进行深入交流,帮助她找到问题的症结,并安排同学帮助她学习。同时,辅导员与小A的父母取得联系,共同帮助她改变不适应的方面。通过两个月的心理调试,小A逐渐恢复了信心,成为积极向上的学生。

分析:心理健康教育是提高大学生整体素质的重要基础。通过心理咨询、鼓励学生参加业余活动等措施,可以帮助新生养成良好的人格品质,树立乐观向上的思想意识,增强心理自我调节能力,建立和谐的人际关系。

活动与训练

活动1-2 大学生活导航与未来规划初探

主题:大学生活导航与未来规划初探

目标:

1. 帮助学生了解大学生活的特点和要求。

2. 引导学生初步思考未来的职业方向和发展目标。

3. 通过简单的活动,增强学生的参与感和自我探索意识。

建议时间:1小时

活动准备：

1. 准备一些大学生活的照片或视频资料。

2. 准备纸笔或电子设备供同学们记录。

3. 准备一些简单的生涯规划工具或问卷。

活动原则：

1. 轻松愉快，注重参与感。

2. 鼓励自我探索和表达。

3. 引导同学们正面思考未来。

活动过程：

一、大学生活初探（15分钟）

1. 分享大学生活：教师或学生代表分享大学生活的一些有趣经历和感受。

2. 观看照片/视频：展示大学生活的各种照片或视频，让学生感受大学生活的多彩多姿。

二、未来规划初步思考（20分钟）

1. 生涯规划问卷：发放简单的生涯规划问卷，让同学们填写自己的兴趣、擅长的领域、未来的职业倾向等。

2. 小组讨论：同学们分组讨论各自的未来规划初步想法，互相分享和倾听。

三、制定短期目标（15分钟）

1. 个人目标设定：同学们思考并制定未来1—2年的短期目标，如学习成绩、社交活动、实践经历等。

2. 目标分享：同学们轮流分享自己的短期目标，获得同伴的鼓励和支持。

四、总结与反思（10分钟）

1. 总结分享：教师总结本次活动的要点，强调大学生活的重要性和未来规划的意义。

2. 个人反思：同学们独自进行反思，思考如何将这些规划和目标融入日常生活和学习中。

通过这个简单的"活动与训练"板块，学生可以初步了解大学生活，思考未来的规划，并通过简单的活动增强参与感和自我探索意识。

思考与讨论

1. 你做好开始大学生活的准备了吗？请结合实际情况，分析自己在哪些方面还需要加强适应和调整，以确保自己可以顺利适应新的生活和环境。

2. 你是否能适应与高中时期大不相同的大学学习生活？面对不同的学习环境，应该如何规划大学的学业？

3. 你对自己在大学集体生活中的适应状况是否满意？请对自己入学以来在集体生活中的表现进行评估。

4. 完成二维码1-1中的大学生人格调查问卷，对照问卷筛选标准解释，判断自己的心理健康情况。

1-1 大学生
人格调查
问卷

悦纳自我

引导语

在我们的周围，有的同学很自卑，正是这种自卑心理阻碍了他们与社会的交流和成长进步；与此同时，也有不少同学走向了另一个极端——自负。这些不能客观评价自己的现象，究其原因，在于他们对自己认识的不足。"认识你自己"这句古希腊德尔菲神庙上的格言，被苏格拉底作为自己的哲学原则的宣言。"我是谁?""我是怎样的人?"这些看似再简单不过的问题，你认真思考过吗?

学习目标

○ 理解自我意识的概念。
○ 理解自我意识的偏差。
○ 辨析自我意识发展的因素。
○ 掌握自我意识偏差的调整方法。

2.1 准确认识自我,全面评价自我

心理箴言

人类之目的在实现自我而已。实现自我者,即充分发达吾人身体及精神之能力至于最高之谓。

——毛泽东

重拾快乐

小皓,男,某高职学校的学生,他在高一时不幸遭遇了车祸,右腿截肢。面对失去一条腿,他非常沮丧,多次想过自杀,幸亏家人发现得及时才没有发生悲剧。母亲为了让他能尽快接受现实,并快乐地生活下去,选择带他去旅行,让他重拾快乐。在一次参加帮助残疾人的志愿者活动中,小皓发现世界上还有很多像自己一样的人,他想通过自己的言行鼓励残疾人走出心理的阴霾,于是全身心地投入残疾人志愿者活动中,他在帮助别人的同时获得了自我价值,找到了快乐的自己。

分析:遇到突发性事件的时候,我们的心理会产生危机,会出现"否认""不接收"的心理状态,甚至出现严重行为。不过危机既是困难也是"机遇",如果我们想办法度过,我们就学会了新的生存技能,增强了处理事情的能力和信心,实现了自己的价值。所以,正确、全面地认识自我非常重要。

一、自我意识的含义

意识是人脑对客观现实的反映。它可以分为自我意识和对周围事物的意识。马克思指出:"意识在任何时候都只能是被意识到了的存在。"这个"被意识到了的存在",包括自身的存在、客观世界的存在,以及自身同客观世界的复杂关系。人不仅能意识到周围事物的存在,而且也能意识到自己的存在。

自我意识是个体对自身的认知和对自身周围世界关系的认识,就是对自己存在的觉察。自我意识包括个体对以下三个方面的认识和体验:

(1)生理自我状况(如身高、体重、形态);

（2）心理自我状态（如能力、性格、气质）；

（3）社会自我状况（如自己与周围人的关系、自己在群体中的位置与作用）。

自我意识可以被分解成知、情、意三种成分。"知"指自我认知，"情"指自我体验，"意"指自我控制。

（一）自我认知

自我认知，就是"主观的我"对"客观的我"的认知和评价。因此，当我们进行自我认知的时候，可将问题按表2-1进行分类。

表2-1　对经验自我的分类

自我概念标志	描　　述	举　　例
生理自我	知觉到的生理特征	我有一头长发，很美
心理自我	个人的感受、特质和能力	我很害羞，也很认真
社会自我	直接联系的其他人、所属的社会类别	我是老王的儿子，是一名大学生

知识卡片

自我意识的发展——点红实验

你是否想过人类是从何时开始意识到自己的存在的呢？自我意识是人类独有的能力吗？除了我们，还有其他物种有自我意识吗？心理学家曾探索过这些问题的答案。

1979年，心理学家米歇尔·刘易斯（Michel Lewis）和珍妮·布鲁克斯·耿氏（Jeanne Brooks Gunn）进行了一项实验，他们先请几个婴儿的母亲在孩子不知道的情况下，悄悄在婴儿的鼻子上点一个红点，随后她们发现，多数9～12个月的婴儿在看到镜子里的自己或看见自己的即时影像时，表现出认识自己的迹象，他们微笑、专注地看自己，并触摸自己的身体。15～18个月大的婴儿，多数在看到镜子里的自己的影像时，能正确地在脸上指出红点的位置，他们还能在照片中把自己和他人区别开来，指出自己的位置。这些能力在婴儿18～21个月时仍然在发展，到21个月大时，婴儿自我识别能力就发展得比较完善了。

那么，其他物种会认出镜子中的自己吗？科学家们经过大量研究发现，除了人类，只有黑猩猩和猩猩能够从镜子中识别自己，能做出触摸自己脸上"被悄悄染红"的位置的动作。可见，自我意识是较为高级动物的心理产物。

回顾自己的成长过程时会发现：自我认知并非一开始就面面俱到，也并非一成不变。人们对于自我的看法是随着年龄的增长而变化的。自我描述的发展性变化如表2-2所示。

表2-2　自我描述的发展性变化

发展阶段	占支配地位的自我描述	举　例
儿童早期 （约2—6岁）	可观察到的、可验证的特征；特定的兴趣和行为	我是一个男孩 我有一个表妹 我喜欢看动画片
儿童中期 （约7—11岁）	一般兴趣；运用社会比较；人际特征	我喜欢运动 我比小丽勤劳 我很好看
青春期 （约12—18岁）	隐藏的、抽象的心理特征	我很文静 我能自律

年幼的孩子（处于儿童早期）会用他们可观察到的、可检验的特征来看待自己。到了儿童中期（7—11岁），自我描述变得更为概括，儿童也获得了采纳他人观点的能力和从他人眼中看待自己的能力。大学生处于青春期，会用所知觉到的内部情绪和心理特点的抽象特征来定义自己，他们所做的自我定义更为复杂，也更具可分析性。

研究者们发现，如果让人们以1—7的等级进行自我评价（7表示自我评价最高），儿童早期的自我评价普遍偏高，9—10岁的儿童对自己的评价就不那么高了（有趣的是，和他们对别人的评价相比还不算低）。这种下降的趋势一直持续到青春期前期，从13岁左右开始，一直到成年早期，自我评价均呈现上升趋势，如图2-1所示。

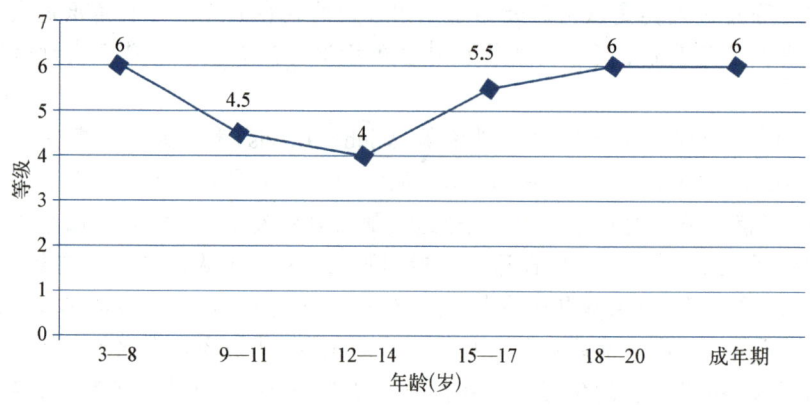

图2-1　自我评价与年龄的关系

人们对自己的评价正确吗？研究发现，很多人的自我感觉都比真实的自我要好。在一项对100万名高中生的随机调查中发现：70%的学生认为，自己的领导能力处于中上水平；60%的学生认为，自己的运动能力处于中上水平；85%的学生认为，自己的交往能力处于中上水平。如果这100万人构成了一个随机样本，那么，超出50%的部分数值就代表了评价错误的学生，约30%的学生对自己领导能力的积极评价是不真实的，约40%的学生高估了自己的运动能力，约15%的学生高估了自己的人际交往能力。

在另一项研究中,心理学家让被试参加团体讨论,每次讨论后,要求被试者填写一份量表,问他们认为自己有多友好、热情、自信等,以评价自己的社会交往能力。受过培训的实验助手在单向玻璃后面观察团体讨论过程,也用相同的量表对每个人的社会能力进行评价,这样就能看出自我评价与他人对自己的评价是否一致。结果发现,人们对自我的评价比他人对自己的评价更为积极。

(二) 自我体验

自我体验是自己对自己怀有的一种情绪体验,也就是主观的我对客观的我所持有的态度。自尊、自卑、自豪、羞愧、内疚、自满、自责、自我欣赏等都是自我体验。

1. 自尊和自卑

个体在关于自我价值的判断评价基础上,形成了对自己的态度和情感:对自己基本持积极态度或肯定态度的,称为具有高水平的自我价值感(自尊);对自己基本持消极态度或否定态度的,称为低水平的自我价值感(自卑)。人们面对消极的反馈时自尊发挥作用最大,让我们先看看下面两个情境。

情境一:学生会主席让你准备一个"成立某社团"的建议报告,在仔细思考后,你觉得这个社团应该成立,于是认真地写好报告,列出了认为成立的理由,并把它交给老师。老师在看了你的报告后,认为你提的理由不成立,委婉地拒绝了你的建议。

情境二:快到午餐时间了,你看到自习室里有三个与自己关系比较好的同班同学在一起讨论问题,过了一会儿,他们三个人一起出去吃饭了,但没有叫上你。

在某个方面遭遇失败,被别人轻视、拒绝、责备、反对,这样的经历会给你带来怎样的影响呢?是否会让你悲伤、不悦、愤怒或沮丧?他们会影响你对自己的评价吗?

情境一和情境二的经历会给有自卑感的人带来很多伤害,让他们觉得十分羞愧和耻辱,觉得自己毫无用武之地,不被别人喜欢。对于有自尊心的人来说却不是这样,高自尊的人遇到消极反馈时也会觉得悲伤和失望,但他们却不会感到羞耻和耻辱,会认为失败只意味着自己在某一方面能力欠缺,不会因失败而对自己品质进行整体否定。

大多数人都会尽力维护自尊,其维护方式多种多样。当感觉自己没有能力完成某项任务时,他们有时会采取自我妨碍的行为。自我妨碍是指人们为自己的成功设置障碍,以保持自己胜任的状态。它有以下两种功能:一是为避免失败的痛苦提供自我保护(可以声称自己没有准备,而不用把失败归因为能力水平低下);二是一旦成功则提供自我增强(没有好好复习也能考好,可以宣称自己拥有超高的能力)。例如,明天的考试迫在眉睫,自己没有努力用功,却在图书馆睡着了。这样,即使没有在考试中取得好成绩,自己也可以说:"考试前一天特别困,在图书馆睡着了。"或者恰巧考得不错,那么更有理由骄傲:"瞧,不复习也能考高分,我还真是厉害!"

所以,当你在为失败准备托词时,你就知道,这是在使用自我妨碍策略来维护自尊了。

2. 自豪、羞愧和内疚

自豪、羞愧和内疚是三种典型的自我意识情绪,相对于喜、怒、哀、惧这些基本情绪,这三种感受有明确的自我认知和自我参与,一般取决于自己的认知评价,而这些认知评价取决于自我意识、头脑中的标准、规则和社会参照系统。

（1）自豪。自豪是指人们把一个成功事件或积极事件归因于自身能力或努力的结果时，所产生的一种积极的主观情绪体验。个体对成功和社会关系和谐的自豪感，促进了将来在成就取向上的积极行为，并有助于以后对社会行为的投入，比如关爱他人等正向行为。但是，傲慢的、防御性的自豪，更多地与自恋联系在一起，易对他人产生敌意和攻击行为，导致人际关系障碍及许多不良的适应行为。

（2）羞愧。当人们意识到自身的行为失误或自身行为对他人、群体造成伤害时，就会产生羞愧的感受。这种感受的核心特征是将失败或错误归因于自我，因此这是一种强烈的与痛苦相联系的负性体验。羞愧会干扰正在进行的行为，使人思维混乱，无地自容、无言以对，从而会试图把自己隐藏起来。

（3）内疚。内疚产生的原因是个体认为自己的行为导致了失败或伤害了他人。内疚一般是由特定的错事而产生的。羞愧是一种具有弥散性的情感，它往往伴随着外界的反对和责骂而产生，而内疚是一种因为没达到自己的目标而产生的个人独有的情绪体验，它没有羞愧那么强烈，往往与试图弥补自己所犯错误相联系。

3. 自我控制

自我控制是指个体的思想、情感和行为通过自身的特殊机制而进行的一种自我调节过程，其主体是自我。自我控制以自己的信念和目标、外在的期望和规范为依据。自我控制的对象是自己的心理和行为、外在的环境和事件。其表现为启动或停止、坚持或放弃某种心理和行为。自我控制的过程包括：环境和个人认知，选择和确定目标，制订和完成计划，评估和反馈结果，困难和挫折应对，干扰和诱惑抵制，结果是目标的实现。

（三）自我意识的来源

自我意识是人类所特有的心理标志，它不是凭空而来的，而是后天获得的，是个体在社会环境中，在与他人的互动中逐渐形成的。一般而言，大学生对自己的认知可以通过以下五个方面逐渐形成。

1. 物理世界线索

我们可以用尺子测量自己的身高，用秤测量自己的体重，这些都是通过物理世界的线索来获得关于自身的认识。但是，关于自我的很多特性在物理现实中并不存在，比如，你想知道自己的外向程度如何，却没有类似的工具来测量。而且，你的身高这个数字本身并不能告诉你是高是矮，要想知道高矮，还需要与别人的身高进行比较，或者通过别人的评价才能得知。

2. 和他人进行比较

人们将自己的特征与他人进行比较，并由此获得关于自身特征的看法。有相当多的研究都证明，人们会和与自己相似的人作比较，比如，看看与你相同年龄和性别的人的800米跑步成绩，得出的结论会比和一个年长的异性相比更可靠。但是，人有时也会和稍微比自己强一些的人及稍逊自己一筹的人作比较。对良好感觉的需要，影响着我们选择比较的对象。

3. 他人的评价意见

观察别人对自己的反应也是人们获得自我认识的一种方式。例如，在儿童早期，父母给予了子女大量的评价,子女把这些反馈纳入自己关于自己的看法中,但是,以后个人关于自己的看法开始成型,这些成型的看法就会影响以后对外界收集和解释新信息的方式和看法。

4. 内省的结果

心理学把自省定义为通过自我意识来考察自我言行的过程,也就是自我评价、自我反省、自我调控和自我教育。例如,想知道自己是否感情丰富,可以反思当看到电影或小说中曲折动人情节时自己的情绪如何,如果在看到这些场面时常常感到激动和同情,那就可以得出结论:自己是一个感情丰富的人。

> **知识卡片**
>
> 　　心理学家霍华德·加德纳(Howard Gardner)被誉为"多元智能理论之父"。他提出的多元智能理论认为,人的智力是由语言智能、节奏智能、数理智能、空间智能、动觉智能、自省智能、交流智能和自然观察智能构成的,每个人都拥有这八种智能,八种智能以不同方式和程度在每个人身上组合,使得每个人各具特色。而其中的"自省智能",就是对自我了解、分析、审视的能力。

5. 对事件的归因

相比内省这种直接考虑内部状态的过程,归因过程则通过分析来间接地推断自己的态度、情感和动机。这种对"为什么"的回答就是"归因",人们对自己生活事件的归因构成了自我认识的重要来源。

如果你对失败的归因总是偏向内在、稳定和不可控的因素,那么你对改变自己有多大的信心呢?如果你对成功的归因总是偏向内在、稳定和不可控的因素,那么,你是否可能更相信自己?表2-3所示的三维归因模式就是一个关于体育竞赛的例子。另外,人们也可以通过对他人行为的归因获得自我认知。比如,你想邀几个同学一起去打球,结果被大家拒绝了。如果把此事归因为自己球技差,别人不愿和自己打球,那么对他人行为的归因就已经影响到了你对自己的看法。

表2-3　三维归因模式

类　别	内在的		外在的	
	可控的	不可控的	可控的	不可控的
稳定的	个人能力	身体形态	训练场地	对手的能力
不稳定的	个人努力	疲劳程度	比赛器材	运气、裁判

影响自我意识发展的因素

（一）时代背景

我们正处于一个高速发展、不断变化的时代,这种活跃开放的时代氛围为我们展示才华提供了更为广阔的天地,为实现自我提供了一个积极宽松的环境,同时也带来许多心理压力和冲突。自由和开放促进了自我的活跃和选择的主动性,同时也带来了更大的不确定性和不安全感;竞争和参与能够激发自我的潜能和动力,但也使自我面临更多的压力和威胁;差异和对比可刺激个体为实现自我价值而不断努力、超越自我,也会导致心理失衡和自我的失落;变化和发展提供了更为广阔的发展空间,也带来了更大的挑战和适应问题。

（二）文化背景

心理学家曾对大约300名来自美国和印度的学生进行了认识自己的"20句测验",测验结果见表2-4。由数据可知,最显著的差异表现在学生们作出自我评价的比率,美国学生的独立性较强,他们愿意作出更多的自我评价,而印度学生作出的自我评价则相对较少,他们给出了更多关于社会身份的声明,这与他们对于自我的相互依赖的感觉一致。另外,男性和女性之间的差异很小,也说明主要的影响来自文化。

表2-4　"20句测验"的结果

类　别	举　例	印　度		美　国	
		男	女	男	女
社会身份	我是学生 我是儿女	34%	28%	26%	26%
思想信念	我相信所有人都是好人 我相信神	2%	2%	2%	1%
兴　趣	我喜欢弹钢琴 我喜欢旅行	7%	16%	6%	5%
志　向	我想成为一名医生 我想深入学习心理学	11%	15%	2%	2%
自我评价	我诚实、努力 我的个子高	35%	33%	64%	65%
其　他	我有一个很吵闹的朋友 我养了一条狗	11%	6%	1%	0

注:表中数据为各类答案所占的百分比。

(三)人际环境

人际环境主要是指个人成长中的重要的他人,如父母、老师、朋友,以及他们之间相互作用的方式和程度等影响因素。家庭关系和父母的教育方式等是个体从儿童时期起获取自我价值的来源。教师、同伴的认同和接纳在很大程度上影响着个人的自尊、自信等心理品质。此外,集体生活、学校体验是大学生自我同一性形成的重要影响因素,而这些因素常常以积淀的潜意识形式影响着个人的自我意识、自我认知和自我体验。

(四)自我价值

自我价值取向也是个体心理中最具决定性和影响力的因素之一,它影响着自我定位和自我发展的走向,同时也影响着个体的自我评价和自我体验。社会文化变迁必然导致人的思想、价值观发生变化,由此导致个人价值取向的多元化。而急功近利的价值取向容易引起自我评价中的偏差,影响自我体验。例如,认为财富是衡量成功的唯一标准,就可能导致我们忽视很多其他带来幸福感受的因素。

(五)成败归因

每个人都有过不同的成败体验,俗话说"胜败乃兵家常事",但成败对不同的人却有不同的意义。归因方式会影响个人的自我意识,如果个体将失败归因于运气、机遇等不可控的外在客观因素,就会趋于自我保护和防御,缺乏正视现实和挫折的勇气,不利于自我认识和反省;如果个体将失败归因于自身能力、水平等内在因素,则可能丧失自信,导致退缩性行为。由此可见,如何看待和归因成败,是影响自我意识发展的一个重要因素。

(六)理想自我和现实自我的差距

理想自我属于对未来的设想,而现实自我总是落后于理想自我,所以理想自我常常会发现现实自我还存在许多不符合理想要求的地方。心理学家认为,青年期理想自我与现实自我的矛盾的主要表现是焦虑与不安。个体为摆脱这种焦虑与不安,会力图使自我意识统一,但由于个体具体的情况不同,自我统一可能是积极的,也可能是消极的。

知识卡片

自我、本我、超我——心理学不可不知的概念

弗洛伊德(Sigmund Freud)在《自我与本我》一书中提出了"人格三结构说",即人格由本我、超我和自我组成。本我的构成是被称为"力比多"的原始的生命本能,其主要部分是性本能,它无条件地按照"快乐原则"行动。本我是人性中的各

种冲动和欲望,是不被社会所接受的。一般情况下,本我被超我压制,但有时也会突然爆发;超我是道德化的自我,用社会道德、伦理、法律观念规范约束自己的行为,遵循"道德原则",用良心来监管、审视自己的行为;自我居于本我和超我之间,遵循"现实原则",他的任务是在本我和超我之间起调节作用。

由于这三部分在自我构成中各自代表一种心理需求,各自遵循一种运作原则,因而往往相互冲撞、矛盾、对抗。弗洛伊德认为,人虽然都有享乐原则以满足本我的种种欲望,但现实原则却强迫人服从代表社会整体利益的超我的约束。如果一个人的本我与超我既对立又统一于自我而达到平衡,他就是一个精神正常、心理健康的人。相反,如果一个人本我与超我的斗争过于激烈难以调和,不能统一于自我而达到均衡,那么他就是一个精神失常、有心理障碍的人。本我的骚扰,超我的谴责,客观世界的限制,使自我处于悲剧性的夹缝里,人就会处于非健康状态里。

总结案例

失落的小玫

小玫中学期间各方面表现优异,进入高职院校学习后,参加学生会干事、辅导员助理选拔和学校的技能大赛活动,却都以失败告终。几次打击带来的挫败感导致她对大学的美好憧憬破灭,在上课时无法集中精力,渐渐对大学生活失去了兴趣,对学习产生了厌倦情绪。第一学期期末考试,小玫多门课程不及格,这让她更加无助和失落,时常认为自己很无能,产生了退学的想法。

分析: 小玫出现这种情况是因为自我认识不清晰、自我定位不准确。大学生与中学生的校内角色不同,考试分数不再是衡量大学生的唯一标准。小玫要尽快从中学时期成功的满足感脱离出来,把大学作为新起点,根据客观现实和实际能力,正确认识自我、全面评价自我,为下一个阶段的成功打下坚实基础。

活动与训练

活动2-1 自我评价

主题：他人评价与自我评价的异同。

目标：了解别人对自己的评价与自我评价有何异同。

建议时间：30分钟。

活动过程：

1. 教师准备材料（每位同学一份）：白纸，黑色记号笔，别针。

2. 教师分发材料，请同学互相帮助，将白纸用别针固定在每个人的背后。

3. 每位同学请其他同学在自己背上的白纸上对自己进行评价（不留下书写者的名字），至少取得15个人的评价。

4. 20分钟后，同学回到各自的座位上，取下白纸，看看别人对自己的评价。

5. 思考：有什么让你吃惊或不解的评价吗？别人对自己的评价有道理吗？你有什么感想？

思考与讨论

完成二维码2-1中的自尊量表，判断自己的自尊程度。

2-1 自尊
量表

2.2 欣然接受自我，适度展示自我

心理箴言

恢弘志士之气，不宜妄自菲薄。

——诸葛亮

 导入案例

小兰的问题

小兰，20岁，某职业技术学院二年级学生。她是典型的"人来疯"，别人越关注

她，她就越兴奋，特别爱自夸。同时，她对别人的不同意见几乎是"零容忍"，总要靠发怒堵住别人的嘴。她看不到自己身上的任何不足，常常觉得周围的人都比不上自己。对于自己一个知心朋友也没有的现状，小兰觉得是因为自己与众不同，别人都无法理解自己的思想。

分析： 该同学过度的自我接纳也称自负，他们往往过高地估计自己，不能充分地了解自己，对自己的肯定评价超过了自身的实际水平，很少认识到自己的缺点和不足，甚至把自己的短处当成优点。同时，存在过分的独立意识，不听从他人意见，视孤立为不落俗套，凡事我行我素。

一、自我意识的偏差

在自我认识过程中，存在"主观的我"和"客观的我"，经过比较、匹配，最后形成一个"我"，这就是"现实的我"。"主观的我"和"客观的我"之间的矛盾对于职业院校的学生来说是比较突出的。因为学生对自己的认知和评价很容易受自身和外界事物的影响，很难做到全方位地对自己进行客观的审视和评价。如果未能处理好两者的矛盾，就会出现自我意识的偏差，也叫自我意识缺陷。自负、自卑、自我中心与从众心理、过分的独立意向与过当的逆反心理都是常见的自我意识偏差。

（一）自负

自负是个体自以为是、自命不凡的一种情感体验和情绪表现。自信是当今大学生较为普遍的优秀品质，他们具有独立思考的精神，对自己的未来踌躇满志。但有些同学自信过度，自我感觉太好，就变成了自负。

自负是一种自我意识偏差，自负者通常有如下行为：

（1）对批评的反应十分激烈，常常表现为愤怒、羞愧或感到耻辱（不一定当即表露）。

（2）总是喜欢指使他人，要他人为自己服务。

（3）自高自大，对自己的才能夸大其词，希望被别人特别关注。

（4）坚信自己关注的问题是世上独有的，不容易被他人了解。

（5）对成功、权力、荣誉、美丽或理想爱情有着不切实际的幻想。

（6）认为自己应享有他人没有的特权。

（7）渴望持久的关注与赞美。

（8）缺乏同情心。

（9）有很强的嫉妒心。

（二）自卑

自卑是个体由于自我认知偏差等原因所造成的自我轻视和自我否定的情绪体验。自卑是与自负相对应的一种自我意识偏差。在大学校园中,许多同学的自卑来自一些很难改变的自身的客观因素,比如,有些同学身材矮小,就觉得自己一辈子低人一等;有些学生家庭贫困,就避讳和别人谈论家庭;有些同学觉得高职院校不好,自我介绍时从来不说自己来自哪个学校。他们将这些都看成自己的缺陷,担心别人把自己看扁,从而出现各种自卑表现。

另外,遭受挫折的经历和挫折后不恰当的归因也容易导致自卑。积极的反馈和成功的经验有利于建立自信,但常言道"人生不如意十之八九",有些同学在生活中频频受挫,勇气被他人的嘲笑和消极的反馈渐渐磨没了,逐渐形成了自卑心理。

自卑主要的表现是对自己的能力、品质评价过低,同时可能伴有一些特殊的情绪表现,诸如害羞、不安、内疚、忧郁、失望。具体的表现在以下三个方面:

1. 敏感

过分敏感,自尊心强。敏感群体非常希望得到别人的重视,唯恐被人忽略,过分看重别人对自己的评价,任何负面的评价都会导致内心激烈的冲突,甚至扭曲别人的评价。比如,别人真诚地夸他,他会认为是挖苦。他们非常敏感,跟他们交往时,必须谨小慎微,因为不经意的一句话,都会在他们的内心引起波澜和猜疑。

2. 失衡

由于种种原因造成的弱势地位,个体在社会的方方面面都体验不到自身价值,甚至还会遭到强势群体的厌弃。自我价值感是一个人安身立命的根本,丧失自我价值体验,常会导致心态失衡,陷入恶性的心理体验之中,走不出这个心理的阴影,就很难摆脱现实的困境。别人欺负他,即使内心不服气,也自认为是正常的,非常认同自己的弱势身份。这种强烈的自卑心理极易导致自杀行为。

3. 情绪化

有些人表面上好像逆来顺受,然而过分压抑恰恰积聚了随时爆发的能量。由于他们缺少应对能力,失业、离异、患病等生活事件很容易导致心理压力。当受到不公正的待遇时,他们会认为别人瞧不起自己,难以忍受,往往产生过激言行。比如,有些民工受老板欺负,会因此自杀。他们经常为了一点小事大动干戈,拳脚相向。有时当他们无力应对危机时,还会自残,用这种极端的方式表达自己的情绪。

(三) 自我中心和从众心理

1. 自我中心

自我中心是指不能区分自己和别人的观点,不接受别人的观点,只从自己的观点看问题。一个以自我为中心的人,其思想完全被自我意识所占有,习惯于把"我"作为注意的中心,以至于其他人、事、物很难引起他的兴趣,也无法转移他的注意力。他们往往把注意力过分集中在自己的需求和利益上,不顾及他人感受和需要,不能采纳不同的意见。他和周围环境的一切关系都建立在"我"的利害关系之上,对于与他认识不一致的信息,决然不能接受。以自我为中心的人,他们在人际关系交往中会遇到很多冲突,造成人际关系恶化,很难得到别人的认可与帮助,容易被他人孤立。

2. 从众心理

从众心理是一种与自我中心相反的现象，即在群体的影响和压力下，个体放弃自己的意见而采取与大多数人一致的自我保护行为方式。"从众"通俗地讲就是"人云亦云""随大流"，大家都这么认为，我也就这么认为；大家都这么做，我也就跟着这么做，而且在这之后，没有任何别扭、不舒服或者负罪感。但是从众心理过强则会影响个人发展，导致缺乏自己的主见和独立意向，抑制了自主性和创造性的发展。

（四）过分的独立意向与过当的逆反心理

1. 过分的独立意向

独立意向是大学生自我意识发展的显著标志之一。独立意向也称独立感，指个体希望摆脱监督和管制的一种自我意识倾向，主要表现为经常向周围人表明自己的独立要求，喜欢独立思考问题和认识事物，喜欢和同龄人一起探讨问题，不喜欢别人过多指责、干扰自己的言行。但有的大学生过分强调独立，以孤独为荣，凡事喜欢我行我素，讨厌学校的各项规章制度，希望一切能按照自己的意愿行事。还有一部分同学把独立理解为"凡事靠自己"，不需要他人帮助，在现实生活中遭遇挫折时也选择自己一人面对，结果给自己造成很大压力。其实，个体的独立并不是独来独往，而是在思想上成熟，在行动上敢于作出决定，对自己的感情和言行全面负责。

2. 过当的逆反心理

逆反心理是个体自我意识发展过程中的一种产物，是指客观环境与主体环境需要不相符时产生的具有强烈抵触情绪的社会态度。从某种程度上来说，大学生的逆反心理是其展示自我形象、强调个人意志的一种手段，主要是为了寻求独立与自我肯定，它反映了大学生不畏权威的反抗精神和独立意识，但过当的逆反心理则会导致非理性的反应方式，不分正确与否全盘否定、一概排斥。他们否定家长、老师、社会宣传的观念和典型人物等外界权威，结果阻碍了正确经验的学习，不利于自己身心健康发展。

知识卡片

避开"孔雀心理"，做真实的自我

"孔雀开屏"是很华美壮观的景象。因其开屏时总有些高高在上的样子，而且又占据不少空间，有种在别人面前表现的味道，所以，孔雀开屏多少有爱炫耀又霸道的含义。随着社会的发展，人们的压力越来越大，往往会出现这种类似的不健康的心理状态，我们称之为"孔雀心理"。

一个人待人接物一旦出现"孔雀心理"，就容易将自己陷入不停比较、不断争胜的境地，而且常常是为了强出头而盲目攀比，给生活带来困扰，还会引起心理不平衡，进而导致身心疾病。

在学生群体中,由于个人价值感和成就感不高,很容易在穿戴、用度等生活方面引起攀比。要避免在面对挫折、打击和种种压力时染上"孔雀心理",可做到以下几点:

1. 不过分苛求自己。明智地把目标和要求定在自己能力范围之内,懂得欣赏自己的成就,自然会心情舒畅。

2. 对周围的人不要期望过高。人各有志,何必非要求别人迎合自己呢?

3. 暂时回避。等心境平和后,再重新面对难题。

4. 多找同伴,少寻对手。自己过得轻松,是你最大的福气。

5. 知足常乐。没有一个人会认为自己的生活中已经不再缺少什么,所以要常常告诫自己,知足常乐。

二、自我意识偏差的调整

人的自我意识来源于物理世界,来自与他人进行的比较和对事件的归因等。调整自我意识偏差,培养健全的自我意识,可从以下四个方面入手。

(一)深入思考,认识自己

对于自我意识偏差的同学来说,改变的第一步就是通过内省认识到自己的自我意识存在较大偏差。"人贵有自知之明",全面而正确的自我认识,是培养健全的自我意识的基础。只有正确认识自己,才能科学地对待自己的过去,恰当地确立自我发展的方向,实实在在地把握现在,在社会情境中找到自己恰当的位置,理解他人,尊重他人,与他人和谐相处,被社会接纳。深入思考,了解自己,要认真地做到以下几点。

1. 全面看待自己的优缺点

每个人都既有长处,又有弱点,不能十全十美,要接纳自己的不完美,树立正确的认知观念。人既不能事事行,也不能事事不行。一事行,不能说明事事行。一事不行,也不能说明事事不行。要善于克服自己的缺点,扬长避短,充分发挥自身的潜力。

2. 多角度评价自我

通过自我评价和听取他人对自己的评价,更为正确地认识自己。我们不妨认真仔细地想一想,用尽量多的形容词描述自己,要忠实于自己的内心。在此基础上进行第二步,了解父母眼中的我、同学眼中的我、老师眼中的我、恋人眼中的我、兄弟姐妹眼中的我,等等,再寻找这些描述中共同的品质。描述的维度越多,越会找到比较正确的自我。

3. 经常反省自我

曾子所说的"吾日三省吾身",就是一种自我监督活动,没有自我反省,就无从实现自我完善。通过反省、分析自己成功或失败的原因,对自己作一分为二的分析,严于剖析自己,敢于批评自己,调整自我评价,从而确定自我,提高自我认识。

（二）学会正确的比较方法

自我意识的重要来源就是与他人进行比较，自我意识偏差的来源也包括错误的参照体系。究竟什么是正确的比较方法呢？首先，和自己比。和过去的自己比，看自己究竟变化了多少，进步了多少，成长了多少。再和理想的自己比，要看自己离理想目标还有多少差距。其次，和别人比。选择各方面与自己相类似的人来进行比较。每个人都有其独特性，每件事的结果也都是多方面原因造成的，对于别人的优缺点和自己的长短处都应客观分析。某些事做得不如别人了，不必全面否定自己，做的比别人好，也不能自我膨胀，这就是"得意不忘形，失意不失志"。再次，不要拿自己无法改变的事情去比较。例如，拿自己的外貌、家庭条件等和别人比较，这样的比较没有积极意义，只能让自己或沉浸在优越感中停滞不前，或陷入自卑无法自拔。

（三）有效地控制自我

有效地控制自我，是完善自我意识的根本途径，大学生要控制自我，应该做到以下方面。

1. 培养顽强的意志力

很多大学生为自己树立了远大的目标和理想，却缺乏足够的努力。部分学生经受不住挫折和打击，无法实现自我理想，还会有"我想早起，可就是没有恒心""我想学习，可就是学不进去"一类的话。

大学生要培养顽强的意志，发展自制力，增强挫折耐受力，使自己能自觉自动地认清目标，为实现目标而努力排除干扰、克服困难。

2. 培养自信心

自信心是一种自我肯定的信念，在自我意识中往往以"我行""我能行""我是不错的""我比很多人都强"等观念存在与表现，并会有意无意地体现在人们的行动之中。有无自信心，对个体来说是非常重要的。

（四）积极行动，健全自我意识

1. 停止责备

（1）停止抱怨他人。当你在批评某个人哪件事没有做好时，潜台词其实是"如果换我来做，一定不会这样"，这就是在暗示自己没有这样的缺点，比别人优秀。大学生处在人生刚起步的阶段，交往的对象大多是与自己身份平等的人（如朋友、同学）和长辈（如家长、老师），很少有情境适合运用"批评"的交流方式。要知道在发生问题时，责备他人于事无补，且容易令双方的关系僵化，不如把抱怨他人的话换成请求或建议，并转化为积极改变现状的行动。

（2）停止苛求自己。做自己的朋友，接纳自己之前，不要加入温柔的性格、优秀的学习成绩、有一技之长、出众的外表等"附加条件"。不论自己有何缺点，要无条件接纳自己，停止对过往不足的责备，认识自己生命的独特性。允许自己犯错误，但在犯错误后要积极改正，避免再犯。调整已经存在的负面情绪，想办法解决引起自己负面情绪的问题，不强求每个人都喜欢自己。

2. 学会赞美

赞美他人,帮助他人,向他人学习。可以尝试从不吝惜赞美开始,一句"你好厉害"对于那些自负者来说也许很难说出口,但一个微笑和一句"你今天的裙子真漂亮"就容易许多,这也许就是你发现别人长处的开始。赞美自己,给自己积极的自我暗示。通过暗示激发自己的力量,建立信心,告诉自己"我很好""我能行""试试看",迈开通向成功体验的第一步,不断激励自己,将积极的自我暗示内化为自身的一种品质。

3. 勇敢尝试、获得成功的体验

很多锻炼、展示自我的机会会在一次又一次的回避中溜走,从而让自己陷入一个"不敢做"就"不去做","不去做"就"不会做","不会做"就更"不敢做"的怪圈当中,这是自卑情绪产生的原因。要打破这个怪圈,需要一点勇气、冒一点险,在自我的世界中做"第一个吃螃蟹的人",给自己一个机会,去体验成功带来的幸福感,让这些成功变成勇气的源泉。因为机会不仅属于有准备的人,也属于有勇气的人!

4. 修养品格

不断地学习和修养,培养积极品质,破除陈旧观念,更新思想和开放思维;生活态度要积极阳光,为人懂得感恩、顾全大局、能团结协作。人际互动和表达自我时,要热情、友善、宽容和谦逊。言为心声,要注意自己的谈吐,真诚、幽默,为他人着想,共情他人的感受,还要让自己博学多艺,保持旺盛的学习和创造力。这样,我们就会不断超越自我、重塑自我,拥有一个完善的自我,无悔的人生。

知识卡片

健康自我意识的标准

心理学中有个真理:自我不是发现出来的,而是我们创造出来的。认识自己并不容易,知人难,知己更难。但每个人又必须正确认识自己,否则就无法很好地处理自己与他人、自己与现实之间的相互关系,也不利于心理健康。

(1)自知之明。自我意识健全的人,应该是一个有自知之明的人,既知道自己的优势,也知道自己的劣势,能正确评价自我和自我发展。

(2)整合的自我意识。自我意识健全的人,应是自我认识、自我体验和自我控制协调一致的人。

(3)自我肯定。自我意识健全的人,应该是积极自我肯定的、独立的并与外界保持一致的人。

(4)理想我与现实我统一。自我意识健全的人,应该是理想自我与现实自我统一的人,有积极的目标意识和内省意识,积极进取,永无止境。

总结案例

自我意识偏差引发的心理案例

　　小芸，女，19岁，某高职院校二年级学生。父亲在水电站工作，那里离家较远，父亲上班一个星期休息一个星期；母亲从事服装销售工作。由于父母工作繁忙，小芸和姐姐小时候都住在奶奶家，父母有时间就去看她们。上小学后，两人回到自己家里，姐姐既会做饭又会照顾妹妹，姐妹俩相互照应着长大。最近，小芸总感觉腹部不舒服，去医院看过医生，进行了多项检查，没有发现什么异常现象，医生给她开了促进睡眠的药物，还建议她自行心理调节，但她吃了药还是睡不好。她向辅导员寻求帮助，辅导员建议她到学校心理中心咨询，再三考虑之后小芸在同学的陪同下前去求助。在学校心理中心，小芸告诉咨询师，从小姐姐就听话懂事，父母比较喜欢姐姐，并表示即便多花钱也要让姐姐上好的学校，而自己从小比较淘气，父母则顺其自然，表示她考上什么学校就去哪上。但她的学习成绩也还不错，比如，大一临时突击就考了全班第一。然而大二专业课一下增加很多，难度也加大了，她担心自己无法应对，也害怕被老师和同学们笑话。周末和舍友们一起骑自行车出去玩，大家都很开心，她却有种罪恶感，觉得是在浪费时间，会落下很多功课，心中十分焦虑。现在正值期末考试，她感觉自己有两门课挂科了，而两天后又将迎来三门课的考试，她现在很担心、很害怕，要是后面的三门课也挂科的话那势必要留级了。小芸不想留级，可是一打开书本复习脑子就很乱，越是着急越是什么都记不住，也什么都不懂，仿佛这些知识从未接触过。她不知道该怎么办了。

　　分析：高职学生面临着学业、就业等多方面的压力，容易产生自我意识偏差，往往过分关注自己的缺点和不足，对自己的能力缺乏信心，导致自卑情绪的产生。此时需要心理干预，来帮助这些同学克服自我意识偏差，建立积极的自我认知，提升自信心和自我价值感，从而更好地面对学业、就业和生活的挑战。

活动与训练

活动2-2 "我是谁"20问

　　主题：认识自我

　　目标：通过投射的方法认识自己的人生观、价值观，帮助了解自己，并为自己今后的发展进行深入的探索。

　　建议时间：15～20分钟。

活动步骤：

请以"我……""我是……""我喜欢……""我要……""我曾……""我不……""我可以……""我想……"等句型写下20个描述自己的句子，然后在每个句子前的括号内填上阿拉伯数字1—20,1代表最重要、最不可或缺的句子,依此类推。

请认真面对自己一次!

_____

_____

_____

_____

_____

_____

_____

_____

_____

_____

思考与讨论

1. 为什么说每个人都是美好的?
2. 什么是积极的自我态度?
3. 你打算怎样完善自我?

第3单元 ▶ 调控情绪

引导语

　　常言道,人是情感动物。在生活中,人们都会有各种各样的情绪。而长期的跟踪研究发现,那些年轻时压抑、焦虑和愤怒的人患结核病、心脏病和癌症的比例是正常人的4倍。在传统中医理论中,也有"怒伤肝,喜伤心,思伤脾,忧伤肺,恐伤肾"的说法。这都说明情绪与身体健康有密切关系,情绪调节的好坏影响着我们的健康。那么,怎样通过科学的方法来解决自己在学习、生活中遇到的情绪问题呢?如何调节自己的情绪,如何宣泄愤怒,怎样处理考试焦虑问题,怎样提高自己的情绪智力?这些都是本单元将要探讨的问题。

学习目标

- ➲ 认识情绪及分类。
- ➲ 能够感知和辨别情绪。
- ➲ 学会应用情绪方法调控自我情绪。

3.1 感知自我情绪，合理适度表达

心理箴言

能控制好自己情绪的人，比能拿下一座城池的将军更伟大。

——拿破仑

小误会惹的祸

某学院体育馆内，学生们正在上篮球课。小张一个转身扣篮，赢得了一片掌声。球落下后，碰到坐在旁边的另一个班级的小赵，大家都没当回事。过了一会儿，小张传球又砸到了小赵身上，小张向小赵打了一个对不起的手势，可是小赵的班长看到了，以为小张故意欺负老实人，带了几个同学怒不可遏地走到小张面前质问他。小张的同学也围过来，双方你一言我一语吵起来，言语激烈，起了冲突。

分析：在本案例中，我们看到小赵的班长"自以为"小张欺负人，没有理智地沟通处理，而是带着愤怒的情绪质问对方，小张也没有冷静对待，诚恳解释道歉。双方互不相让、言语不和导致肢体冲突。如果能够合理表达情绪，这个事件是可以避免的。其实只要宽容他人，调整好情绪，很多问题都会迎刃而解。

一、情绪与情感

（一）情绪的概念

情绪是对一系列主观认知经验的统称，是多种感觉、思想和行为综合产生的心理和生理状态。通俗来说，情绪是内心的感受经由身体表现出来的状态。

情绪与每个人随身相伴、朝夕相处，它有时给我们力量，有时又会让我们灰心丧气。所以，能否正确认识情绪、有效管理情绪以及合理运用情绪，不仅关系到每个人的身心健康，也关系到同学之间能否和谐相处，影响学习生活的质量和成效。

人的情绪和情感不是无缘无故产生的，而是由一定的刺激情境引起的。例如，在城市生活的人初到风景秀丽的乡村，在欣赏美丽的田园风光时，会产生一种心旷神怡的感觉；考试中取得良好成绩的学生，会由衷地产生一种自豪和喜悦的心情。当然，一些糟糕的事情也会引发人们的负面情绪，而且不同的人对相同的现象和事件的解释不同，也由此产生不同的情绪和情感体验。例如,对于秋天满地的落叶和落花,很多人认为是一种成熟的美,纷纷拍照留影,但有的人却感到失落和凄凉。所以,情绪不单纯是由外界刺激产生的,也是本人的信念系统与外界的人、事、物共同作用的产物。

人的情绪和情感发生的时候,总是伴随着一系列的生理变化,如呼吸系统、血液循环系统、消化系统的功能变化,此时个体会出现不同的身体异常或表情变化。这里需要注意的是,人面部的不同部位,表情作用是不同的。例如,通过眼睛来表达忧伤,通过嘴部来表达快乐或厌恶,而通过眼睛、嘴和前额则可表达愤怒。

知识卡片

人类的基本情绪

美国心理学家保罗·艾克曼(Paul Ekman)用了40多年的时间研究人的表情和肢体语言。他到过很多地方观察人的表情,如巴西、阿根廷、苏联、印度尼西亚、日本等。他甚至在巴布亚新几内亚的丛林部落里生活了三年。那里与世隔绝,从未受到过西方文明的影响。当地人甚至从未照过镜子,从未看过自己的脸,但他们能准确地判断出艾克曼带来的照片上的人处于什么样的情绪状态。研究证明,人类的七种基本情绪(愉快、惊奇、愤怒、厌恶、恐惧、悲伤、轻蔑)的表情不存在文化差异,即不同文化的人都存在这七种情绪,表情也基本一致。

(二) 情绪与情感的区别

情绪和情感都是以需要为中介的心理活动,是人对客观事物的态度的体验,属于主观感受。两者不尽相同却也不可分割,因此人们常混淆两者。实际上,情绪和情感指的是同一过程和同一现象在人脑中的反映,两者在反映的内容和方式上是不同的。

从个体心理学的发展来看,情绪出现较早,多与人的生理性需要相联系。情感出现较晚,多与人的社会性需要相联系。情绪具有情境性和暂时性,情感则具有深刻性和稳定性。情绪有冲动性和明显的外部表现,情感则比较内隐。例如,同学之间的帮助会让人有愉悦、感激的情绪,当这种感觉不断产生,就会产生情感。这就是为什么会有很多人通过与同学相处,交到了相伴一生的好朋友。

情绪与情感又是密不可分的。情感是在多次情绪体验的基础上形成的,并通过情绪表现出来;反过来,情绪的表现和变化又受已形成的情感的制约。

二、认识情绪及其分类

情绪是与生俱来的。当我们取得成绩、受到赞扬的时候,自然会流露出高兴、喜悦、兴奋等正面情绪。当我们遭遇挫折、苦难的时候，也往往会产生烦恼、不安、焦虑、痛苦等负面情绪。认识和接纳自己的情绪，才能健康地生活。对于情绪，我们应当了解以下几种观点：

1. 情绪是生命的组成部分

从生理学角度分析，情绪是大脑中所储藏的经验回忆和大脑与身体的相互协调与推动所产生的现象，因此，一个正常的人必然是有情绪的。没有某些情绪的人，他的人生是有缺憾的、是不完整的。

2. 情绪没有好坏之分

人的情绪有多种特征，用以表现生活中的喜悦、幸福、哀伤、困苦等。情绪是个中性词，没有好坏之分。所有情绪都有意义，都具有合理性，所有情绪体验都能增加生命的丰富性。当遭遇挫折的时候，我们会难过、悲伤，当事情进展不顺利的时候，我们会愤怒或不满，这些情绪其实都会促使我们去做一些事情来改变现状。因此，从对人生的意义而言，无论怎样的情绪，都会有一种推动作用，它并无好坏之分。

3. 情绪能够为我们服务

情绪的产生是提醒我们有些事情出现了，需要去处理。每种情绪都有其意义和价值，情绪能够为我们服务，不要让情绪成为我们的主人。我们需要学会宽恕，控制愤怒，不让自己的心灵成为情绪的"奴隶"。情绪是我们的资源，善于控制情绪就是要正确地感知情绪、客观地谈论情绪，这样才能提升自我情绪管理的能力，是我们确保自身幸福的必修功课。

4. 情绪的钟摆效应

钟摆效应是心理学名词，主要是描述人类情绪的高低摆荡现象（图3-1）。

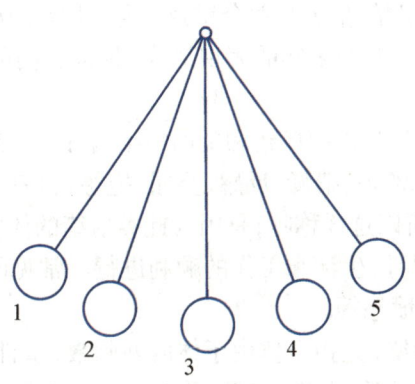

图3-1　情绪的钟摆效应

钟摆的运动轨迹是往复的，它总是围绕着一个中心在一定范围内有规律地摆动。当人们感到快乐的时候，会毫无顾忌地笑；而当人们感到悲伤的时候，会无所顾忌地哭。不管是喜悦还是哀伤，都是人与生俱来的情绪情感。如果我们不断压抑自己的负面情绪，通常只会有两个后果，要么爆发，要么消亡。情绪的钟摆效应就是指第二种情况。当我们感觉很好地控制了自己的负面情绪时，也在渐渐减弱自己体验正面情绪的能力。也就是说，当负面情绪的强度从图3-1所示的位置5降低到位置4的时候,相应的正面情绪也从最高的位置1降低到了位置2。这样下去,痛苦虽然少了,但是快乐也随之减少。久而久之,人会感到生活枯燥无味,甚至会觉得人生没有意义。

所有的负面情绪实际上也是一种推动力,督促我们采取行动,直到这些情绪不再出现。我们应该把自己的情绪强度尽量扩大(重回较大的摆动幅度)。这样,当我们感受到日常生活中带给我们的喜悦、满足、自豪、信心时,即达到左边摆动的最高位置时,心中就会充满能量。因为左边的摆动给了我们喜悦、自信等正面情绪的积极影响,所以即使右边负面情绪的摆动幅度达到最高位置,我们也能承受,况且还有很多心态上的技巧可以帮助我们去化解负面情绪。这样一来,即使偶然产生负面情绪,由于正面情绪的支撑力量,我们也完全能够承受负面情绪。

钟摆效应的内涵在于:只有像钟摆一样,让两边的幅度尽量扩大,让我们感知正、负两面情绪的能量都很强,才能充分享受人生。"痛"并"快乐"着——"痛快"地活着,而不是逃避、压抑地活着,这是一种人生境界。为了不让负面情绪影响我们太久、太深,我们要学会让自己与负面情绪相处,接受它、理解它、安慰它,并在适当的场合学会感谢它、释放它、缓解它。同时,我们也要让自己的正面情绪得到加强,使正面情绪远多于负面情绪,从而使我们的生活充满正能量。

5. 情绪的分类

迄今为止,关于情绪的类型仍然没有一个完全统一的说法。在我国的古典文献中,情绪分类就有很多种,如《中庸》认为情绪有"喜、怒、哀、乐"四种。《素问》把情绪分为"喜、怒、悲、忧、恐"或"喜、怒、思、忧、恐"五种。德国心理学家威廉·冯特(Wilhelm Wundt)将情绪分为愉快—不愉快、激动—平静、紧张—松弛三个维度。美国心理学家伍德沃斯(Woodworth)提出情绪分为六个维度:爱、幸福、欢乐,惊奇,恐惧、痛苦,愤怒,厌恶,蔑视。人的情绪有多种多样的表现形式,情绪分类的标准不同,情绪的类型也不同。

情绪无好坏之分,可划分为正面情绪和负面情绪两种。心理学把焦虑、紧张、沮丧、失落、失望、郁闷、悲伤、痛苦、嫉妒、猜疑、反感、委屈、抱怨、自卑、愤怒、抵触等,统称为负面情绪或消极情绪。人们之所以这样称呼,是因为此类情绪的体验是不积极的,身体也会有不适感,甚至会影响人们学习、生活和工作的顺利进行。常见的负面情绪主要有反感、抱怨、抑郁、焦虑、委屈、抵触、愤怒等。

正面情绪,又称积极情绪,是指个体由于体内外刺激、事件满足个体需要而产生的伴有愉悦感受的情绪。喜悦、感激、宁静、兴趣、希望、自豪、逗趣、激励、敬佩和爱等,统称为正面情绪。积极情绪让我们感觉良好,不仅能改变我们的思维,改变我们的未来,同时也能抑制消极的或负面的情绪。

三 感知和辨别情绪

(一)感知自身情绪

准确地感知自身的情绪可以帮助我们倾听自己内心的想法,理解周围的人和事件对自己造成的影响,从而更好地了解自己,更好地跟别人相处。做情绪记录可以有效地觉察和感知自身情绪。在每天固定的几个时间点,或者在出现某种情绪时,不定时地记录下情绪产生的时间、事件、引起情绪的触发点,可以有效感知情绪并加以调整,示例参见表3-1的内容。

表3-1 情绪记录示例

时 间	事件	触发点	情绪	当 时 想 法	当 时 反 应	结果
6月13日 15:00	参加讨论入党问题的党员大会	通过表决成为预备党员	激动、兴奋、喜悦	又有了一个身份——党员,多光荣啊,享受这份美好感觉	记住这个有意义的日子;把这个好消息与家人、好友分享	激励自己继续努力
11月16日 19:00	参加校园歌手大赛	没有获得任何奖项	失落、沮丧、抱怨	白白付出那么多努力;感觉那个第一名也不怎么样啊,评委是怎么评的;转念:重在参与,认真练习是有收获的,积累了经验下次能表现得更好	深呼吸、放松	平静、释怀

注:(1)正面、负面情绪都可以填写,通过记录,使正面情绪的美好感觉得以放大、存储,使负面情绪通过觉察和调整得到疏导转化。
(2)"当时反应"一栏,填写放大或调整情绪的具体行动。
(3)此记录坚持一段时间后,会内化为自觉行为,再出现情绪时就会自动觉察。

(二)辨别他人情绪

辨别他人情绪的能力在人的成长过程中发挥着重要的作用,如果对他人的情绪感受无动于衷,就难以与之建立起融洽的人际关系。这种能力是从婴儿期开始发展起来的。一岁左右的孩子,在看到别人跌倒而哭时,他也会像自己跌倒一样哭起来。随着自身的成长,他会逐渐理解自己的情绪感受,也能够认识到他人在某种环境下的情绪感受与情绪表达,从而进行有效的人际交往。那么,怎样通过一些细微的人际信息敏锐地感受到他人的情绪和需要呢?可从以下几个方面进行观察,以提高自己的情绪敏感度。

(1)面部表情。这是最直接的判断方法,看对方眉头是舒展还是紧锁,眼睛是怒目圆睁还是满含泪花,嘴角是上扬还是下撇等。

(2)肢体语言。人的身体部位也可以透露不同的情绪信息。例如,人在高兴时走路大步流星,悲伤时无精打采,恐惧时手足无措,愤怒时捶胸顿足,紧张时抓耳挠腮。

(3)声音表情。通过语音、语调、语速也可以判断人的情绪状态。人在高兴时声音轻快,悲伤时声音低沉、语速缓慢,愤怒时音量大、语速急促。同样一句话,用不同的语音语调说出来就会产生不同的含义。比如,简单的一句"你干嘛?"在不同的语境下,可以分别表示疑问、不耐烦或者责备等意思。

（4）生理变化。情绪的变化通常伴有生理的变化，有些不易察觉。例如紧张焦虑时，人的心率会加快。有些生理变化容易被观察到，例如痛苦时，人的面色可能从红润变为苍白，手心发凉、出汗。怒发冲冠、不寒而栗就是情绪的生理表现。

四 适当表达、宣泄情绪

（一）向自己表达

情绪表达的第一个层面是向自己表达，就是让你自己很清楚自己的情绪状态和它的来源。这种表达对我们的健康是很重要的，而且很容易做到，但是常常被我们忽略。如果我们很清楚自己的情绪状态，知道它的来源，就已经达到了一部分的宣泄效果。如果情绪无法通过其他方式表达，也不妨在心里往积极的方面想一想。向自己表达可以做情绪记录、写情绪日记，可以结合调息放松法做清醒五问（我在做什么，我想要的是什么，我现在的状态如何，如何做才能调整好我的状态，如何做才能得到我想要的），还可以找自身的优点。很多情绪实质上都是把注意力焦点放在了负面影响上，都是对自己的不满意，而多看到积极正面的、多挖掘自身优点，就会让自己更有力量，更加阳光自信。

（二）向他人表达

快乐通过分享就加倍，悲伤经过分担就减半。过度压抑愤怒、悲伤等消极情绪，不利于身心健康。适度、合理地向周围的人表达自己的情绪，才能使他人理解，使自我压力得到释放。向周围的人表达自己的情绪，既有助于调整自己的情绪，也有助于增加相互的理解。表达方式可以是语言表达，也可以是非语言表达。当我们有负面情绪时，可以选择向自己信任的人，比如同学、老师、家人倾诉。在倾诉的过程中要合理地表达情绪，而不应无节制地宣泄不满，这种不考虑他人的感受的表达，可能会产生一些破坏性的影响。

（三）向客观环境表达

当我们有消极情绪的时候，可以采用一些方式来释放。例如，可以去散散步，看看日出日落、云卷云舒，或者站在海边看看波浪，还可以去运动场上奔跑，或者把自己关在屋子里打沙袋。此外，还可以"化悲愤为力量"，将不良情绪升华为一种对自己、对他人、对社会都具有建设性意义的动力。比如，大文豪歌德在失恋之后，把失恋的情绪能量用在文学创作中，写出了名著《少年维特之烦恼》。

总结案例

世界技能大赛中的情绪管理

世界技能大赛被誉为"世界技能奥林匹克",其竞技水平代表了职业技能发展的世界先进水平。2022年世界技能大赛特别赛日本赛区的比赛中,摘得可再生能源项目金牌的是来自广东省技师学院学生陈智勇。第一项任务竞技时,陈智勇没有处于领先地位,"第一次在世界舞台上一决高下,整个人处于紧绷状态。"陈智勇说,"第一项比赛结束后,我看到日本选手安装得比我好。"在世界技能大赛中国集训队专家兼教练组长薛林及时的心理疏导下,陈智勇虽然内心依旧有点小焦虑,但很快便调整了心态:"我知道自己的优势在哪里,只要平稳发挥,夺冠的概率有七八成。"果然四天比赛下来,陈智勇在规定的17个赛时内完成了所有比赛项目,有些项目的完成时间还领先于比赛设定时间。

任何竞技选手的成功或失败都是其技术、身体与心智能力的综合表现。在技能水平相当时,心理技能优秀者通常会赢。在精细化操作和激烈的竞技活动中,心理因素更重要。世界技能大赛中国研究中心心理学专家团队通过对第42届、43届、44届我国参赛选手研究发现,在集训冲刺阶段,我国选手共性突出的心理问题表现为:注意集中能力不强,抗干扰能力差;自信心不足,担心操作失误;心理倦怠,感觉疲劳,训练效率低;压力大,情绪焦虑。这些心理困扰不仅影响集训的效果,更有可能对大赛成绩带来负面影响。选手的心理因素作为竞赛保障因素之一,单靠心理因素赢得比赛是不可能的,单靠心理因素输掉比赛确是可能的。因此,选手的心理问题应及时发现及时解决,才能保障参赛选手立于不败之地。

分析: 这个案例强调了情绪管理在技能大赛中的重要性,以及它对于个人成长和团队表现的积极影响。通过有效的情绪管理,高职学生不仅能够在竞赛中发挥出最佳水平,而且还能在面对挑战时展现出更好的适应能力和解决问题的能力。

活动3-1 情绪表演

主题：情绪表演。

目标：通过观察人的面部表情,识别人的情绪状态。

建议时间：15分钟。

活动过程：

1. 每4～6人分为一个小组,每个组员表演喜悦、悲伤、宁静、愤怒、自豪、自卑、敬佩、藐视八种情绪。

2. 每个小组推选一个代表,上台进行表演,其他学生猜测所表演的是哪种情绪,教师进行点评。

3-1 抑郁自评量表

3-2 焦虑自评量表

1. 完成二维码3-1中的抑郁自评量表,了解自己是否存在抑郁情绪。

2. 完成二维码3-2中的焦虑自评量表,了解自己是否存在焦虑情绪。

3.2 调控自我情绪,提高情绪智力

心理箴言

　　行为可以表达情绪,但更好的办法是控制自己的情绪,以此获得更好的结果。

——苏格拉底

导入案例

小朱的变化

　　小朱,男,某高职院校大一的学生。他在高中时一直是老师和同学眼中的好孩子,来到大学,他对自己的学习也非常有信心。但是,他由于不能适应大学的学习方式,还是按照高中的学习方法,第一次期末考试成绩就非常不理想,有两门课不及

格。小朱非常沮丧，在他的意识里挂科是绝对不能容忍的，他对自己的学习能力失去了信心，感觉不能面对家人、同学和自己的期望，于是他自我麻痹，和同学一起打网络游戏，渐渐地沉迷于游戏不能自拔。

    分析： 小朱，自我定义是一个"好孩子"，想用成绩来证明自己的存在价值，但是由于不能适应大学的学习方式，导致考试成绩不理想，同时他存在"绝对化"不合理的信念——挂科是绝对不能容忍的。这就导致他全盘否定自己，不敢面对自己和家人，逃避现实，想在网络游戏中寻找曾经丢失的成就感，这种做法是不可取的。

情绪智力

    情绪智力是指正确感知和妥善管理自己的情绪，并且识别他人情绪、管理人际关系的能力，俗称情商（Emotional Quotient，EQ）。情商高的人通常情绪稳定，不会因小事产生剧烈的情绪波动。在产生情绪反应时，不仅能够正确感知自己的情绪，而且还会表现出合适的行为反应。在面对挫折时，能够调节自己的负面情绪，进行自我激励，提高个体的主观幸福感，快乐健康地生活。

    心理学家丹尼尔·戈尔曼认为，在一个人的成功过程中，智商和情商缺一不可。智力是成功的根本，只有具备了较高的智力水平，才有可能获得成功。但是，仅有智力，并不能保证获得成功，还必须具有较高的情商，它可以更好地帮助一个人去争取并获得成功的机会。

    情绪智力的高低主要表现在以下五个方面：

（一）认识自身情绪的能力

    了解自我，注意情绪时时刻刻的变化，能够觉察某种情绪的出现，观察和审视自己的内心体验。它是情商的核心，只有认识自己，才能成为自己的生活主宰。

（二）妥善管理自身情绪的能力

    自我管理，调控自己的情绪，使之适时适度地表现出来，与自己的意愿相符，与周围的环境相符，即能调控自己。

（三）自我激励的能力

    自我激励的能力是指能够依据活动的某种目标，调动、指挥情绪的能力，它能够使人走出生命中的低谷，从头再来。

（四）认识他人情绪的能力

    认识他人情绪的能力是指能够通过细微的社会信号，敏感地感受到他人的需求与欲望，这是与他人正常交往、实现顺利沟通的基础。

（五）人际关系管理的能力

人际关系管理的能力是指调控自己与他人情绪反应的能力。此能力强的人都有比较强的组织管理能力，能轻松胜任管理和领导岗位。我们都知道，一个人的智商可以影响我们的成就，爱因斯坦的智商很高，这帮助他成为最伟大的物理学家之一。但是，一个人的情商也可以影响一个人的成就。情商反映着认识、控制和调节自身情绪的能力，情商的高低反映着情感品质的差异，情商对于人的成功起着比智商更加重要的作用。

情商主要与非理性因素有关，它通过影响人的兴趣、意志、毅力，加强或弱化人们认识事物的驱动力。情商是把握和调节自我和他人情感的一种能力，因此与人际关系的处理有较大的关系，其作用与社会生活、人际关系、健康状态、婚姻状态有密切关联。情商低的人，人际关系紧张，领导水平不高。而情商较高的人通常有较健康的情绪，有良好的人际关系，容易成为某个部门的领导人，具有较强的领导管理能力。

知识卡片

高情商的15种表现

1. 理解他人行事的动机
2. 言出必行，是热情的领导者
3. 清楚自己的优势和短板
4. 能够平静地面对过去
5. 对未来充满信心
6. 能够活在当下，体会当下的每一刻
7. 是一个成熟主动的倾听者
8. 知道自己为什么不高兴
9. 能自如地和朋友以及陌生人交谈
10. 严守道德标准
11. 热心助人
12. 能像读一本书一样去了解一个人
13. 坚定地追求自己的目标
14. 拥有强大的内心驱动力
15. 在必要的时候敢于说不

用合理情绪理论调节情绪

美国心理学家阿尔伯特·艾利斯(Elbert Ellis)于20世纪50年代创立了著名的合理情绪理论,也叫"情绪ABC理论"。他认为,人的情绪主要根源于自己的信念以及他对生活情景的评价与解释的不同,即对于诱发事件A,通过当事人对该事件的评价与解释,以及对该事件所形成的信念B这个桥梁,最终才决定产生什么样的情绪和行为后果C。

我们可以通过改变自己的想法来控制情绪,遇到使自己产生负面情绪的事情,不要急于发作,先要看看到底是什么想法使自己有这样的情绪。比如在路上遇见一个同学没有跟你打招呼,如果你认为他是因为不喜欢你而故意躲着你,就会闷闷不乐;如果你认为他可能没看见你,就不会影响自己的心情了。图3-2是根据情绪ABC理论做的示例,供同学们参考,也可以提出你的思考。

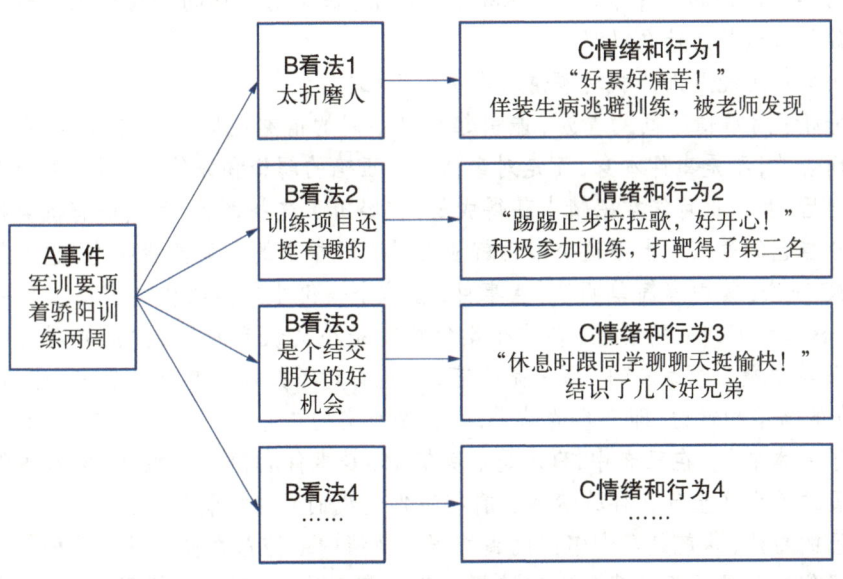

图3-2 情绪ABC理论(合理情绪理论)

> **案例** ▶ **做情绪的主人**

小文,某高校大二学生。由于失恋,他一直情绪低落,走不出分手带来的阴影,整天躲在寝室不出门,茶不思饭不想,没办法集中注意力,觉得生活失去了意义。小文认为自己在感情上付出了许多,却没有收到回报,觉得自己很愚蠢。后来,他来到了学校心理咨询室。

心理咨询老师了解他的情况之后,对他进行了放松训练,缓解他的紧张情绪,并且告诉他,其实他的处境并没有那么糟,只是他把自己想象得太糟糕了。以下是心理咨询老师和小文的对话片段：

老师："假如有一天,你到公园的长凳上休息,然后把最心爱的一本书放在了长凳上,这时候一个人径直走过来,坐在你的书上,把你的书压坏了。你会怎么想?"

小文："我一定很气愤,他怎么可以这样故意损坏别人的东西呢!太没有礼貌了!"

老师："那我现在告诉你,他是一个盲人,你又会怎么想呢?"

小文："哦,原来是个盲人。他肯定不知道长凳上放着东西!"

小文："谢天谢地,好在只是放了一本书,要是放的是油漆或是什么尖锐的东西,他就惨了!"

老师："那你还会愤怒吗?"

小文："当然不会,他是不小心才压坏的嘛,盲人也很不容易的。我甚至有些同情他了。"

老师："同样的一件事情,他压坏了你的书,但是前后你的情绪反应却截然不同。你知道这是为什么吗?"

小文："可能是因为我对事情的看法不同吧!"

分析：对事情不同的看法,能引起自身不同的情绪反应。很显然,让我们难过和痛苦的,不是事件本身,而是对事情的不正确的解释和评价。比如,失恋带来悲伤之后,我们也可能在感情上获得成长,在经历了这些之后,我们还有机会找到更适合自己的爱人。上面这个案例就应用了心理学上的合理情绪理论,也就是情绪ABC理论,其内容简单明了：A事件,在这个案例中就是心爱的书被人压坏这件事;B指我们对A的看法,在这个案例中就是小文认为的"故意损坏别人的东西""没有礼貌"和后来的"原来是个盲人,他肯定不知道长凳上放着东西";C是B引发的情绪和行为,即产生的结果,也就是小文的"气愤"和"谢天谢地,好在只是放了一本书"。在三者中,B才是最关键的,是事件和情绪的媒介,你对事件有什么看法就会产生什么样的情绪。有些事件是我们无法控制的,但是我们可以调整自己的看法,这就是我们情绪的遥控器。情绪的遥控器掌握在谁的手里?答案是在我们自己的手里。我们可以选择每天郁郁寡欢,也可以选择开开心心、享受生活,还可以选择遇事处变不惊。

知识卡片

常见的不合理信念

（1）碰到的每个问题,都应该有一个正确而完美的解决方法,如果找不到这种完美的解决方法,那是莫大的不幸,真是糟糕透顶。

（2）在自己的生活环境中，每个人都绝对需要得到其他重要人物的喜爱与赞扬。

（3）一个人必须能力十足，在各方面至少在某方面有才能、有成就，这样才是有价值的。

（4）有些人是坏的、卑劣的、邪恶的，他们应该受到严厉的谴责与惩罚。

（5）事不如意，是糟糕、可怕的灾难。

（6）人的不快乐是外在因素引起的，人不能控制自己的痛苦与困惑。

（7）对可能（或不一定）发生的危险与可怕的事情，应该牢记于心，随时想到它会发生。

（8）对于困难与责任，逃避比面对要容易得多。

（9）一个人应该依赖他人，并且要依赖一个比自己更强的人。

（10）一个人过去的经历，是影响他目前行为的决定因素，而且这种影响是永远不可改变的。

（11）一个人应该关心别人的困难与情绪困扰，并为此感到不安与难过。

三、情绪调节的其他方法

如果发现自己有了负面情绪，还可以尝试通过其他调节方法来进行调节。比如，可以通过下面这些方法激发正面情绪，使自己快乐起来。这些方法不仅可以用来进行自我调节，而且还可以用来帮助他人调节情绪，需要的时候不妨一试。

（一）生理平衡法

生理平衡法是一种快速改变自己或他人情绪状态的方法。每当自己或他人出现负面情绪且想摆脱时，可以采用这种方法，来帮助自己或他人改变情绪状态，保持甚至增强对环境变化的适应能力，几分钟之内便有效果。

第一步：保持坐姿，双腿伸直，双脚叠放，双手手指交叉结合，反转至胸口。① 双手叠放，假如右脚在左脚之上，则右手亦在左手之上。② 伸出手指，双手拇指向下，掌心对掌心。③ 双手手指交叉，合掌。④ 双手握成的拳头向下向胸口方向翻转向上，直至紧贴胸口，眼睛下望可以望到手指。

第二步：舌尖向上顶住口腔内上颚门牙稍后的地方，把呼吸速度调慢。

第三步：把全部注意力转移至心脏上，维持3分钟。

（二）调息放松法

调息放松法是一种最简单却颇为有效的通过控制呼吸达到放松的方法，深呼吸可以缓解焦虑。

第一步：保持坐姿，背部向后靠并挺直，头、颈、背在一条直线上，松开束腰的皮带或衣物,将双掌轻轻放在肚脐上,要求五指并拢,掌心向下。

第二步:闭上双眼,平静呼吸,体会气流先进入鼻腔,并向上冲击鼻腔顶部,然后再进出双肺的感觉。注意保持呼吸的平静与自然,不要随便改变呼吸的节律,同时也要体会腹部随呼吸运动的感觉。保持呼吸缓慢、有节律地进行,吸气时让腹壁轻轻扩张,呼气时腹壁回缩,而胸腔不动。

第三步:在练习过程中,随着气体的吸入,想象你将宇宙能量、生命之力及平和的气息吸入体内,而随着气体的呼出,你的紧张情绪、浊气也都随之排出体外。练习时注意要始终保持头脑的清醒,摒除一切杂念。

(三)积极自我暗示法

在我们的生活中,会出现很多自我暗示的现象。例如,清晨对着镜子梳洗时,如果看到自己的脸色很好,往往会心情舒畅,这是一种积极的暗示;如果发现自己的脸色不好,眼皮略有水肿,有的人可能会怀疑自己的肾脏出了毛病,于是就感到腰痛,这是一种消极的暗示。主动地运用积极的自我暗示可以帮助我们调节情绪,具体的做法如下。

1. 言语自我暗示

设计一句鼓励自己的话作为常用语。比如,在减肥时,不能说"我不要胖",因为这时潜意识得到的暗示不是"不胖",而是忽略了"不"的"胖",应该说"我要瘦"。考试前感到焦虑时,可以通过对自己说"我一定能行"来激励自己。

2. 动作和表情自我暗示

例如,微笑的表情可以给我们带来好的心情。早晨起床给自己一个微笑,就会每天感到快乐一点。

(四)转移注意法

当人被某些不良情绪所困扰而处于情绪低谷时,可以暂时忘记那些导致不良情绪的事件,从苦闷中解脱出来,将注意力转移到其他自己感兴趣的、积极有益的活动中去,以保持愉快的心情。等不良情绪过去了,再以充沛的精力解决困难。

(五)合理宣泄法

情绪的产生往往伴随着能量的蓄积,情绪的表达也是能量宣泄的过程。压抑和隐藏情绪可能会对人的身心造成伤害;不合理地发泄情绪同样会对自身、对他人造成伤害。因此,要学会在适当的时机用适当的方式宣泄情绪。

1. 适当的宣泄方法

在适当的场合哭一场,进行适当的运动,在适当的场合放声唱歌或大叫,向值得信任的人倾诉,把自己的感受写下来等。

2. 不当的宣泄方法

暴饮暴食,吸烟酗酒,打架斗殴,乱扔东西,一个人生闷气等。

情绪调节有多种方法,我们应该主动地寻求改变,调节和合理宣泄负面情绪,适当激发正面情绪,做情绪的主人。

（六）升华

升华是对不良情绪的一种高水平的调试，通过其他事情的成功来改变自己的失败处境，改善自己的心境，将强烈的情绪冲动所带来的能量，转化为建设性的、有价值的、有积极意义的事情的力量，也就是我们通常所说的化悲痛为力量。

（七）寻求帮助

随着社会发展，人们生活水平的提高，心理咨询已经成为越来越多人的选择。有了情绪困扰，人们更愿意选择寻求专业人士的帮助，而不是随便宣泄给身边的亲人和朋友，破坏自己的人际关系和社会支持系统。这里也主张同学们在不能自我调节不良情绪的时候，到学校的专业心理咨询服务中心求助。

知识卡片

情绪健康的标志

情绪健康的基本标志：
(1) 情绪的目的性明确、表达方式恰当。
(2) 情绪反应适时、适度。
(3) 积极情绪多于消极情绪。

大学生情绪健康的标准：
(1) 开朗、豁达，遇事不斤斤计较。
(2) 及时、准确、适当地表达自己的主观感受。
(3) 情绪正常、稳定，能承受欢乐与痛苦的考验。
(4) 充满爱心和同情心，乐于助人。
(5) 正确地认识自己和他人，人际关系良好。
(6) 对前途充满信心，富有朝气，勇于进取，坚韧不拔。
(7) 善于寻找快乐，创造快乐。
(8) 能面对现实、承认现实和接受现实，善于把个人需要与社会的需求协调起来。

总结案例

"要强"的云云

云云的父母一直外出务工，从小学起她便就读于寄宿制学校，喜欢独来独往。

云云在中学时期曾遭遇过校园欺凌,她不愿跟父母倾诉这些事情,云云认为,说这些事情只会给父母平添担忧。父母"望女成凤",也让云云倍感压力。大二期间云云恋爱了,但相处了一段时间后,男方提出分手。云云失恋后内心十分痛苦,夜晚辗转难眠,因为睡眠不足,白天浑浑噩噩,情绪低落经常吃不下饭,还担心课业成绩,焦虑不已,内心煎熬。通过医院就医,医生诊断后建议她服药治疗。

分析: 抑郁情绪表现为"情绪低落,易流泪,焦虑、困倦",呈现典型症状。发作时会对患者的日常生活与学习带来严重影响。案例中云云的抑郁情绪主要由家庭问题、情感问题、人际交往问题和学业压力造成,需要专业人士、老师、同学从多个方面进行疏导,帮助云云摆脱困境。

活动与训练

活动3-2 知晓情绪周期

主题: 了解情绪周期。

目标: 学会计算自己的情绪周期。

建议时间: 60分钟。

活动准备:

情绪周期是指一个人的情绪高潮和低潮的交替过程所经历的时间。它反映人体内部的周期性张弛规律,亦称"情绪生物节律"。个体若处于情绪周期的高潮,就会表现出强烈的生命活力,对人和蔼可亲,感情丰富,做事认真,容易接受别人的规劝,具有心旷神怡之感;若处于情绪周期低潮或临界点,则容易急躁和发脾气,情绪不稳定,易产生反抗情绪或喜怒无常,常感到孤独与寂寞。

情绪周期是人生情感的晴雨表,我们可据此安排好自己人生耕耘的茬口。例如,在情绪高涨时安排一些难度大、较烦琐的任务,而在情绪低落时放松自我,多出去走走,多参加体育锻炼,放松心情,有了烦心事多向亲人、同学、朋友倾诉,寻求心理上的支持,安全地度过情绪危险期。

那么,每个人怎样才能知晓自己的"情绪周期"呢?

活动过程:

1. 算出从出生之日到计算之日的总天数。其公式为:$t=(365.25 \times$ 周岁数$)\pm X$。t表示总天数;周岁数指实际年龄(计算时未满或已满当年都算一岁);$\pm$表示生日在计算日前用"+",生日在计算后用"—","X"指除周岁以外的天数,即生日到计算日的天数。

例:某人1957年1月24日出生,计算他1986年2月28日的生物节律值。其周岁为29岁,出生日在计数日前35天,故应"+"。$t=(365.25 \times 29)+35=10\,627.25 \approx 10\,627$。

2. 将总天数分别除以28（情绪节律周期的天数）。10 627÷28=379余15，即情绪节律已运行了379个周期，现正处在第380个周期的第15天。

3. 了解计数日处在什么时期（高潮期、低潮期、临界期），采用半周期法：用28除以2得到的半周期数，情绪半周期数为14天。若所得的"余数"小于此半周期数，那么情绪节律运转在高潮期；若大于半周期数，则运行在低潮区；若接近半周期数或整周期数以及"余数"为零者，为临界期。

同学们，来了解一下你自己的情绪周期吧！

思考与讨论

3-3 情绪
智力小测试

完成二维码3-3中的情绪智力小测试，判断自己的情绪智力水平。

第4单元 ▶ **完善人格**

 **引导语**

　　大学生正处于朝气蓬勃的青春期。在此期间,不仅身心会发生巨大的变化,自我意识也将由分化、矛盾、冲突逐渐走向统一,这是青年人格发展、完善的重要时期。所以,每位同学都应该关注自己的人格特征,积极地塑造人格,通过提高心智,逐步使自己拥有健康、完善的人格。

 **学习目标**

- ➲ 理解人格的主要理论阐述。
- ➲ 熟悉人格的基本特征和常见的人格障碍的行为表现。
- ➲ 掌握培养积极心态、塑造健全人格的方法。

4.1　理解人格内涵,追求全面发展

心理箴言

"特殊的人格"的本质不是人的胡子、血液、抽象的肉体的本性,而是人的社会特质。

——卡尔·马克思

如何正确认识自己

小郭,男,19岁,某大学市场营销专业学生,身高、体态正常,无重大身体疾病史。家中有一个哥哥和一个姐姐,他从小生活在父母经常吵架的家庭氛围中。爸爸是一个话少、比较懦弱的人,妈妈在家中十分强势,家中的大、小事情都由妈妈做主。小郭进入大学后感到很迷茫,主动找到心理咨询老师寻求帮助。小郭说:"我觉得我们家是一个很奇怪的家庭,经常大白天也是大门紧闭,我很少与周围人交流、沟通。我从小学、初中到高中一直都是独来独往,我觉得这没什么,大家都有各自的生活,可是现在到了大学,我看到周围的同学都有要好的玩伴,突然觉得很孤独,可是又不想与人交往。我觉得我越来越不像自己了,我不知道自己想要的是什么,我感到很迷茫!"他还告诉老师:"我曾经在高三的时候,交过一个女朋友,但我们在一起一个多月就分手了,我经常怀疑她,两个人经常吵架,后来她受不了,就跟我提出分手。"

分析: 小郭感到痛苦、迷茫、情感受困,主动寻求心理咨询老师的帮助。心理咨询老师让他通过交流与测试找到了小郭痛苦的原因,那就是内心的自卑情绪,如果能够提升自信心,掌握一些正确的应对方式,他是能够很快适应周围的学习和生活环境。心理咨询老师建议他掌握一些人格心理学的知识和技能,学会不断挖掘自身的优点,悦纳自身的不足,客观地认识、评价自己,学习有效调整自身状态的方法。

一、个性与人格

(一) 个性

众所周知,树上没有两片一样的叶子。每个人都有自己独特的风格,人与人之间存在个体差异。我们把在个体上经常地、稳定地表现出来的心理特点的总和,称为个性。个性的内容包括一个人怎样影响别人,怎样对待自己,以及其可被认识的内在和外在的品质全貌。

个性既体现了一个人所具有的一定的意识倾向性(这种倾向性体现为个人的兴趣、爱好、需要、动机、信念、理想等),也体现了人与人之间在能力、人格等方面存在的个别差异。人的个性并非生来就具有的,而是在先天素质的基础上,受周围环境和社会关系影响而形成的。它所表现的是具体的、活生生的、行动着的人。从结构方式上来说,个性是一个系统,由三个子系统组成,分别是:个性倾向性(包括需要、动机、兴趣、理想、信念、世界观等),个性心理特征(包括气质、能力、性格等)和自我意识(包括自我认识、自我体验、自我控制等)。

(二)人格

人格最初源于古希腊语"persona",原意是指希腊戏剧中演员戴的面具。面具随人物角色的不同而变换,体现了角色的特点和人物性格,就如同我国传统戏剧中的脸谱一样。心理学沿用面具的含义,延伸为人格。其中包含两方面的意义:一是个体在人生舞台上所表现出来的种种言行,即人遵从社会文化习俗的要求而做出的反应。人格所具有的"外壳",就像舞台上根据角色要求所带的面具,表现出一个人外在的人格品质。二是指一个人由于某种原因不愿展现的人格成分,即面具后的真实自我,这是人格的内在特征。

大量学者对人格特质的定义存在着诸多的共性,即人格是个体全部品质的集合,由身体和心理两方面构成,是以先天遗传物质为基础,在个体主观能动性以及后天的社会环境、学习环境、物理环境等的共同作用下形成的,具有时间延续性、情景稳定性、体现个体思维方式的整合性、独特性以及功能性等特点的一种行为倾向。有时也将其译为"个性",指个体形成区别于他人思想及情感的身心组织,具体表现是个体为了更好地适应外界环境的变化在情绪、需求和动机等方面的整合,具有独特性、稳定性的一种综合体,以及动态的一致性和连续性。

"人格"是我们日常生活中经常使用的词汇。如"他具有健全的人格""他的人格高尚""他出卖了自己的人格"……这些描述包含了人格的多重含义,有法律意义上的人格,有道德意义上的人格,有文学意义上的人格,也有社会学意义上的人格。在心理学中,由于心理学家各自的研究取向不同,因而对人格的看法有很大差异。综合各家的看法,可以将人格的概念界定为:人格是构成一个人的思想、情感及行为的特有统合模式,这个独特模式包含了一个人区别于他人的稳定而统一的心理品质。

我们可以从以下五个特点来全面理解人格的含义:

(1)人格是全面整体的。人格不是对人某一方面的描述,而是对人整体的描述,反映的是人的整体性。人格既包含人的内在品质,也包含人的外在行为。

(2)人格是相对稳定的。人的内在品质和行为具有相对的一贯性。

(3)人格具有独特性。人格是人的独特结构,人格使一个人有别于他人,成为一个独立的个体。

(4)人格是一个内在的动力组织。人格具有能量,决定人的动机和行为,这是人的行为实践的推动力量,也是人在行为实践中遭受挫折、产生疾病的内在原因。

(5)人格具有社会性。人格是人在社会生活中不断吸收社会思想和行为规范而产生的结果,所以看问题时,我们一定要把人所处的社会环境和家庭环境结合起来。

在心理学中,"个性"有时也称"人格",因为个性和人格在概念及构成等方面有着密切的联系,但又有一定的区别。这种区别反映了心理学家对人格概念理解上的差异。

二、人格的结构理论

人格是一个复杂的结构系统,它主要包括人格倾向性和人格心理特征两个方面。前者主要包括需要、动机、兴趣等,是指人格的动力,后者主要包括气质、能力、性格等,是指个体之间的差异。

(一) 人格倾向性

1. 需要
需要是有机体内部的一种不平衡状态,它表现在有机体对内部环境或外部生活条件的一种稳定的要求。这种不平衡的状态包括生理的和心理的不平衡。

2. 动机
动机是由目标或对象引导、激发和维持个体活动的一种内在心理过程或内部动力。动机是一种内部心理过程,而不是心理活动的结果。

需要和动机是人格的动力,它表现了个体的人格倾向,是人格中最活跃的因素,是人格积极性的源泉。人格的倾向性决定了个体对现实的态度,决定着个体对认识对象的看法和选择。

(二) 人格心理特征

1. 气质
气质是表现在心理活动的强度、速度、灵活性与指向性等方面的一种稳定的心理特征,即我们平时所说的"脾气"和"性情"。人的气质差异是先天形成的,受神经系统互动过程的特性所制约,无好坏之分。

2. 性格
性格是一种与社会相关的最密切的人格特征,它包含许多社会道德含义。性格表现了人们对现实和周围世界的态度,并表现在他的行为举止中。性格主要体现在对自己、对别人、对事物的态度和言行上。

3. 能力
能力是一种心理特征,是顺利实现某种活动的心理条件。有一些心理条件是从事某一活动所必需的,比如,敏锐的听觉是音乐能力所必需的,敏锐的视觉是美术能力所必需的。但是,也有一些心理条件是从事任何一种活动都必须具备的,像观察力、记忆力、思维力、想象力等,缺乏这些心理条件从事任何活动都有困难。

人格心理特征是人的多种心理特点的独特的结合,构成了一个人心理面貌的独特性,体现了心理面貌的个体差异。当然,人格有好坏之分,正如著名的作家高尔基告诫我们的,要"走正直诚实的生活道路",这就是提醒我们要塑造自身优秀的人格。

（三）人格的分类

1. 大五人格理念

了解人格的类型是了解自我的关键。目前，国际上最为认同的是五大人格理论。该理论认为以下五种特质能基本涵盖人格描述的所有方面，即外向性、友善性、谨慎性、情绪稳定性、开放性。

（1）外向性。它的一端是极端外向，另一端是极端内向。外向者爱交际，表现为精力充沛、乐观、友好和自信；内向者的这些表现则不突出，但并不是说他们就是自我中心的和缺乏精力的，只是比较含蓄、自主与稳健。

（2）友善性（又称为宜人性）。它的一端是乐于助人、可靠、富有同情心，另一端则是抱有敌意，为人多疑。前者注重合作而不是竞争，后者喜欢为了自己的利益和信念而争斗。

（3）谨慎性（又称为尽责性）。它是指人如何自律、控制自己。处于维度高端的人做事有计划、有条理，并能持之以恒；居于低端的人马虎大意，容易见异思迁，不可靠。

（4）情绪稳定性。处于维度高端的人更容易因为日常生活的压力而感到心烦意乱；处于维度低端的人多表现为自我调适良好，不易出现极端反应。

（5）开放性。它是指对经验持开放、探求的态度，不仅仅是一种人际意义上的开放。处于维度高端的人不墨守成规、善于独立思考；处于维度低端的人比较传统，更喜欢熟悉的事物。

2. 霍兰德职业人格的分类

职业人格与职业选择和适应有着密切关系：如果一个人所从事的工作与其人格（如性格、气质等）不相适应，就会导致其在工作中产生不愉快或不满足的感觉，这些情绪又会影响工作效果。在职业指导中影响最大且得到普遍承认的人格类型测试量表是美国心理学家霍兰德的"教育和职业计划的自我指导探索"。霍兰德认为，人们的行为表现在很大程度上受制于本人的人格特征与其所处环境的交互作用。从这种交互作用的立场出发，他将人格划分成六种类型，并提出相对应的六种职业类型：常规型（conventional type，C）、现实型（realistic type，R）、研究型（investigative type，I）、管理型（enterprising type，E）、社会型（social type，S）、艺术型（artistic type，A）。根据心理学研究的成果，各种职业人格类型所对应的人格特征和适合从事的职业见表4-1。

表4-1 职业人格类型说明表

职业人格类型	人 格 特 征	适合从事的职业
常规型（C）	自我抑制的，顺从的，防卫的，缺乏想象力的，持续稳定的，实际的，有秩序的，回避创造性活动等	适合从事严格按照固定的规则、方法进行重复性和习惯的工作，希望较快地见到自己的劳动成果，有自控能力；相关的职业有前台接待员、办公室秘书、图书馆馆员等
现实型（R）	非社交的，物质的，遵守规则的，实际的，安定的，缺乏洞察力的，敏感性不丰富的，不善与人交往	适合从事明确的、具体的、按一定程序要求的技术性或技能性工作；相关的职业有司机、电工等

续 表

职业人格类型	人 格 特 征	适合从事的职业
研究型（I）	善于分析的,内省的,独立的,好奇心强烈的,慎重的,敏感的,喜好智力活动和抽象推理等	适合从事通过观察、科学分析而进行的系统性的创造性工作,研究对象侧重于自然科学;相关的职业有系统分析员、网络工程师、市场研究人员、管理咨询人员等
管理型（E）	喜欢支配的,乐观的,冒险的,冲动的,自我显示的,自信的,精力旺盛的,好发表意见和见解的,但有时是不易被人支配的,喜欢管理和控制别人等	适合从事需要胆略、冒风险且承担责任的工作,如管理、决策方面的工作;相关的职业有中高层管理人员
社会型（S）	乐于助人的,易于合作的,善于社交的,有洞察力的,重友谊的,有说服力的,责任感强的,比较关心社会问题等	适合从事对人进行说服、教育或治疗的工作;相关的职业有公关人员、市场策划和推广人员、人力资源专员等
艺术型（A）	想象力丰富的,理想的,直觉的,冲动的,独创的,感情丰富的,秩序性较弱,缺乏事务性办事能力等	适合从事需要通过非系统化的、自由的活动进行艺术表现的工作,对操作的精细程度要求不高;相关的职业有网页设计、美术编辑等

如果某同学的测试结果更倾向于常规型,则表明他更适合做那种持续稳定的、比较实际的、有秩序的工作,不太适合从事一些创新性的设计活动。这样,在选择职业工种时,最好选择一些能够较快地见到成果的、自己能控制的职业,如前台接待员、办公室秘书和图书馆馆员。当然,有些职业工种本身对人的要求也是多样化的,一些职业兴趣也是可以通过接触了解逐渐培养的,不能一概而论。

 三、气质人格和职业人格测试

（一）气质人格测试

1. 气质的含义

气质相当于我们日常生活中说的"脾气"和"性情"。现代心理学认为,气质是人的心理活动动力上的稳定特征,表现为行为的能量和时间方面的特点。比如,人们常说的"冲动"与"文静"、"敏感"与"迟钝"、"急性子"与"慢性子"等,都是用来描述气质的。

2. 气质的类型

古希腊医生希波克拉底提出关于人的四种气质类型说。他认为,人体内有四种基本体液：血液、黏液、黑胆汁、黄胆汁,每种体液对应于一种气质。人体中四种体液可以有不同的配置,其中占优势的体液主导着人的气质类型。500年后,古罗马医生盖伦根据希波克拉底的四种气质类型给出了气质概念,这就是近代气质概念的由来,这四种体液与气质的对应关系是:血液——多血质、黏液——黏液质、黑胆汁——抑郁质、黄胆汁——胆汁质。

希波克拉底认为,不同的气质有不同的行为模式,比如活泼、沉静、犹豫、急躁、易怒。现代科学已经证明希波克拉底关于人的气质类型由体内四种液体决定的观点(即"体液说")站不住脚,但是,他关于气质类型的划分却和实际情况很相符,所以,他的划分仍被今天的心理学界所延用。心理学界较多采用的体液说,即认为人的气质类型可以分为胆汁质、多血质、黏液质和抑郁质。不同气质类型的人其性情、行为不同,如图4-1所示。

4-1 气质
类型测试

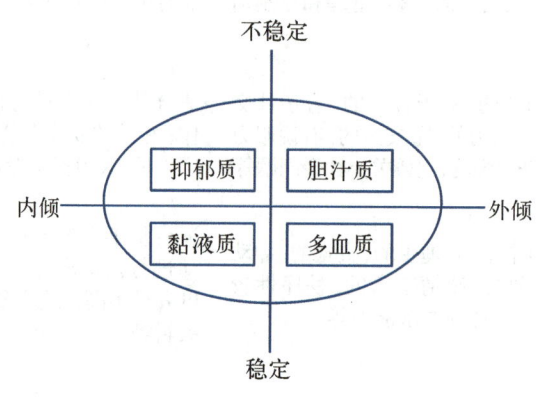

图4-1 气质类型与性情

体液说各种气质类型的特点:

(1)胆汁质。精力旺盛、直率、热情、行动敏捷、情绪易于激动、心境变换剧烈。具有这种气质类型的大学生有理想、有抱负,有独立见解,反应迅速,行为果断,表里如一;不愿受人指挥,而喜欢指挥别人;一旦认准目标,就希望尽快实现,遇到困难也百折不挠,但往往比较粗心;学习和工作带有明显的周期性特点,能以极大的热情和旺盛的精力投入到学习和工作中,一旦精力消耗殆尽,便会失去信心、转为沮丧而心灰意冷。

(2)多血质。活泼好动,反应迅速,情绪发生快而多变,兴趣容易转移。具有这种气质类型的大学生,易于适应环境的变化,性情活泼、热情,善于交际,在群体中精神愉快,与人相处自然,常能机智地摆脱困境;在学习和工作上肯动脑,主意多,不安于机械、刻板、循规蹈矩的生活,常表现出较强的工作能力和办事效率;对外界事物兴趣广泛,但容易浮躁,见异思迁。

(3)黏液质。安静,稳重,反应缓慢,沉默寡言,情绪不易外露,注意力稳定,难于转移,善于忍耐。具有这种气质类型的大学生反应较为迟缓,但无论环境如何变化,都能基本保持心理平衡;凡事深思熟虑,力求稳妥,一般不做无把握的事情,在各种情况下都表现出较强的自我克制能力;外柔内刚,沉静多思,不易流露内心的真情实感;与人交往时,态度适度,不卑不亢,不爱抛头露面和作空泛的清谈;学习、工作有板有眼,踏实肯干,严格恪守既定的生活秩序和制度。但他们过于拘谨,不善于随机应变,固定性有余而灵活性不足,有墨守成规、因循守旧的表现。

(4)抑郁质。这种气质类型的人孤僻,行动迟缓,情感体验深刻,善于觉察别人不易察觉的细小事物。具有这种气质类型的大学生在生理上难以忍受或大或小的神经紧张,厌恶那些强烈的刺激;感情细腻而脆弱,常因小事而情绪波动;心里有话,宁愿自己品味,不愿向别人倾诉;喜欢独处,与人交往时显得腼腆、忸怩,善于领会别人的意图,在团结友爱的集体中,很可能是一个容易相处的人;遇事三思而行,求稳不求快,对力所能及的工作能认真负责地完成;在学习、工作一段时间后,常比别人更感疲倦;在困难面前常怯懦、自卑和优柔寡断。

3. 正确理解气质

(1)气质类型没有好坏之分。气质主要是由遗传决定的,因而不带有道德价值和社会评价的内涵。气质类型不是人品的标签,没有好坏之分。任何一种气质类型都能表现为积极的心理特征,也能表现为消极的心理特征。

(2)气质不决定人的社会价值和事业成就的高低。气质只是使人的心理活动染上某些独特的色彩,并不决定一个人能力的发展水平。同样气质的人可以是对社会贡献差别极大的人,而不同气质的人也可能在成就上相差无几。

(3)气质对活动效率有一定的影响。例如,要求速度的活动,多血质和胆汁质特征的人更适合;要求稳定、持久性的活动,黏液质特征的人更适应;要求精细、敏锐的活动,抑郁质特征的人更能胜任。气质特征对活动效率有一定影响。但是,在一般的学习和工作中,这种影响并不显著。

(4)气质对某些性格特点形成的难易有一定的影响,也使个人的性格表现带有独特的色彩。

(5)气质的分类是相对的。很少有人是绝对的某种气质类型。现实中绝大多数人都是介于两种甚至多种气质类型之间。其实,正是这种混合形态使我们更容易适应多种环境的要求。

(二)职业人格测试

1.《职业人格自测问卷》简介及填答方法

人格特征与职业有着密切的关系,不同的职业对从业者的人格特征的要求是有差别的。通过科学的测试,可以预知自己的人格特征,这将有助于选择适合个人发展的职业。你将要阅读的这个《职业人格自测问卷》(二维码4-2),可以帮助你做一次简单的人格自评,从而获知自己的人格特征更适合从事哪方面的工作。请根据你对每一道题目的第一印象作答,不必仔细推敲,答案没有好坏、对错之分。具体填答方法是,根据自己的情况在"是"或"否"字上画"√"。如果你已经了解了自测方法,就可以开始了。

4-2 职业
人格自测
问卷

2. 结果的计分方法

问卷采用"01法"计分,即符合以下"是"或"否"答案的记1分,不符合的记0分。根据下列公式可以分别计算各种人格类型的得分。

（1）"常规型"得分=5否+7是+18否+19是+29是+39是+40否+41是+51是+57是。

（2）"现实型"得分=2是+13是+14否+22是+23否+36是+43是+44是+47否+48是。

（3）"研究型"得分=6是+8是+20是+21否+30是+31是+42是+55否+56是+58否。

（4）"管理型"得分=3否+11是+16否+24是+25否+28是+35是+38是+46是+60是。

（5）"社会型"得分=1否+12否+15否+26是+27否+37是+45否+52是+53否+59是。

（6）"艺术型"得分=4是+9是+10是+17是+32否+33是+34是+49是+50是+54是。

公式中的数字代表相应题号，"是"和"否"分别代表个人的选择。例如，"1是"表示第1题若选择"是"，加1分；若选择"否"，不加分。反之，"14否"表示第14题若选择"否"，加1分；若选择"是"，不加分。获得各类型的得分后，将分数填入结果分析表中。表4-2所示为三位同学的测验结果。

表4-2　职业人格测试结果分析表

受测者	常规型得分	现实型得分	研究型得分	管理型得分	社会型得分	艺术型得分
A	4	2	2	6	8	7
B	3	5	4	7	5	3
C	8	7	5	3	3	2

在分析结果时要注意如下问题：

（1）看艺术型与常规型、现实型的差距是否较大。若差距太小，则测试结果不可靠，可以再让受测者做一个人格测试。

（2）将得分最多的三种人格类型依次排列，作为受测者的人格类型，综合起来解释。

（3）针对最低得分的人格特征提出问题，最后形成自我改进的意见。

3. 职业人格测试结果的参考建议

（1）常规型高分者。适合做有固定规则、方法的，能较快地见到自己的劳动成果的工作，遇到学习和操作技能的压力等问题时，要给自己提供能表露心声的机会，宣泄内心的压力，多参加社会交往活动。

（2）现实型高分者。适合承担明确的、具体的、有程序要求的技术性工作。要多肯定自己在实践操作方面的工作成绩，多参加社会交往活动，扩大人际接触面，为避免工作学习的枯燥性，要适当进行实习岗位轮换，扩大工作范围，选择弹性的工作方式。

（3）研究型高分者。要激发自己的创造性热情，多接触观察、科学分析的支持性环境，也要注意补充社会科学领域的知识，多与其他性格类型的同学交往。

（4）管理型高分者。可以多参与需要胆略、冒风险且承担责任的活动。学习管理、决策方面的知识和技能。在工作中，要防止出现过于自信、不听从他人意见的行为，注意维持自己的学习、工作积极性，与不同看法的同学加强团结。

（5）社会型高分者。多从事与人打交道的说服、教育和沟通工作，多参与学校公益性的服务性工作，特别要培养自身脚踏实地的精神，虚心学习技术，关心性格内向者，为团队建设的整体目标服务。

（6）艺术型高分者。适合非系统化的、自由的活动，喜好灵活变化的职业活动。此类同学要注意精细的操作能力的提高，要特别培养自己抗击逆境和坚持到底的心理品质，做到"得意不忘形，失意不失志"。

4. 人格测试的注意事项

人格测试属于心理测试的一种，作为一种科学的工具，应当让它在大学生心理健康教育中发挥作用，并在实践中不断地完善。那么，进行人格测试应当注意哪些问题呢？

（1）心理测试的内容涉及个人隐私和发展的问题，因此，在如何施测、如何解释和在什么范围内使用心理测试结果等方面都有着严格的规定。如果使用这一手段的人自己都不懂得心理测试的科学程序和道德规范，就会出现滥用心理测试及其结果的情况。要保证这种测验手段的科学使用，就应当有相应的客观限制。这正如在医院，是不会允许病人用听诊器进行自我诊断，然后开处方的。所以，在开设心理健康教育课程的学校，应该有接受心理测试专业培训的教师来对测验结果作最后的解释。

（2）要将心理测试与学习和生活实践相结合。我国著名心理学家潘菽教授曾经指出："心理测试是可信的，但不能全信；是可用的，但不能完全依靠它。"那么，心理测试依靠什么呢？要依靠既有实践经验，又经过专业训练的心理咨询老师。此外，一次心理测试的结果只能反映现有的水平，而人的人格品质在社会实践中是发展和变化的。

（3）心理测试结果主要供从事心理健康教育的教师、班主任与受测者交流时使用，一般不能张榜公布，更不能分类和排名次。有关的测试结果可以存档，但不对外公开，这是对受测者的尊重。

（4）在测试过程中不能弄虚作假。心理测试的内容总是根据用人单位的特殊要求灵活组合的，正如考卷中的题目组合一样。此外，人格测试中还有一些专门设置的题目用来考察答卷者是否认真和诚实。一旦答卷在测谎和问卷的效度方面的得分超过规定所允许的范围，整份问卷就会被作为废卷处理。

总结案例

毕业生小林的苦恼

小林就读于某财经学院，毕业后，在某市的一家造船厂做成本会计。一年半后，他辞职到某市一家集装箱公司谋得一份管理职位，三个半月后，他又辞职了。为此他开始怀疑自己好像什么都做不好，就向朋友诉说苦恼。

朋友："你从财经学院毕业资历这么好，为什么要辞掉会计这份工作呢？"

小林："它很烦人。我不喜欢数字，不喜欢整天跟数字打交道，我认为那份工作毫无前途。"

朋友:"因此你去了那家集装箱公司了?"

小林:"是的,但我遇到了点麻烦。我不适应那种类型的组织。这些工人很难管理。我的老板总是要求我对他们狠一些,我感觉做不到。我手下有一个老年工人,大约有50岁,在生产中因为箱子太大,她处理起来比较困难。我看见老板站在她身后,手拿着秒表,大声呵斥她快点,我不喜欢他这种管理方法,于是就辞职了。"

朋友建议小林在谋求新的工作岗位时,先进行职业人格测试并寻求专业的帮助和建议,测试结果表明他最适宜做销售工作。而后他找了一份药品销售工作,任职于一家大型医药公司。他喜欢这一工作,并且做得风生水起,和客户的关系也维持得很好。

分析:小林虽然从财经学院毕业,但他不擅长和数字打交道,于是辞职了;后来从事了跟管理相关的职业,但无法有效管理工人,不擅长管理工作又辞了职,最终通过职业人格测试找到了适合自己的工作。这是因为不同性格特征的人擅长的工作是不一样的,不要因为自己在某方面做得不好就怀疑自己的能力,有时候选择比努力更重要!

活动与训练

活动4-1　职业人格测试结果分析

主题: 职业人格测试结果分析。

目标: 分析自己的职业人格特征。

活动时间: 30分钟。

活动过程:

1. 完成二维码4-2《职业人格自测问卷》,计算出自己的得分,并绘制出测试结果分析表。

2. 你对自己的测试结果是否满意?思考自己该如何进行人格的自我完善。

3. 大胆地走上讲台,就本次活动谈谈自己的感受。

活动小结:

通过完成职业人格测试结果分析,了解自己在人格特征方面的特点,为自己的职业发展方向提供参考。

思考与讨论

分组讨论健全的人格对人成长的重要性。

4.2　克服人格障碍,直面消极心态

心理箴言

坚持不懈,开拓进取,不畏挫折,战胜自我的精神,就是工匠精神。

——沃佩娜

不合理的嫉妒心理

　　小蕊,20岁,某大学审计班大二学生,性格内向,沉默寡言,没有什么兴趣爱好,人际关系糟糕。大一时,她是寝室六名同学中学习成绩最好的一个,她常常以此为傲。她学习很努力、刻苦,并时常认为学习成绩的好坏是对自己是否有价值的唯一衡量标准。可是大二时,同寝室的同学某次在课堂上得到了老师的表扬,小蕊心里觉得难受,怎么看这位同学都不顺眼,便趁这位同学不在寝室的时候,将其做记录的笔记本损毁。之后,她内心很愧疚,也很矛盾。她只有学习成绩优异这一点在寝室占优势,无论如何不能接受其他同学成绩比自己好,使得自己仅有的一点优势也没有了。后来又有两位同学先考取了职业资格证书,她觉得自尊心受到了严重的打击,感到痛苦,甚至觉得一切全完了。有一天深夜,她趁同学们熟睡时,用剪刀将那两位同学摘下的隐形眼镜各捅破了一个,内心获得了暂时的平衡。但是事后,她又不断地谴责自己,心理上产生了严重的罪恶感。

　　分析:这是一个典型的由于嫉妒心理引起的损毁他人物品的案例。小蕊将学习成绩的好坏作为衡量自身价值的唯一标准,当学习成绩不占绝对优势的时候,就感觉像天塌了一样,这是不合理认知中的"绝对化要求"和"糟糕至极"的特征。小蕊不能接受在自己那么努力、刻苦学习的情况下,他人的学习成绩超越自己,便产生了强烈的嫉妒心理,并通过损害他人物品来获得短暂的心理平衡,随后,其又会陷入自责、自罪的怪圈。

　　在人格的形成与发展过程中,由于受到内外等不良因素的影响,人格可能会出现不同程度的缺陷,甚至引发人格障碍。

一 人格偏离的特征

人格特征偏离正常,会使大学生形成特有的行为模式,对社会及环境适应不良,显著影响其在学习和社会生活等方面的能力,或对自己的人格和处境感到痛苦。人格偏离(障碍)一般开始于儿童或青少年时期,如果不加矫正,可持续至成人或终身。一般来说,矫正是较困难的,越早发现它,矫正的效果越好。

(一) 神经质人格障碍

神经质人格障碍一般出现于人格倾向较内向的个体中,他们对紧张状态的耐受性较低,对生理性疼痛和心理上的挫折都缺乏耐受力,比较敏感,情绪不稳定,易冲动、焦虑。

(二) 偏执型人格障碍

具有偏执型人格障碍的个人行为特点是过于敏感,思想和行为死板,多疑,妒忌心强。具体表现为以自我为中心,常把错误归咎于他人,并加罪于他人,对他人要求过高;人际关系紧张,与家人不能和睦相处。

(三) 分裂型人格障碍

具有分裂型人格障碍的个体有一定的怪癖,偏执、孤僻、退缩,对人对事缺乏同情心;没有朋友和社交往来,对别人的批评、鼓励毫无感觉;易做白日梦;对可能导致精神紧张的事情表现得事不关己、超然和满不在乎。

(四) 反社会型人格障碍

患有反社会型人格障碍的人群在大学生中比较少见,主要特征是常常做出不符合社会要求的行为,不负责任,违法乱纪,行为冲动,缺乏羞耻心和罪责感;犯错误后,常把责任推给他人。

二 嫉妒与攻击性心理

在生活中,负面的人格品质中最常见的是嫉妒心理和行为。嫉妒是一种常见的社会心理,对人格的发展具有重要的影响。按照心理学家的分析,嫉妒是人类的一种本能,关键在于人们如何看待它,促使它向哪个方向转化。换个角度来看,嫉妒心理也不是完全没有好处,轻微的嫉妒能使人感受到一种压力,催人上进。我们应该学会将嫉妒的消极心理转化为竞争的积极心理,促进自身的成长。那么,嫉妒心理主要有哪些特征呢?

(一) 嫉妒心理的特征

1. 嫉妒心理与生俱来

人天生就有嫉妒心理,婴儿从16—18个月就开始出现嫉妒表情,2—3岁的儿童嫉妒吃醋的心理就已经很明显、很复杂了。我们每个人都有过因嫉妒别人而使自己感觉不安的体验,这种心理甚至在儿童身上都能察觉出来。弗洛伊德认为,人的嫉妒心是天生就有的,嫉妒可以说是人类的一种与生俱来的本能。

2. 嫉妒心理具有指向性

嫉妒是一种普遍的社会心理现象,它的主要特征就是"指向性",即嫉妒是有条件的,是在一定的范围内才会产生的,是指向一定对象的。不是任何人在某些方面超过自己都会让人产生嫉妒心理,比如,某同学在技能大赛中获奖,我们只会羡慕而不会嫉妒。人的嫉妒在什么范围内才会产生,会指向哪些对象呢? 一般地说,两个人地位相差不大,互相了解,又在同一个单位从事同一种工作,并且属于同辈人,这种情况下最容易产生嫉妒心理。这是由于他们在利害关系上有着某种联系,彼此都是竞争的直接对手。

例如,张三和李四年龄相差无几,是同一个单位的同级别的同事。倘若张三近年来做出了一些成绩,就容易引起李四的嫉妒,因为他俩都是彼此升迁的直接对手,越向上升迁,"僧多粥少"的情况越突出,张三取得成绩则意味着李四想升迁的愿望将是场难圆的梦。我们常说的"同行是冤家""文人相轻"就是这个道理。如果别人的价值比重增加,就会觉得自己的价值在下降,从而产生一种非常痛苦的情绪体验。为了维护"自尊"的防卫心理,原来轻松、无拘无束的交往气氛也会变得紧张起来。因嫉妒引起的人际关系疏远、紧张乃至冲突的事例不胜枚举。在整个过程中,嫉妒者自己一直处于矛盾和强烈的情绪体验之中。

3. 嫉妒心理具有层次性

嫉妒心理按严重性,可以分为三个层次:① 程度较轻的嫉妒。此时的嫉妒往往深深地埋藏于人的内心,不容易被他人察觉。② 程度中等的嫉妒。此时的嫉妒心理由潜意识层次进入意识层次,开始表现出一些具体行为,如讽刺、疏远自己嫉妒的对象。严重时就会出现攻击、造谣中伤他人的行为,目的是打击别人、抬高自己。嫉妒发展到这个层次,就需要及时控制。③ 非常强烈的嫉妒。这是一种变态的心理,表现激进,导致的后果是非常严重的。

4. 嫉妒心理也有正向性

有时候,嫉妒心也有正向作用,这要看个人如何控制和把握。心理测试结果显示,在成功的人当中,嫉妒心重的人通常企图心最强、最能与人一争长短。所以,我们如果能够用积极的方式去影响一个追求成功的人,激励他去达到目标,从某种意义上来说,这种嫉妒心越强,动力越大,越有可能成功。任何事物都具有两面性,如何将消极面转化为积极面,这就要看个人的能力了。如果我们能将嫉妒的消极心理转化为竞争的积极心理,把握其积极的方面,就更可能获得成长和成功。

(二) 直面嫉妒心理的方法

如前所述,嫉妒是一种会产生消极影响的心理,主要以与自己地位相似、水平相近、年龄相仿的同辈人为指向的、带有敌意的心理倾斜现象。具体表现就是不认可他人比自己强,只能陶醉于他人不如自己或以他人的失利为满足的情感体验之中,这是一种消极的心理品质,建议从以下几个方面进行修正。

1. 提高道德修养

封闭、狭隘的意识会让人鼠目寸光,因此,应该不断提高自身道德修养,不断地开阔自己的视野,见贤思齐。一个道德素养高的人、一个思想纯正的人、一个积极进取的人,当他发现有人比自己做得好、比自己有能力时,从不去考虑别人是否超过了自己,或对别人心生不满,而是从别人的成绩中找出自己的差距所在,从而振奋精神,向人家学习。这样,便有可能在一种积极进取的心理状态下,迸发出创造性,赶上或超过曾经比自己强的人。

2. 看到自己的长处

要懂得欣赏自己,每个人都是独一无二的,我们要不断提升自身的能力和修养,只有这样才能更加自信,不受他人影响。

3. 学会转移注意力

转移注意力的方法很简单,比如积极参与各种有益且自己擅长的活动,嫉妒的火焰就不会滋生、蔓延。聪明人会扬长避短,寻找和开拓有利于充分发挥自身潜能的新领域,这样能在一定程度上补偿先前没能满足的欲望,缩小与嫉妒对象的差距,从而达到减弱乃至消除嫉妒心理的目的。

4. 善于自我宣泄

嫉妒心理产生时,最好能找知心朋友、亲人交流、倾诉,他们能帮助你阻止嫉妒朝着更深的程度发展。另外,可借助各种业余爱好来宣泄和疏导。

5. 开阔自己的心胸

一个心胸宽广的人,很少会嫉妒别人。嫉妒别人只会让自己陷于挫败的痛苦之中,影响自己的身心健康。

(三)克服攻击性心理的策略

1. 查明攻击性心理的成因

社会心理学家马斯洛提出需求层次理论,他认为人的需要有五个层次,其中安全需要是人对生命财产的安全、秩序、稳定,免除恐惧和焦虑的需要。如果这种需要得不到满足,个人就会感到威胁和恐惧,从而产生攻击性行为。婴幼儿在早期如果没能与父母建立良好的依恋安全感,也会通过自己的观察和亲身体验,从父母那里习得用暴力解决问题的方式,并伴随着对外界的不信任感、不安全感,以自我为中心,甚至产生反社会行为。

2. 妥善抑制攻击性心理

攻击性心理并不可怕,关键是该如何有效地应对它。每个人刚出生都只具有简单的思维,随着时间的推移,在各种环境下成长的儿童,由于受到的教育不同,会构建出自己独特的认知方式,完善自己的人格结构。具有攻击性心理的人可以通过以下方式化解自己的攻击性心理。

方法1:改善所处的环境条件。学会在环境中更多地体验到安全感,与他人相互信任,避免在不良环境中受影响。

方法 2：学习减少冲突的有效策略。其实解决问题的方法有很多种，效果最差且最伤人伤己的做法是武力解决。人们完全可以通过沟通、谈判、协商或者用法律手段等各种途径来维护自身权利与尊严。

方法 3：增加对攻击行为有害后果的了解。比如，先设想采取攻击行为后会产生的一系列不良后果，并分析是否有其他的解决途径，各种结果会是怎样，让自己选择。

三、人格品质的培养

良好人格品质的形成不是与生俱来的，也不是一蹴而就的，大学生可以通过后天的努力完善自己的人格。良好的人格品质是内在自我的集中表现，影响人格特征的最主要因素是自我的世界观、人生观、价值观、才学、品性、人生态度、自我修养等。有的人性格温和、秀丽端庄，显得品行高洁；有的人性格开朗、潇洒大方、慷慨爽直，显得豪放洒脱；有的人心胸狭窄、斤斤计较、萎靡不振，往往显得卑劣猥琐……聪慧、高洁、豪放、恬静的气质，能给人们一定的美感，而刁钻奸猾、孤傲冷僻、卑劣萎靡的气质则毫无美感可言。性格与气质的培养是一个漫长的过程，需要平时不断进行人格的修炼、道德的熏陶，以实现自我的提升。以下几条建议有助于我们改善自己的人格品质。

（一）阅读品味高雅的书籍

古人云："腹有诗书气自华。"一个有着丰富知识储备的人，可以做到博古通今，上知天文、下知地理，说话做事处处透露一股书卷气，显得温文尔雅、不落俗套。《论语·雍也》说："质胜文则野，文胜质则史，文质彬彬，然后君子。"既文雅又朴实，既有才华又谦虚，则会显得文质彬彬。在课余时间，可以多读读古文典籍、诗词名句、人物传记来陶冶自己的情操，向榜样学习。

（二）保持积极乐观的心态

一个人最闪亮、最有魅力的时候可能是在他最快乐的时候，整日愁眉苦脸的人会影响其外在气质，情绪最容易影响人的心境。每天都保持乐观积极的心境，凡事看得开些，心胸放宽阔些，不斤斤计较，不优柔寡断，不杞人忧天，你就会从内到外"发光"。积极乐观不仅能够培养自己良好的性格，也能够给周围的人以情绪的感染，增强自己的吸引力。古代禅师有诗云："春有百花秋有月，夏有凉风冬有雪。若无闲事挂心头，便是人间好时节。"一个有着乐观开朗心境的人，自然就少了许多烦恼。

（三）保持文明的行为举止

文明的行为举止反映了一个人的内在素质和教养，是个人品质的外在表现。通过保持文明行为，大学生可以更好地适应社会规则和礼仪，为将来融入社会打下良好基础。保持文明行为是自我修养的一部分，有助于提升个人的道德水平和社会责任感。

总结案例

你是哪种人格类型

心理学家以看电影迟到为例，对几种典型人格特征做了注解。假如电影已经开始放映了。检票员不让迟到的人进去，不同人格类型的人会有下列不同的表现。

第一个人来到门口，被检票员拦住："对不起，先生，您迟到了十分钟，现在进去将会影响其他观众……""不让我进？你知道我为什么来这么晚吗？刚才在剧院门口，一个老奶奶跌倒了，我把她扶起来耽误了时间，我是做好事，你怎么能不让我进？"最后，检票员让他进去了。这位先生的行为带有攻击性人格特征。

第二个人来到门口，"对不起，先生，您迟到了十分钟，现在进去将会影响其他观众……""哦，我来晚了，"他看看表，"真的来晚了……咦，听口音您是××人吧，我也是，老弟！我在附近工作，以后就当交个朋友。"最后，检票员也让他进去了。这位先生灵活、不生气、总有办法解决问题，这种人属于灵活性人格特征。

第三个人来到门口，"对不起，先生，您迟到了十分钟，现在进去将会影响其他观众……""哦，迟到了，是不是迟到了都不让进？""是的。""那不进了……我站在这儿可以吧？你看，我是大老远来的，换了两趟公交车呢！我知道你要执行规定，也挺不容易的……"数分钟后，检票员经不住他的软磨硬泡，终于"投降"了："算了算了，你进去吧。"他的目的达到了。第三个人有很强的耐力，这是典型的忍耐性人格特征。

第四个人来到门口，"对不起，先生，您迟到了十分钟，现在进去将会影响其他观众……""哦，就是就是，迟到了十分钟，这不能怪你，都是我的责任，要是我早到，对不起，那我走了。"第四个人的特点是刻板认真，把原因归结到自己身上，属于自责性人格特征。

分析：人格特征本无优劣之分，任何一种人格特征都有其消极或积极之处，不同的人格特征往往在不同方面有不同的表现。例如，具有攻击性人格特征的人敢想敢干、精力旺盛，这个特质使得他们往往具有开拓创新精神，但是也常常莽撞冒失。所以，要正确看待自己的人格特征，发扬自身特征中积极的一面。

活动4-2　理想的我

主题：理想的我。

目标：分析自己的人格特质。

建议时间：30分钟。

活动过程：

1. 3～4个学生为一组，要求每位学生完成表4-3"理想的我"人格特质分析。

2. 在小组内分享我的人格特质。

3. 每个小组派出一个代表，就本次活动谈谈自己的感受。

表4-3　"理想自我"人格特质分析

假如我是一种动物 我希望？因为_____	假如我是一种花 我希望是？因为_____	假如我是一棵树 我希望是？因为_____
假如我是一种食物 我希望？因为_____	假如我是一种交通工具 我希望是？因为_____	假如我是一个电视节目 我希望是？因为_____
假如我是一部电影 我希望是？因为_____	假如我是一种乐器 我希望是？因为_____	假如我是一种颜色 我希望是？因为_____
假如我有万能的力量，我希望_____， 因为_____		

活动小结：

通过活动，我们可以对自己的人格特质有更清晰的认识，"动物""花""食物"等是一种性格投射，让我们对自己有更全面、客观的认识。在人格的形成与发展的过程中，由于受到内外主客观等不良因素的影响，有可能会导致人格出现不同程度的缺陷，严重者甚至引发人格障碍。

思考与讨论

1. 思考自己的人格类型适合从事哪种职业。

2. 你对自己的人格测试结果是否满意？

3. 思考自己该如何进行人格的自我完善。

4.3 培养良好心态,塑造积极心智

 **导入案例**

两种截然不同的选择

小东和小鹏同为某职业学院机电工程专业的学生。他们来自同一所高中,高中学习成绩不相上下,考上本科学校原是顺理成章的事,但是二人都因高考发挥失常,没有考进理想的大学,选择了就读高职院校。当接到录取通知书时,小东极度悲伤,痛苦不堪,觉得自己没有出息,在家痛哭了一场,且久久不能释怀,认为高考的失利,决定了自己今后人生的失败。进入大学以后,小东彻底放弃了自己,整日处在悲观失望中,学习、生活失去目标,整天茫然若失,上课的时候经常打游戏、睡觉,三年下来,多门挂科。小鹏的表现却完全不同,面对不够理想的成绩和大学,他也十分难过,但很快便接受了现实,决定找到问题的所在,振作起来。进入大学后,小鹏很快适应了大学生活,立志要好好学习专业课,通过专升本考试提升学历,未来从事跟本专业相关的职业,并考取相关的职业资格证书。三年下来,他如愿以偿,锻炼了自己的能力,也考上了理想的本科院校。

分析: 案例中,小东和小鹏经历了同样的挫折,两人却表现出截然不同的态度和行为,导致了不同的结局。一个是终日处于悲观失望中,不能自拔,失去目标,自暴自弃;另一个则是面对现实,接纳一切,培养自己积极、向上的心态,树立目标,立志达成。所以,建议大学生遇事时要建立积极乐观的心态,努力挖掘自身潜能,学会爱自己,树立远大的理想和抱负,坚持不懈,不断超越自我。

健康人格是职业院校学生心理健康的基础,大学阶段是人格形成的最后阶段,在此阶段塑造积极心智,塑造为适应时代、适应社会的健全人格素质是非常必要的。大学生健康人格的塑造,需要家庭、学校、全社会和学生自身的共同努力,但其中最关键的还在于大学生自身。

一 "爱的能力"培养

（一）爱是什么

爱，不仅是指男女之爱，而且包括对亲人、朋友、他人的一种关爱、关心以及对生命的一种珍爱。弗洛伊德说："生命中唯一重要的事情是爱和工作。"他认为，精神健康的人，总是努力地工作及爱人，只要能做到这两件事，做其他的事就没有什么困难。爱，一个看似很简单的字，其实却蕴含着无限的正面能量，体现着深刻的正向情感。当各种良好的心理感觉与一种安全的、亲密的关系相联系，并且扰动我们的心灵时，我们称之为爱。爱有不同的种类，在亲子关系中，它是长辈对晚辈的关爱；在两性关系中，它是男女之间的情爱；在朋友关系中，它是朋友之间的友爱；在社交关系中，它是体现尊重和满足的一种方式；在人与大自然的关系中，它是一种对万物生灵的敬畏和理解。爱的核心在于：爱自己，即懂得爱惜自己、关照自己，让自己变得足够强大，然后推己及人，用自己爱的力量来关照身边的每一个人。

（二）学会爱是一种自我完善

爱是一种美好的情感，更是一种能力。很多人看似爱别人，实际却不了解别人的真正需求，用别人不能接受的方式在爱着，爱得很纠结、很疲倦。如果我们能够善用爱的能量，用心体会他人的需求，就能够提升爱的能力，有利于自己的健康成长以及未来的幸福生活。也就是说，爱别人才能达到完善自我的目的。这是因为，"爱他人"的思想能激发更大的心理能量。当我们把对家人的爱放在心上，而不是单独考虑自己的生命安全时，能激发起更大的心理能量和学习动力。这种"通过利他最终让自己受益"的心理模式与中国优秀传统文化提倡的"通过成就他人最终成就自己"的思想是一致的。老子曰："圣人不积，既以为人，已愈有；既以与人，已愈多。"应该说，爱是最有效的自我教育。当我们把爱的能量发挥出来时，就能做到极致。因此，要将爱作为内心深处最高的一种追求目标。当我们开始对自己、对他人真正负责，开始对生命真正敬畏时，就会由衷地产生一种强大的学习动力，促使我们提升技能、精益求精。因此，爱是最有效的教育，学会爱是一种自我完善。

（三）爱之前应感受对方的需求

用错误的方式、用他人不能接受的方式去爱，爱到最后，自己也会伤痕累累，痛不欲生。有人说，爱也是一把双刃剑。如果用不好，会伤着自己；如果用得好，则威力无边。爱需要用心感受自己的需求，更需要用心去感受他人的需求。也就是说，当我们想去关爱别人的时候，还要考虑对方是否需要，以及是否能被对方欣然接受。

"感恩品质" 培养

（一）感恩与感恩教育

从心理学角度来看，感恩就是对他人、社会和自然为自己带来的恩惠和方便在心中产生认可，并意欲回馈的认识、情感和行为。感恩教育是教育者运用一定的方法与手段，通过一定的感恩教育对学生或者子女实施的识恩、知恩、报恩和施恩的教育过程。感恩教育是促进学生养成感恩的态度和价值观的过程。

感恩也是一种品德，具有品德的三维结构，即道德认知、道德情感和道德行为。所以感恩品德应该包括感恩认知、感恩情感和感恩行为，三者缺一不可。感恩是人类重要的个性品质和积极的内在力量，不仅对个体的心理健康有积极作用，对于构建人与人、人与社会之间的良好关系还有着积极的促进作用。积极心理学派创始人塞里格曼发现，一次"感恩行动"能大幅提升快乐、减少抑郁症状长达一个月。积极心理学的倡导者罗伯特·艾蒙斯也指出，对感恩这项被忽视的感情进行有目的的系统化培养，能够明显地改变人们的生活。

（二）缺乏感恩意识的原因

1. 家庭教育缺失

不良的家庭教育因素是学生缺乏感恩的主要因素。父母是孩子的第一任老师，父母的言行直接影响着孩子的言行。不良的家庭教育因素主要有以下两个方面的表现：

（1）家长对孩子的溺爱。有些父母对孩子过分溺爱，对孩子百依百顺，当被溺爱的孩子欲望得不到满足时，往往会表现得不高兴，更谈不上感恩。父母溺爱的结果必然导致孩子长大后感恩意识的缺失。

（2）家长不注意感恩教育。很多家庭的父母为孩子做事从不要求言谢，认为自家人相互之间讲礼貌是虚伪的。其实不然。父母于孩子有大恩，孩子都不言谢，怎会感谢他人？更为有害的是，孩子往往将此误解为"这是父母应该做的"。

2. 学校教育缺失

多年来，学校教育更注重专业理论和技能的培养，而忽略了教育的育人功能，本来排在首位的品德课成了边缘课，可有可无。久而久之，学生出现缺乏修养、情感冷漠的情况，尤其是不懂得感恩，似乎所有人对自己的关心是理所当然的。

3. 社会不良风气影响

许多孩子对于父母的辛劳一无所知，却受到社会上追求奢华、虚荣的不良风气的影响。同学之间不再比较学习成绩高低和技术技能的强弱，而是比谁家有钱、谁的零花钱多，认为向父母伸手要钱是理所当然的，感恩更无从谈起。

（三）如何培养感恩之心

感恩是人类的一种重要情感意识，是中华民族的传统美德。习近平总书记强调"所有的人都要有感恩的心"，不仅是要在全社会弘扬一种人心向善的风气，而且对当代大学

生提出了更高的要求。大学生培养感恩之心是一个重要的人生课题,可以通过以下方式进行:

（1）自我反思。定期进行自我反思,思考他人对自己的帮助和支持,认识到自己的成长和成功并非孤立无援。

（2）教育引导、学习榜样。通过课堂教育、讲座、研讨会等形式,了解感恩的重要性和价值。学习感恩的榜样人物,了解他们的故事,吸取感恩的精神。

（3）记录感恩日记、表达感谢。每天记录自己感激的人和事,培养积极的心态和感恩的习惯。对帮助和支持自己的人表达感谢,无论是通过言语、信件还是小礼物。与家人保持联系,感激他们的养育之恩,经常沟通分享自己的生活和成长。

（5）志愿服务、分享感恩。参与志愿服务活动,体会帮助他人的喜悦,理解感恩的深层含义。与朋友和同学分享感恩的体验和感受,相互鼓励和启发。在自己能力范围内,对他人和社会进行回馈,实现感恩的行动化。

（6）尊重他人、培养同理心。对他人的劳动和付出表示尊重,无论是教师、同学还是服务人员。尝试站在他人的角度思考问题,理解他人的困难和挑战,从而培养同理心。

通过这些方法,大学生可以逐步培养出一颗感恩的心,这不仅有助于个人的情感发展和社会交往,也是成为有责任感和同情心的成熟个体的重要一步。

三、“希望型思维”培养

希望是指个体对目标锲而不舍,为取得成功,能不断调整实现目标的途径,当身处逆境或被问题困扰时,能够坚持不懈,克服困难,以取得成功的认知状态。

（一）什么是希望

心理学家斯奈德将希望定义为: 在成功的动因（指向目标的能量水平）与路径（实现目标的计划）交叉产生体验的基础上,所形成的一种积极的动机状态。希望是一种认知或思考状态,在这种状态中,个体能够设定现实而又有挑战性的目标和期望,然后通过自我引导的决心、能量和内控的知觉来达到这些目的,这就是“动因”或“意志力”。希望一般由目标、动力和方法三部分构成。一个拥有希望的人,是一个有动力的、有目标的,而且能够通过不断寻找方法来达成目标的人。

（二）希望型思维模式

研究表明,希望型思维模式不仅能减轻个体绝望时的悲观情绪,在逆境中减轻抑郁和焦虑症状,也能提升个体受创伤后的承压能力,减轻个体的“职业倦怠”,帮助个体实现职业目标和人生梦想。

希望型思维模式涉及如下策略:

（1）将一个终极目标变成多个小目标。

（2）为了达到终极目标,开始追求你的第一个小目标。

（3）“条条大路通罗马”,可以采用不同的方法或路径去达到目标,慢慢训练自己选择最好走的一条路去达到目标。

（4）想象自己会怎样面对难题或跨越妨碍自己达到目标的"路障"。

（5）如果需要一个新技能去达到目标，就努力去学习，以便掌握技能。

（6）与一些可互相支持、互相鼓励的人为伍。共同讨论面对的困难，寻求他们的支持。

（7）不要想一步登天，一步就可以达到目标。

（8）不要太鲁莽、太匆忙地决定实现目标的方法和路径，应选择最佳路线去达到目标。

（9）不要期望会有一条完美的路线到达目标，在焦虑时，可以去找朋友讨论你的不安，放松一下。

（10）失败时不要认为自己是无用的人，失败将帮助你寻找到更完善的方法和策略。

进行希望型思维模式的训练，在老师的帮助下，表4-4希望型思维小测验的结果可以帮助你了解自己的思维方式的合理程度，并通过不断调整自己的心理状态，实现自己的目标。

表4-4　希望型思维小测验

题　目	完全不正确	大概不正确	大概正确	完全正确
1. 精力旺盛地追求自我的目标	1	2	3	4
2. 可以想到很多摆脱困境的方法	1	2	3	4
3. 积累的经验可以"装备"自己、面向未来	1	2	3	4
4. 一个问题可以有很多解决方法	1	2	3	4
5. 算得上活得成功	1	2	3	4
6. 可想到有很多途径去得到自己生命中最重要的东西	1	2	3	4
7. 能达到自我认定的目标	1	2	3	4
8. 即使其他人都放弃了，知道自己仍可找到解决问题的方法	1	2	3	4

四　"梦想能力"培养

青年人朝气蓬勃，是全社会最富有活力、最具有创造性的群体。当代青年大学生具有实现中国梦的朝气和活力，肩负着时代赋予的历史重任和光荣使命。梦想能力的培养对于个人的成长和发展至关重要。

（一）梦想的特质

梦想是个人内心深处的愿景和追求，它具有以下心理学特质：

（1）动力性：梦想是内在动机的体现，它激发个体追求目标和克服困难的动力。根据自我决定理论，梦想与个体的自主性、能力感和归属感紧密相关，这些内在需求的满足是推动行动的关键。

（2）目标导向性：梦想为个体提供了明确的目标和方向。目标设定理论指出，具有挑战性和明确性的梦想能够提高个体的绩效和满足感。

（3）持久性：梦想往往与长期的目标和计划相关，它需要个体持续的努力和承诺。在面对挫折时，梦想的持久性有助于个体维持积极态度和恢复力。

（4）情感性：梦想与个体的情感体验密切相关。积极的梦想能够激发愉悦、希望和激情等正面情绪，而对梦想的渴望和追求也可能伴随着焦虑和不确定性。

（5）成长性：梦想的追逐过程是个体成长和发展的途径。通过不断学习、适应和解决问题，个体能够实现自我超越和潜能的发掘。每个人的梦想都是独特的，反映了个体的价值观、兴趣和生活经验。这种个人性使得梦想成为自我认同和自我表达的重要方面。

（二）梦想与成就

梦想是实现"无中生有"的创造性工作、事业、成就的最饱满的种子。"梦想有多大，舞台就有多大""定位决定地位，格局决定结局"。个人的成功离不开梦想，组织的成功也离不开梦想。越是伟大、卓有成效的组织，越是强调梦想（使命、愿景）。梦想能力帮助大学生进行自我认知，了解自己的兴趣、价值观和激情所在，这是梦想的起点。根据自己的兴趣和价值观，设定清晰、可实现的短期和长期目标，并不断学习新知识和技能，保持好奇心和开放心态，为实现梦想打下坚实的基础。有助于管理自己的情绪，保持积极乐观的态度，应对追梦过程中的挑战；定期反思自己的行动和进展，根据反馈进行调整。职业教育也帮助大学生了解创业的基本知识和技能，为学生提供创业培训、创业指导和创业资源等方面的支持，帮助他们实现自己的创业梦想。

总结案例

一位母亲的烦恼

一位母亲讲述了他们夫妇与女儿之间的矛盾："我的孩子17岁了，从小到大，我们把她捧在手心里呵护，要什么给什么，她提的要求我们几乎都做到了，可这孩子却不领情，根本不理解父母。一次，她说班里很多同学都有某本资料书，她爸爸就去给她买，跑了许多书店才买到，可她接过来连声谢谢都没说。我说她，她却头都不抬地说：'我又没让你们大老远跑去买啊！'听得我心都寒了。现在的孩子是怎么了？做父母的为他们付出那么多，可他们并不知道感恩，更不用提回报了。"

分析：父母的养育之恩如涓涓细流滋养着孩子，可有些孩子却安然受之。案例中孩子不懂得感恩的原因，既有自身的因素，也有父母教育不当的因素。父母不应孩子要什么就给什么，应当对其实施感恩教育，让孩子树立起感恩的意识，这对孩子今后的发展是非常有益的。

活动与训练

活动4-3   你了解你的父母吗？

主题：了解父母。

目标：增进亲子关系。

活动过程：

请回答下列问题，课后咨询父母验证答案正确与否。

1. 父母的生日是何年何月何日？

2. 如果给父母买生日礼物，送什么会令他们最满意、最开心？

3. 父母最喜欢做的事情是什么？

4. 父母最讨厌的是什么？

5. 父母最大的优点和长处是什么？

6. 父母的身体状况怎样（有没有生过重病，或者慢性疾病）？

7. 父母最喜欢的人是谁？

8. 父母希望你将来成为一个怎样的人或从事何种职业？

思考与讨论

1. 如何培养良好心态，如何学会爱？

2. 如何培养"感恩之心"？

3. 如何进行"希望型思维"和"梦想能力"的培养？

第2模块 | 学习成长

第5单元 ▶

善于学习

引导语

　　进入大学，我们会面临一个全新的学习环境。在这里，我们将结识新的伙伴、新的老师，获得新的知识、技能，以及适应社会的能力。可以说，一切新鲜的东西都吸引着我们去探索、去追求。但也应当看到，大学生的主要任务是学习，而学习的内容既可能是新鲜的、有趣的，也可能是严谨的、枯燥的，加之学习中增加了许多科目，学习负担明显加重，如果不能及时地调整自己，适应新的学习环境要求，就可能在学习中落伍，少数同学甚至会丧失信心，放弃在某些科目上的努力。

　　那么，如何完成大学阶段的学习呢？正确的做法是：培养自己良好的学习兴趣，增强学习动机，学会更加科学、自主地学习，使大学生活更加愉快，为成就未来打下基础。

学习目标

　　◉ 理解当代职业院校学生学习的特点；学习迁移的原理。
　　◉ 熟悉激发学习动机的途径。
　　◉ 掌握克服常见学习心理问题的高记忆的方法。

5.1 把握学习内涵,激发学习动机

心理箴言

放弃独立思考,是一切不幸的核心。

——罗曼·罗兰

爱因斯坦的学习故事

爱因斯坦是一位杰出的物理学家。但他小时候的智力发展确实比同龄人慢,经常被老师和同学嘲笑,被认为是"笨头笨脑的孩子",他的父母和老师都曾对他有过智力低下的担忧。不过爱因斯坦对数学和科学非常热爱,他在12岁时开始自学欧几里德几何,并对欧氏的公理和定理产生了怀疑。这种怀疑促使他深入探索几何学,并最终引领他走向了研究相对论的道路。

在瑞士苏黎世联邦理工大学学习理论物理以及在伯尔尼专利局工作的这段时期,爱因斯坦的思想非常活跃。他通过与索洛文等人的自由讨论和阅读各种书籍,不断地拓展自己的思维和视野,形成了自己独特的思考方式。这种"疯子式"的集会和自由讨论,让爱因斯坦能够无拘无束地表达自己的观点,同时也能够听取他人的意见并进行深入思考。这种环境激发了他的创造力和灵感,使他能够提出许多新颖的想法和理论。爱因斯坦的阅读也非常广泛,不仅包括物理学领域的著作,而且还包括哲学、文学等其他领域的作品。这种跨学科的阅读使他能够将不同领域的知识相互启发和补充,从而更好地理解物理学的本质和内涵。在这段时间里,爱因斯坦作出了重要贡献。

分析:爱因斯坦小时候的迟缓可能是由于他对问题的深入思考和独特思维方式导致的。他并不满足于表面上的答案,而是会深入探索问题的本质。爱因斯坦的学习方法大致可概括成:热爱科学、独立思考、穷根究底、大胆想象、强调理解、重视实验、弄通数学、研究哲学等八个方面。所以我们要学会学习,找到适合自己的学习方法。

当代大学生的学习特点

学习是人们最基本的需要之一,是人的本质特征。大学生处于职业生涯的探索阶段,是学习活动的主体。由于所处阶段的特殊性,其学习特点也明显有别于人类生活的其他阶段,从发展心理学的阶段来看,也有别于中小学时期的学习特点。此外,由于处于信息化时代,当代大学生的学习活动也异于其他时代大学生的学习特征。

学习的概念有两种:

定义1:由于经验或实践的结果而发生的持久或相对持久的适应性行为变化。

定义2:能够使动物的行为对特定的环境条件发生适应性变化的所有过程,或者说是动物借助于个体生活经历和经验使自身的行为发生适应性变化的过程。

概括来说,当代职业院校学生的学习主要有以下几个特点。

(一)专业性及职业倾向性

专业性是指大学教育不同于中小学阶段的基础教育,具有更为明确的专业指向性。高等教育属于专业教育,需要根据自己的兴趣爱好及学校的培养方向选择学习的课程,不同的学习内容都是围绕所选专业安排的,具有较强的专业性。

此外,职业院校的学习还体现出较强的职业化倾向,学习的最主要目标是就业,也就是说,学习之后拥有的专业基础和职业能力,要被未来的工作单位认同和接受。必须明确的是,高等职业技术教育以培养技术型人才为主要目标,不仅要求学生具备所学专业的基本理论知识和科学文化基础知识,还要求学生掌握相关的专业技能和主干技术,更加侧重实际应用,社会、企业、事业单位对人才的需求就是其培养目标。

(二)创造性

大学教育必须重视培养大学生的创新能力,大学生的学习也具有研究和探索的性质。大学的课堂教学已从阐述既定结论逐步转变为介绍各学派理论及学术争论、最新学术动态等,学生的学习方式和思维方式逐渐从死记硬背、正确再现教学内容逐渐向汇集众家之长、确定个人见解的方向转变,这是人生求学过程中的一大飞跃。大学生的学习不仅要求理解、巩固知识,而且需要树立独立思考、探索创新的精神,培养创造性。在大学学术气氛浓厚的环境中,大学生要渐渐地建立一种重新组合各种知识,从新的角度解释已有现象的认知态度,从而产生探索和创新的需求。

(三)自主性

在中小学阶段,老师的教诲和家长的督促,在一定程度上能够促使学生努力学习。进入大学之后,课堂讲授仅仅是学习过程的一个环节,大学生有相当多的自由支配时间,在这些时间内学什么、怎么学,都可以根据自己的实际需要、兴趣和特点进行自主安排。没有了他人的检查和督促,就要求我们由被动、依赖的学习方式转变为主动、自觉的学习方式。

（四）多元性

在高等教育阶段，课堂学习仍然是学生进行学习、获取知识的主要途径。此外，还可以通过其他渠道开展多方面的学习。例如，到校企合作单位参观、观摩、体验，跟岗实习、顶岗实习等。

二　学习动机的激发

（一）学习动机的含义

学习动机是指直接推动学习者进行学习的一种内部动力，是有效进行学习的必要因素。学习动机并非某种单一因素引起，而是由各种不同的动力因素组成的系统所引起的，其心理因素包括学习的需要、对学习必要性的认识及信念、学习兴趣、爱好或习惯等。

心理学家布鲁纳将人的动机分为外部动机和内部动机两种类型：外部动机是指学习的动机来自学习活动以外，是由外界事物激发产生的动力作用，如学生为了得到父母或老师的嘉奖而学习。内部动机是指学习的动机来自学习者本身，是由个体的内在需要引起的，如理想、兴趣或好奇心。

外部动机所激发的意志努力一般比较短暂和微弱，且难以持久，但它在某些情况下具有强化内部动机的原始发动作用。内部动机所激发的意志努力一般持续时间更长，作用也较外部动机更强。

（二）学习动机不当的表现

学习动机不当主要表现为学习动机不足和学习动机过强两个方面。学习动机太弱往往会造成学习动力不足，进行的是无目标的学习、为学习而学习，甚至是厌倦或逃避学习。但学习动机也并不是越强越好，如果学习动机和奖励动机过强，过分地看重结果，往往会给自己带来过大的心理压力，长此以往，不仅不利于学习效率的提高，也容易导致生理或心理疾病的发生。

大学的学习生活和中学阶段有很大的差别，加上环境变化带来的影响，对于大学生特别是刚入学的大学生来说，要特别注意克服以下学习动机不当的行为表现：

1. 动机落差

在高中阶段，对于大部分学生而言，学习的最主要目的就是能够考上大学，接受更好的教育。在这个目标的激励下，学生往往能够保持较强的学习动机，自觉学习。进入大学以后，考上大学的目标已经实现，但是新的目标尚未形成，这时上大学前后的"动机落差"就形成了。在这一阶段，由于学习生活环境、学习方式的变化，高中时期形成的学习生活习惯不再适用，但新的兴趣和爱好还没有形成，学生容易产生松散懈怠的心理，部分学生将主要精力放在娱乐上，无心学习。

2. 逃避学习

大学生生活在一个复杂的环境中，社会上不良因素的影响以及宽松、缺乏约束的生活学习环境，使其更容易放松对自己的要求。因此，相比于高中阶段，学习兴趣和成就感都大大降低。

3. 懒惰行为

对于大部分学生而言,进入大学后,考试分数已经不像中小学时那样重要。一些学生平时不愿意上课,即使上课,也总是无精打采;课后也不再复习或预习,很少看除教材以外的专业书籍;作业不能独立完成,只是敷衍了事;考试往往抱着"及格万岁"的心态。

4. 厌倦、冷漠

没有了学习兴趣,缺乏学习动机,导致一些学生对学习抱有厌倦、冷漠的情绪,对与学习相关的事情总是感到无聊,或是漠不关心。长此以往,这类学生便无法体会到学习为其带来的喜悦。

(三) 激发学习动机的建议

1. 树立正确的学习目标

古人云:"凡事预则立,不预则废。"这里的"预"就是事先确定目标的意思。在学习中,只确定目标还远远不够,要知道,只有合理、符合自己实际情况的目标才能指引自己更好地学习。如果学习目标不仅是为了自己,而且能扩大到为了自己的家庭,甚至为了社会责任去学习,所激发的求知欲会更稳定、更强烈;相反,如果仅仅是为了拿到文凭,那么就容易抱有得过且过的心态,从而投机取巧、偷工减料,荒废学业。

2. 注重学习兴趣的培养

兴趣是人们积极地探索、认识某种事物的倾向。有了这种倾向,人们就会优先注意这种事物,并积极地去了解它。兴趣是最好的老师,只有对学习内容感兴趣,才会产生强烈的求知欲望,自动地调动全部感官,积极主动地参与到学习过程之中。

3. 营造良好的学习氛围

学习动机不仅与学生的意志品质有关,也会受到客观环境的影响。针对学习动机不足的外部原因,要通过多方努力,改善外部环境和外部条件。比如,学校可以改善教学条件,加强校风建设,净化学校风气,营造良好的学习氛围,使学校环境更有利于学习;也可以成立学习小组,通过相互监督和鼓励的形式更好地学习。

知识卡片

你是成长型思维还是固定型思维?

心理学家卡罗尔·德韦克在对人类的思维模式长达数十年的研究中,提出将思维模式分为成长型思维和固定型思维。拥有成长型思维的学生相信人的智力、才能等素质是可以通过后天努力改变的,更倾向于学习,愿意尝试挑战,在失败中表现出韧性,不怕犯错,注重学习过程中的收获。拥有固定型思维的学生则相信人的智力、能力、才华等素质是先天决定的,无法改变,希望在自己"天生"擅长的领域表现出聪明,过于在乎外界的看法,害怕挑战和失败,喜欢待在学习的舒适区,重视表现轻视努力。某次以山东地区两所高校的548名大学生为研究对象的调查发现,大学生成长型思维与未来时间洞察力、成就动机、坚毅品质之间均存在显著正相关关系。举个例子,甲乙两个人报名一起考驾照,结果科目二两人考了四次,都没有通过。甲首先就放弃了,他说:"算了,我不考了,考这么多次都没有通过,说明我是不适合开车的。"而乙却认为:"为什么要放弃呢?不是还有机会吗?前面失败了,不代表最后的失败,再努力一下,也许就成了呢。"固定型的思维让甲在失败面前裹足不前,而成长型的思维却让乙不惧失败,勇于尝试,终获成功。

三、学习的迁移

不少同学抱怨在学校里学习的理论知识在后来工作实践中应用较少,其根本原因就是"知行分裂"的学习模式。实际工作中需要的是将理论应用到具体情境中的能力,即学习的迁移能力,而这种知识迁移和转换需要一定的经验和技巧。

(一)学习迁移的定义

学习迁移一般指先前学习对后来学习产生的影响作用。它是学习新方法、解决问题所必需的心理品质,是个体在学习过程中必不可少的、期望出现的心理现象。实际上,迁移广泛地存在于知识、技能与行为规范的学习过程中,学习迁移就像过桥一样,如果不注意与学习迁移相关的因素,这个桥就可能断裂,整个实践活动就会受阻。

心理学研究表明,学习迁移与学习动机能够相互作用。对于学习者来说,如果所学的知识能够和其他知识发生联系,或者能够被迁移到其他学习中去,就更容易获得学习的乐趣,理解学习的价值,进而激发学习知识和职业技能的动机。如果暂时缺乏对某门功课的兴趣,只要对其他事物有兴趣,还是有可能将其他的兴趣转化为学习兴趣的,这就是通过学习迁移来提升学习动机的转换过程。

(二)如何实现学习的迁移

1.寻找学习内容的相似性

凡是先前的学习内容与后来的学习内容之间所包含的共同要素越多,需要运用的相同原理越多,迁移也就越容易产生。因此,我们应当主动去寻找新旧知识的相似点,以加强迁移的效果。

2.学会概括和总结

对于原有的知识经验的概括水平越高,迁移的可能性就越大,效果也就越好;反之,知识经验的概括水平越低,迁移的范围就越小,效果也就越差。

3.认知技能与策略

迁移过程是通过复杂的认知活动实现的,学习的认知是指个体在以往学习的基础上,在头脑中形成的新的知识经验结构体系。我们对认知技能和策略的掌握水平,必然能影响迁移的实现。因此，一方面，要注意对知识进行有效地加工与整理；另一方面，要对知识进行分门别类地系统储存，以形成系统的认知结构。

4. 打破心理定势

心理定势是一种特殊的，由先前学习引起的对后继学习活动产生影响的一种心理准备状态。心理定势对学习迁移的积极影响是能保持心理活动的稳定性和前后一致性；心理定势对学习迁移的消极影响是会妨碍思维的灵活性，不利于心智模式的形成和发展，使人表现出惰性，使心理活动趋于呆板，不利于适应环境，有时也会影响解决问题的速度。

总结案例

学习动机的觉醒

叶子明，作为高职二年级的学生，原先在学习上并无突出表现，对学习的态度也比较随意和敷衍。然而，一次偶然的学校科学竞赛机会，成为了他学习生涯的重要转折点。在此次竞赛中，叶子明有幸与一群志同道合的同学相遇，他们共同就科学问题展开深入讨论，并分享彼此的学习心得。同学们的热情与对知识的渴求，深深触动了叶子明，激发了他对学习的探索欲望和参与热情。竞赛结束后，叶子明并未将此次经历视为普通的校园活动，而是开始了深入的学习反思。他开始寻求改变，积极参与各类课外活动，与同学们深入交流，共同学习。同时，他还制订了详细的学习计划，利用课余时间广泛阅读书籍和文章，不断拓宽自己的知识领域。经过不懈努力，叶子明的学习成绩得到了显著提升。他不再满足于现状，而是持续追求更高的学习目标。这次科学竞赛的经历，充分激发了他的学习动机，使他成为了一个真正热爱学习、为学习而学习的人。

分析：叶子明学习动机觉醒的说明：首先，学习动机的激发往往源自外部环境的刺激与个体内部的深刻反思。其次，案例强调了在学习过程中，明确目标及制订合理学习计划的重要性。最终，在学习动机觉醒后，叶子明的学业成绩取得了显著的提升，他对学习的态度发生了根本性的转变。他展现出更加积极、主动的学习态度，并深刻热爱学习。这种转变将对其未来的成长与发展产生深远的影响。

活动与训练

活动 5-1　惯性思维

主题："盲人买剪刀"游戏。
目标：了解生活中的惯性思维。

建议时间： 20分钟。

活动过程：

1.教师请三个学生上台配合表演，根据自己提出的问题作相应的回答。

问题一："一个听力有障碍的孩子去买榔头，他也不会说话，请问他要怎么表达自己的意愿，售货员才知道他要买榔头？"（捶打手势）

问题二："一个语言表达有障碍的人去买菜刀，请问他会怎么表示？"（切菜手势）

问题三："一个视力有障碍的人要去买剪刀，请问他该怎么做？"（因为习惯性思维，学生往往会自然而然地做出剪纸的手势）

2.教师提醒学生："视力有障碍的人会说话，说'我要买剪刀'就行了，不用做手势。"

3.教师请学生讨论，是否也遇到过类似惯性思维的情况，并共同探寻摆脱惯性思维的方法。

思考与讨论

5-1 学习
动机测试

1.尝试思考自己为什么要学习，检索自己的学习动机。

2.怎样才能将所学知识更好地应用到解决实际问题的实践中，以便实现学习迁移？

3.完成二维码5-1中的学习动机小测试，以了解自己在学习上是否有一些困扰。

知识卡片

学会学习才能适应时代

联合国教科文组织公开的报告《学会生存：教育世界的今天和明天》中提到：未来的社会不能以目不识丁来评判文盲，远离文盲的有效方法就是要学会学习。在这个报告中，报告者特别重视学习化社会的理念，认为学习化社会即将全面到来，并呼吁了全世界公民向学习化社会前进，唯有全面的终身教育才能够培养完善的人。人们再不能通过刻苦、一劳永逸的获取知识了，而是要终身学习如何去建立一个不断演进的知识体系，方能适应时代的需求，获得进步。显然，教育的目的不是让人成为知识的容器，更不是促进被动的、机械化的浅层学习。要适应信息化时代的发展，学习者必须学会学习、学会思考、敢于批判和质疑，实现主动、有意义的深层学习，从而内化为个体的素质和能力。在知识经济迅速增长的时代，具备使自己终身受益的学习能力是实现终身学习最有效的途径。拥有学习能力的人，才拥有这个时代的终极竞争力。

5.2 破解学习困境,提升学习效率

心理箴言

效率是做出更好的,更少的牺牲?

——彼得·德鲁克

备考焦虑症

小李,女,21岁,人际关系良好,爱好广泛,学习成绩较好。但自我要求严格,有完美主义倾向。该生正处在复习考研时期,据其同学反应,她近来睡眠较少,经常一天只睡3、4个小时,且食欲不好,以没胃口为由拒绝同学一起吃饭的邀请。她以前爱与人交流,但这段时间总是一个人独处,同学时常看到她偷偷抹眼泪,问其原因也不予回答。

分析: 这是典型的考试焦虑症。考试焦虑症也称测验焦虑,是指在一定的应试测验激发下,受个体认知评价能力、人格倾向与其他身心因素所制约,以担忧为基本特征,以防御或逃避为行为方式,通过不同程度的情绪反应所表现出来的一种心理状态。这是一种不健康的心智模式。

一、常见的学习心理问题

(一) 心智模式

心智模式的概念是由苏格兰心理学家克雷克于1940年提出的。它是指每个人在探索周围环境的过程中,形成的对于外界的认知地图,就像开车使用导航一样,它会让人们以自己已经形成的模式来看问题。学习中的心智模式则是指那些根深蒂固于学生心中,影响学生学习活动的认知、情感和行为模式的总和(图5-1)。积极的心智模式帮助学生迅速成长,而消极的心智模式则会成为学生学习的障碍。

心智模式能够对学习产生有利或不利的影响,具体内容分析如下。

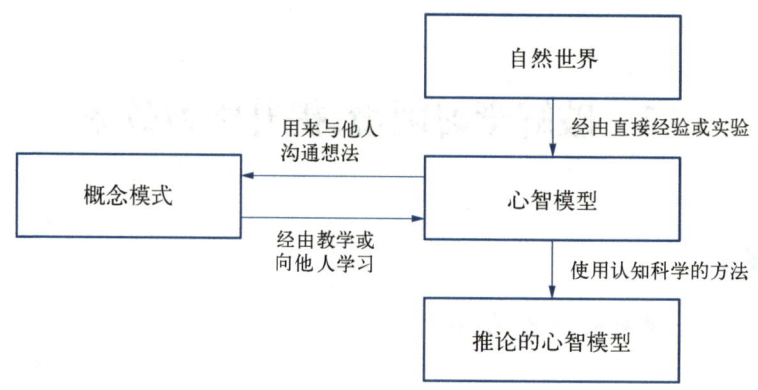

图5-1 心智模型的形成

1. 局限思考

"盲人摸象"的故事大家耳熟能详,它非常形象地描绘了人的思维的局限性。大学阶段学生学习的内容具有高度专业化的特点,而这也会使得大家看问题的角度单一化。在遇到问题时,同学们往往容易只从自己专业的角度去分析,看待问题的宽度和广度受到比较大的限制。从长远来看,这并不利于自身的成长和发展。

2. 归因于外

在日常生活和学习中,有些人遇到问题时习惯性地推卸责任,归咎于外,认为自己永远没有错。比如,不愿意学习时,总是会给自己找到各式各样的理由,如学习条件差、教学内容枯燥或知识难度较大,却意识不到自身存在的问题。

3. 墨守成规

人们常常容易受到固有习惯的影响,过去这样做,现在还这样做;别人这样做,我也这样做。墨守成规的人往往自我设限,难以做出改变,无法摆脱不良习惯的桎梏。在学习过程中,也容易受到原有不良学习习惯,或是周围人们的不良习惯的影响,导致出现学习效率低下等问题。

4. 心态不正

心理健康与否,直接影响着看问题的角度和结论。有些人认为,学习是为别人而学的,基于这样的意识,就会觉得学习枯燥乏味,因而,也不可能从学习中获得乐趣。

知识卡片

有一位禅师很喜欢养兰花。一次他外出游玩的时候,把兰花交给徒弟照顾,小徒弟知道师傅非常喜爱这些兰花,便很细心地照料。但是不巧,在师傅回来的前一天他不小心把兰花摔坏了,小徒弟很担心,他怕师傅会生气伤心。如果你是这位禅师,你知道情况后会怎么处理?大部分人在面对自己心爱的东西被别人损坏时,会生气，会伤心，会责怪他人。但是这位禅师并没有生气，也没有惩罚小徒弟，还告诉小徒弟说："我当初种兰花，不是为了今天生气的。"

世界上有一小部分人，他们有一个奇妙的心智转换器，他们好像没有痛苦按钮，只有快乐按钮，并且按钮掌握在自己手里。比如，这位禅师，即使兰花摔坏了，这不是他想要的结果，但是总有比大发雷霆更好的选择。

（二）学习意志薄弱

有一些同学本身具有较高的学习兴趣和动机，但总是"三天打鱼，两天晒网"，无法坚持下去。制订好的学习计划往往实施几天就放在一边，再也不管了。之所以会这样，主要是因为学习意志薄弱。学习意志是指学习者能够自觉地制订学习目标，并支配自己的学习行为，克服学习困难，以实现预定目标的心理过程。学习意志薄弱的原因主要包括：

1. 自制力不强

学习自制力是指在学习过程中自我克制、自我约束的能力。缺乏学习自制力的学生在学习中往往随心所欲，做事拖沓、懒散，意志不够坚定，不能排除干扰因素，难以抵制诱惑。

2. 适应性不强

这指的是意外状况打乱了原有的学习计划后，不能迅速而合理地重新安排学习计划，使得学习效率大打折扣。

3. 坚持性不强

有些人容易知难而退，遇到一点挫折和失败就打退堂鼓，难以持之以恒。当事情进展不顺利时，试图退而求其次或者绕道而行等。

（三）考试焦虑

考试焦虑也称测验焦虑，是指在一定的应试测验激发下，受个体认知评价能力、人格倾向与其他身心因素所制约，以担忧为基本特征，以防御或逃避为行为方式，通过不同程度的情绪反应所表现出来的一种心理状态。这是一种不健康的心智模式。

考试焦虑的主要表现是在考试前后或考试中，学生经常出现情绪高度紧张、恐慌、胸闷、头昏，无法抑制自己焦虑的情绪，记忆困难，思想难以集中，原来复习过的知识考试时回忆不起来，严重的还伴有口干、恶心、呕吐、手哆嗦、睡不好、吃不好、腹泻等症状。例如，有的同学一心期望在考试中获得好成绩，在考试前一天就开始紧张，并且晚上睡不着觉，一进考场手发抖、出汗、心慌，总想上厕所。拿到试卷，一旦有不会的题就大脑一片空白，明明会的东西也全都忘光了。

考试焦虑造成的负面影响有三个方面：① 影响考生的自我评价，降低自信心；② 诱发考生大脑的超限抑制，降低大脑的活动效率；③ 造成考生许多生理反应，降低机体的机能。这三个方面相互影响,相互作用,导致了考生考试效率的降低。

考试是学习生活中不可缺少的事。考试是检验学习效果、知识水平等的重要途径。但是,所有考试都会给考生带来一定的心理压力,使其产生不同程度的紧张、恐惧和焦虑,也就是考试焦虑。形成考试焦虑的原因是多方面的,可以从主观因素和客观因素两个方面来分析。

1. 客观因素

主要包括两点:① 考试的重要性、难易程度等。考试重要性越高,难度越大,考生越容易出现焦虑症状。② 考试压力在同学们中间传递,比如,上一批考生考试失意的感受,会对下一批赴考同学产生情绪上的感染。

2. 主观因素

主观因素主要包括三个方面:① 个性因素。有的学生敏感、易焦虑,过于内向,缺乏安全感和自信心,做事追求完美。② 考试经验。当学生有过考试失败的教训,部分考生就会对自己的能力产生怀疑,感觉自己的能力已被耗尽,失去自信心。③ 学生对知识的掌握程度。"难者不会,会者不难",当知识掌握不牢固、临阵磨枪、匆忙上阵时,考生心中会因无底气而慌乱。

考试焦虑能够分散和阻断注意的过程,使学习者不能把注意力集中在试题上,而是分散在各种各样的担心、忧虑或多余的动作上,从而影响考试的正常发挥。考试焦虑还会干扰回忆的过程,使大脑记忆库中的信息检索和提取发生混乱,出现错答、漏答,或不知如何应答的现象,让考生不能发挥应有水平,严重影响考试成绩。此外,考试焦虑还可以影响正常的思维过程,使考生的思维活动陷于停滞状态。在焦虑状态下,人们的分析、综合、抽象、概括等具体思维能力无法正常发挥,从而导致考试的失败。

心理学的研究表明,在考试过程中,中等程度的焦虑水平可以提供临场发挥的最佳情绪状态,以这种心态迎接考试,往往不会失误,甚至能超水平发挥。

(四) 注意力缺陷

法国生物学家乔治·居维叶说:"天才,首先是注意力。"注意力是一切学习的前提和基础。注意力缺失症曾被称为注意缺陷多动障碍(Attention Deficit Hyperactivity Disorder, ADHD),这个名词界定把过动现象也包括进去了。ADHD是指一种以注意缺陷、多动、冲动的行为表现为主要特征的精神病理障碍。尽管是儿童期的一种广泛性发展障碍,但很少有随访研究那些儿童期被诊断为ADHD的个体进入成年期后的状态。成人ADHD的概念于1980年首次公认。ADHD成人与儿童一样,均有三种初级特征,包括注意缺陷、活动过多以及冲动等。除了初级特征之外,成人ADHD还存在多种次级特征,包括物质滥用、学习困难、低自我概念、频频迁居、车祸、监禁、工作记录不稳定以及赌博等。其中,物质滥用是成人ADHD鉴定中最常被关注的。因为它使评估变得麻烦,使治疗更为复杂。

注意力缺陷对学习有巨大的影响主要表现在:① 常常无法注意细节,在功课或是其他活动方面会粗心犯错;② 做事或活动很难维持专注力;③ 别人跟他们说话时,他们经常表现出没有在听的样子；④ 常常很难依照指示完成事情，无法完成功课、家务或工作(不是因为相反的行为或是无法了解指示)；⑤ 经常对组织性的工作或规划活动感到困难；⑥ 经常逃避或厌恶需要花费心思的活动或工作，最显著的特征是他们在平时很难专注地复习或者预习功课，只在期末要考试的时候复习效率最高；⑦ 常常忘东忘西(如书本或工作需要的东西)；⑧ 很容易被干扰；⑨ 常常忘记每天规定要做的事情。

二、学习心理问题的自我调适

(一) 改善心智模式

1. 学会全面、多角度地看问题

注重培养自己的发散性思维能力。发散思维要求我们在分析和解决问题时，向不同方向看，从不同角度想，用不同方法做。在平时的学习中，一方面不能被专业知识束缚，在完成专业学习的同时，注重博采众长，拓宽自己的知识面；另一方面，在遇到问题时，有意识地要求自己多角度、全面地进行分析和解决。

2. 客观地审视自己

当出现问题时，不要急于责怪他人，将问题全部归咎于外部环境，而应首先看自己是否有责任或过失，自己是否有不足的地方。从自身出发，通过自己的努力和改变来解决问题，以取得更好的结果。

3. 摒弃陋习，吐故纳新

如前所述，大学的培养目标、学习内容和学习特点不同于中小学。在中小学阶段养成的学习习惯不再适应大学教育的需要。因此，应该根据大学教育的新特点和新要求培养新的习惯，抛弃陈旧的学习习惯，以全新的面貌迎接大学的学习生活。

4. 摆正心态，争取成功

学习不是为了别人，而是为了自己。有了这样的意识，你就会明白学习对于你的意义，因而不会把学习当成一种压力，而是当成一种需要，一种让你获得成功的需要。这样，你就能怀着更轻松、愉快的心情进行学习。

(二) 培养学习意志

1. 学会自我监督

没有了家长和老师的督促，更要从自身出发，依靠自己的力量去学习，注重自我检查、自我约束、自我监督。如没有按计划完成学习任务时，可以给予自己一些小惩罚；当学习取得成果的时候，可以给予自己一些小奖励。或是通过与身边同学进行比较，相互督促，共同进步。

2. 勇于面对挫折

在学习中，挫折是不可避免的。只有通过不断地经历挫折，在挫折中磨炼，才能逐渐增强对挫折的耐受力，树立战胜挫折的勇气与决心，进而提升意志力。

3. 由易逐渐入难

有些人很想把某件事情善始善终地干完,但有时会因为事情的难度太大而不得不中途放弃。对意志力不太强的人来说,在确定自己的奋斗目标、选择实现这一目标的突破口时,一定要坚持从实际出发、由易入难的原则。

(三) 理性应对考试

1. 积极主动地迎接考试

考试是对自己所学知识掌握得是否牢固、全面,和灵活运用知识的能力强弱的一种检验方式。考试常常会使大家产生思想压力,甚至心烦意乱、寝食难安。此时,树立必胜的信心就显得非常重要,这是迎接任何考试的最佳法宝。

2. 制订可行的复习计划

为了获得充分的自信,在临考前就要给自己制订一个切实可行的复习计划,然后对考试内容进行全面、系统的复习。复习时应该全面复习考试内容,避免存在侥幸心理。对考试有信心是根植于对考试内容充分准备的基础之上的。

3. 做好考前的准备

我们要根据自己的实际情况,适当调整自己的考前心态,既要克服过分恐惧、焦虑的情绪,避免自我评价过低,又不能期望值过高、骄傲自满,这些都会影响考试成绩。此外,还应做到劳逸结合,保证精力充沛地应对考试。

总结案例

临时抱佛脚的考试心理

进入大学之后,许多同学感到学业变轻松了,没有那么多的卷子要做,也没有刷不完的题,慢慢地形成了平时不认真学习考前突击学习的习惯。还有一些学生沉溺于刷短视频获得快乐,觉得这也是一种学习,期末考试前才发现落下太多功课。有些人甚至为了不挂科开始"不走寻常路"。他们有的烧香拜佛,有些同学还临时起意,拜起了学校的雕像,画面让人哭笑不得。

分析: 学习不是一时性的、阶段性的,而是一个持续不断的过程。很多大学生在学习观上存在误区,他们认为考前强行快速记忆是有效学习,网络碎片浏览是有效学习,课堂上的信息接收也是有效学习,所以在不知不觉中忘记了反思和质疑,忘记知识体系的建构,乐于享受浅层次学习的过程。学习不只需要兴趣和付出,还要有科学的方法,循序渐进。不管是考前突击的"临时抱佛脚",还是求各大雕像保佑的临时抱"佛"脚,都不如平时将基础打好。而拜雕像的同学,实际上也是给自己心理上寻得一种安慰,在情理之中,但只能说是徒劳无用。大学生要养成良好的学习习惯,更注重学习的自觉性,要正确认识考试的意义。不应存在侥幸心理,将应学习的专业知识和技能熟练地掌握,做好考前充分准备,那么不管什么样的考试都能够轻松应对。

活动与训练

活动5-2　排除信息干扰

主题:排除信息干扰。

目标:学会从信息中分析并迅速找出有价值的信息。

建议时间:5分钟。

活动过程:

1. 教师大声朗读一个故事:你正在驾驶一辆公共汽车,里面坐了50位乘客。汽车靠站停下来,这时,有10名乘客下了车,又有3人上了车。下一次靠站,下了7个人,上了2个人。接下来又分别停车两次,每次5名乘客下车,有一次上了6个人,另一次没有人上车。路上,公共汽车和别的车发生了剐蹭,有部分乘客因有急事,决定下车走回去,所以8个人下了车。当事故处理完之后,汽车直接开回终点站。在终点站,剩下的乘客下了车。请问:这辆公共汽车的司机是谁?

2. 学生回答问题。

3. 教师引导学生分析:哪些信息误导了你? 你从这个游戏中获得了哪些启示?

思考与讨论

1. 在学习过程中,你是否存在学习心理问题? 如果存在,你是如何克服的?

2. 你认为,在今后的学习中,可以从哪些方面提高应对学习障碍问题的能力?

3. 大学生在学习上表现了怎样的特点?

4. 请完成二维码5-2中的考试焦虑量表,判断自己的考试焦虑水平。

5-2 考试
焦虑量表

5.3 养成学习习惯,提高学习技能

心理箴言

业精于勤,荒于嬉;行成于思,毁于随。

——韩愈

紧张的小张

小张是大一年级的新生,高中时就读当地重点高中,学习成绩一直在班级名列前茅,然而高考由于过度紧张,成绩不理想,来到了目前就读的职业院校。进入大学的小张学习认真,被同学们推举为班级的学习委员,平时成绩也名列前茅,他立志要通过专升本考试继续深造。在期末考试前一晚,小张开始心慌、紧张,总是想着第二天是否能考出好成绩,彻夜失眠。结果小张在考场上看到题目时大脑一片空白,怎么也想不起以前记得很熟的知识。他非常气馁,担心自己成绩差被同学嘲笑,担心自己成绩绩点太低,专升本也会泡汤。他一度崩溃大哭,甚至萌生了退学的念头。

分析: 小张遇到的问题是考试焦虑。由于高考失利,在内心产生了失败的体验,他对今后重要的考试都担心会失败重演,从而引发过度紧张,焦虑难控。面对这类问题,应直面引发心结的失利事件,内外部合理归因,重塑自信,通过参加多次模拟考试等,反复练习应对焦虑,做好充分的应试准备,从而以积极主动的心态应对考试。

一、良好学习习惯的养成

学习是一种系统的脑力劳动,良好的学习习惯对取得好的学习效果至关重要。因此,开始大学阶段的学习时,首先要养成良好的学习习惯。

(一)制订学习计划

无数事例表明,一个人有计划地开展学习任务,会大大提高学习效果。要想获得最佳的学习效果,关键在于根据个人特点,对自己的学习和生活进行科学、合理、系统的规划,以提高单位时间利用率。学习计划可以分为年度学习计划和作息时间表。年度学习计划指对全学年学习的总体设计和安排,制订时应考虑的内容包括:本学年学习哪些课程;有哪些重大活动,如运动会、节日、义务劳动;课外学习,如参加哪些兴趣小组;社会交往,包括参加学校或社会性的集体活动。通过制订年度学习计划,可以统筹安排这些活动内容。

(二) 学会记笔记

进入大学后,记笔记是一种重要的学习方法。它分为课堂笔记和课外笔记两种。由于笔记要作为今后长期参考的资料,记录时有一些特殊的要求。

课堂笔记一般记录老师在课堂上讲授的内容。为了便于理解和记忆,除了讲授条目之外,还应包括一些例子,对于教科书中没有的内容、老师的独特见解,应记得详细一些。记录时要求纲目清楚,不宜书写得太密。实在无把握的内容可先用铅笔记录。必须指出的是,上课时应把主要精力集中在听课上,当出现难以理解的地方和需要课下进一步研究的内容时才需要记笔记。

(三) 坚持写日记

写日记是一种良好的学习习惯。每天用不多的时间记下自己在学习、工作和生活中的收获和感想,及时对刚经历的生活事件进行总结,既有利于培养自己观察生活、分析问题的能力,也有利于锻炼意志。大学生正处于青年初期,由于青年心理所特有的封闭性,有时不愿意让人知道自己内心的秘密,而日记则是最好的倾诉对象,它既不会外传,也不争辩,把主人的感情、看法、观点如实地记录下来。记日记的关键是要持之以恒,可从记周记开始,定期小结。除了传统的书面写日记的方法,也可以在社交媒体平台或笔记软件等电子媒介来记录自己一天的生活。

(四) 注意收集资料

当你读到有价值的文章,或是你感兴趣且对学习有帮助的资料时,都可以收集起来加以整理。整理应根据内容分类,便于查找。最好能备一个本子来记录这些内容,使收集的资料比较集中,不显得凌乱。如果在网络上发现有价值的资料,也可以通过建立文件夹或运用其他的数据存储技术来收集资料。

(五) 利用图书馆

了解图书馆的结构、功能,充分利用图书馆,也是大学生必备的基本学习方法之一。图书馆一般设有阅览室,大家可以通过计算机信息检索的方法寻找到需要的读物。这里有各类期刊、报纸、书籍,可供大家巩固课堂的学习内容,扩展知识面。借阅图书可通过查目录的方法,找到索书号,填写索书单借阅。查目录一般有三种方法,即查分类目录、查书名目录和查作者目录。如果需要某方面的书籍,但不知道书名和作者名,可以借助于索引期刊和文摘杂志进行查找。当然,仅靠图书馆只能解决一部分问题,有些急需或常用的书,如工具书、学科的参考书,若有购买能力,应当自备。

二 科学用脑

一些人整天埋头苦读、疲于奔命，但学习效果并不佳；而另一些人有劳有逸，显得很轻松，考试成绩反而名列前茅。其实，这两类同学在智力发展水平上并没有什么差距，会不会科学用脑则是学习成绩好坏的最主要原因之一。那么，大学生要实现科学用脑，应当注意哪些事项呢？

（一）营养

学习、活动都要消耗能量，人体消耗了能量就会产生二氧化碳和乳酸等物质。营养学家认为，当人体所需要的物质供不应求或者废物积累太多时，人体就会产生疲劳，大脑是思维的器官，学习时间太长也会疲劳。人体疲劳后，抗病能力下降，病菌侵入就会使人生病。所以，科学用脑的基础是加强营养。在食物方面，宜吃粗粮，如小米、玉米等；还可多吃核桃、松子、瓜子、花生等坚果类食物，以及鸡蛋、牛奶、瘦肉等富含丰富蛋白质的食物。在学校里，应吃营养丰富的午餐。早餐应食用体积小、含热量和蛋白质多的食物，晚餐应食用富含碳水化合物和易消化的食物。一般来说，午餐应多摄取营养丰富的食物。

（二）睡眠

人通过睡眠来补充脑力，就像充电一样。生理学家指出，睡眠时脑的消耗少，可以加快高能磷酸酯等能源物质的合成，增加神经传导中不可缺少的介质——乙酰胆碱。所以，睡眠是恢复人体功能、保障大脑正常工作的需要。

临近考试时，大家会争分夺秒复习，形成了紧张的学习气氛。不少同学越来越感到时间不够用，于是"开夜车"的现象越来越频繁，有的同学甚至通宵复习。一般说来，大学生每日的睡眠时间应保持在6～8小时。当然，睡眠时间过长也不是好习惯。有些同学反映，睡觉过多，人反而无精打采，记忆迟钝、反应慢、办事拖拉，这些现象在假期中表现尤为明显。

（三）守时

守时就是要求我们每天的活动严格按照作息时间表规定的内容进行，这样就能使大脑皮层活动达到自动化，转换活动内容就比较容易，从而提高大脑支配的人体各种器官的工作效率。

同学们还可以对自己的生物节律特点进行观察。比如，有的同学上午大脑思维严谨、周密，下午反应敏捷，晚上记忆力最强。那么，早上就可以安排一些要求严密的工作或学习内容，下午多做一些速度要求快的作业，临睡前再记忆外语单词。当然，每个同学情况不同，要根据个人特点来安排不同时间的学习内容，特别是临考前的复习，安排得当可获得高效低耗的结果。

（四）置换

心理学家认为，人脑两半球具有不同的功能，左脑更多地记忆抽象思维的内容，如数学概念、规则；右脑更多地记忆形象思维的内容，如画面、乐曲或大自然的景色。在学习某一科目时，时间一般不要超过两小时，而且要注意置换内容时，要交替安排文科（形象记忆）和理科（抽象记忆）的内容，充分调动大脑两半球的功能，不至于使某半球长期工作而另一半球"无所事事"。此外，集中精力学习时，神经、肌肉容易紧张，应隔一段时间就适当活动一下身体，听听音乐或者做一些运动，使自己全身放松、心情舒畅，在后来的学习中精力旺盛，保持最佳状态。

三 提高记忆力

案例 ▶ 小李的苦恼

小李，大二学生，她一直有这样的烦恼：早上背完的知识点，吃个饭下午再背一遍发现上下文都连不上了；昨天刚记的单词，还是背诵后默写记忆的，结果今早想默写一遍却都忘得差不多了；明明课本知识点都白纸黑字的写在那儿，可就是记不到脑子里，看着书本熟悉又陌生。眼看别人的背诵进度都很快，小李心里其实也很着急。因为记的慢，进步也就慢。

分析： 没能找到适合自己的学习方法使小李的成绩一直都止步不前，其实不管是处于何种阶段，学习和记忆都是需要提高和掌握的重要内容，找到最适合自己的路，就已经成功一半了。

记忆力是人的智力的重要组成部分。如果我们掌握了一些有关记忆的心理学知识和方法，并尝试用于自己的学习实践中，是能够提高和增强记忆力的。

知识卡片

德国心理学家艾宾浩斯研究发现，遗忘在学习之后立即开始，而且遗忘的进程并不是均匀的。最初遗忘速度很快，以后逐渐变慢。他认为"保持和遗忘是时间的函数"。他用无意义音节（由若干音节字母组成、能够读出但无内容意义，即不是词的音节）作为记忆材料，用节省法计算保持和遗忘的数量。根据他的实验结果绘成描述遗忘进程的曲线，即为著名的艾宾浩斯记忆遗忘曲线（图5-2）。

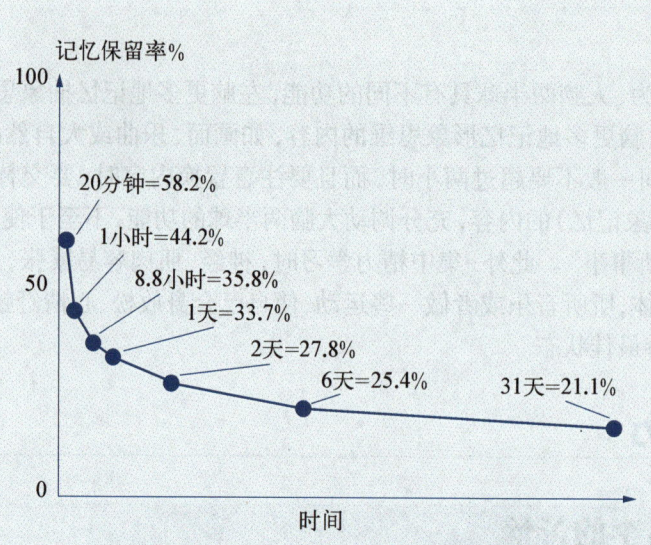

图5-2　艾宾浩斯记忆遗忘曲线（非原图）

通过这个曲线，我们可以发现，在人们刚刚记忆完毕时，记忆量为100%；20分钟后，记忆量为58.2%；一个小时后，记忆量为44.2%；八至九个小时后，记忆量为35.8%；一天后，记忆量为33.7%；两天后，记忆量为27.8%；六天后，记忆量为25.4%；一个月后，记忆量为21.1%。这说明人们的遗忘是不可避免的，而且在遗忘的规律上，呈现先快后慢的趋势。

艾宾浩斯遗忘曲线告诉我们，遗忘的规律是先快后慢，特别是识记后48小时之内，遗忘率高达72%，所以不能认为隔几小时与隔几天复习是一回事，应及时复习，间隔一般不超过2天。不断地重复才能让需要记忆的东西牢固地"印"在大脑上。艾宾浩斯的遗忘曲线和大量实践证明，在识记材料后9小时内进行回忆可很快恢复记忆。这时，你花10分钟可能就会记住所学内容，而如果等到10天后，可能你再花1个小时的复习时间还不一定能达到之前10分钟的效果。与其日后"费力不讨好"，不如就在识记后9小时内复习，这样既节省了复习时间又达到了良好的记忆效果，何乐而不为呢？

同时，记忆不是指"死记硬背"，是理解学习的一个过程。死记硬背的无意义音节遗忘速度是最快的，通过理解学习再记忆能增强学习效果，让知识记忆更加牢固。

记忆是人过去的经验在头脑中的反映。汉语中"记忆"一词最简明地说明，人对过去经验的反映是一个先"记"后"忆"的过程。要提高记忆力，除了明确记忆的目的和任务，善于积极地思维和集中注意力之外，还应掌握如下一些科学的记忆方法。

（一）善于理解

理解就是在记忆某材料之前，先懂得它的意义，这样比死记硬背效果好得多。奥苏贝尔的有意义学习理论认为，人的学习应该是意义学习，影响学习的最主要因素是学习者已掌握的知识，当学习者进行有意义的学习，并把所要学的新知识同原有的知识联系起来时，有意义学习便发生了。在学习时，我们还可以有意识地建立所记事物之间的相互关系，这利于记住材料的内容。

例如，空气中氮气和氧气的体积比例为 78 ∶ 22，它和正方形与其内切圆的关系差不多。在一个边长为 10 厘米的正方形里画一个内切圆，正方形面积是 $10 \times 10 = 100 \ cm^2$，圆的面积是 $52 \times 3.14 = 78.5 \ cm^2$，圆的面积和阴影部分的比例为 78.5 ∶ 21.5，这个数字与氮气和氧气的体积比例正好是相近的。

（二）尝试背诵

当需要背诵某段材料时，一般采用两种方法：一种是阅读材料一两遍之后就进行尝试背诵。若遇到困难，马上打开书本，看看哪些内容还没记住，然后再继续背诵。另一种方法是先只进行阅读，中间不尝试背诵，一遍又一遍地连续读下去，直到掌握材料为止。心理学实验证实，前一种方法，即尝试背诵效果更好。尝试背诵能使学习者及时明确什么地方已熟读，什么地方需要巩固，这样就会引发积极思考，从而提高效率。在学习中，对于机械材料，如外语单词、数字，可以晚一些尝试背诵；如果记忆的材料有明确的意义联系，而且不需要记忆得特别准确，如对某历史事件的分析，读上一两遍就可以开始尝试背诵。

（三）综合识记

综合识记指拿到一个材料后，先从整体上明了文字材料的结构和各部分的相互关系，然后分段记忆，部分内容能够背诵之后，再进行整体记忆。这样容易加快记忆材料的速度，巩固记忆的内容。在学习中，综合识记主要用于理解和记忆那些既长又难的材料。

（四）感官并用

有同学问老师，是"用眼睛看"记忆好，还是"用耳朵听"记忆好呢？多数人赞成用眼睛看能记住最主要的东西。因为如果没有记住，可以回过头来再看，而用耳朵听人念同样的内容就会记得少一些。其实，在学习中应该尽量动员多种感官参与，把各种感知方式结合起来，使记忆活动成为有看、有听、有说、有动的活动，这样效果最好。例如，采用既看课文又看实物，既说给别人听又听别人说等方式可以帮助记忆。在课堂上，边听课边记笔记，记单词时口中念念有词，手也在不停地写，这些都是调动多种感官的学习方法。

（五）勤于观察

在学习过程中，需要运用科学的观察方法，才能保证记忆内容的准确和全面。那么在日常的学习和生活中,应当怎样有效地观察呢?

首先,观察必须是客观的,要避免把过去在头脑中储存的经验、知识不适当地用于眼前的观察对象,避免妨碍正确地认识问题。

其次,目的明确,计划详尽。在观察之前,要明确观察的目的是什么,并制订周密计划,这可以保证对预期内容的调查,也不会忽视意外现象。

再次,观察前应具备相关的知识、技能,掌握正确的操作方法。

最后,学会作观察记录,收集好资料。随时向自己提出一些问题,这样有助于牢记观察内容。

(六)分门别类

一种学习材料的意义不仅来自它本身,而且来自它所属的类型及其相互联系之中。因此,如果能在识记时对材料加以分类,也能提高记忆效果。这就像在仓库里摆放各种物品时,如果摆放得井井有条,提取时就简便无误。比如,若想记住乐团的各种乐器,一个一个地去记,不仅花费时间,而且很难记住。假如对它们分组归类(见表5-1),就很容易记住,即便忘掉其中一个,也容易按照类别回忆起来。

表5-1 乐器分类表

类 别	名 称
弓 弦	大提琴、中提琴、小提琴、低音提琴
弹 拨	吉他、班卓琴、曼陀林、竖琴、低音管
木 管	短笛、长笛、单簧管、双簧管
铜 管	小号、长号、圆号、低音号
敲 击	定音鼓、响弦鼓、低音鼓、三角敲击乐器
键 盘	钢琴、风琴、大键琴

(七)对比联想

古希腊哲学家亚里士多德曾经从思辨的角度论述过联想对于记忆的作用。他认为,一种经验的发生必伴以与它一起出现的经验,或与它相似的或相反的经验而发生。这就是被后人概括出的三条联想定律:接近律、相似律和对比律。接近律即由一种经验而想到在空间上或时间上与之接近的另一种经验。例如,想到天安门后,随之联想到人民大会堂;相似律是指由一种经验想到在性质上与之相似的另一种经验。例如,提到唐代诗人杜甫,很快联想到李白;对比律是由一种经验想到在性质上或特征上与之相反的经验,如高与矮、大与小、黑与白。借助这些规律可以增强我们的记忆效果。

联想记忆法的分类有：① 接近联想,用相互接近的事物进行联想。例如,历史上彼得一世的改革和明治维新。② 相似联想,用相似的事物联想。例如,意大利的地图像靴子。③ 对比联想,由相反事物的一方想到另一方。例如,民主和专制是辩证的统一。④ 归类联想,从同类事物中来联想。⑤ 因果联想,从原因想结果或从结果想原因。如遗传与变异。⑥ 创新联想,人为创造一种联系进行的联想。如万有引力与库仑定律。

采用联想的方法可以明显地增强记忆的效果,等同于把联想作为"挂"资料的"钩",有了这个"钩",就容易把资料放在一定的位置上。例如,我们要记住"91827364554637281"这样一串数字,如果没有找到这组数字之间的联系,记忆起来则非常困难。如果仔细一分析,就可以把它们分为9、18、27、36、45、54、63、72、81,它们都是9的倍数。此外,有时将学习材料编成能上口诵读、引起愉快情绪体验的顺口溜,也会收到良好的联想记忆效果。

(八) 制作图表

图形可以用来形象地说明各种知识是如何联系的,具体做法是先提炼出主要知识点,然后识别这些知识点之间的联系,再用适当的解释来标明这些知识点之间的联系。常用的图表有以下四种类别。

1. 系统结构图

系统结构图将主要信息归为不同水平或不同部分,然后形成一个系统结构图,如图5-3所示。

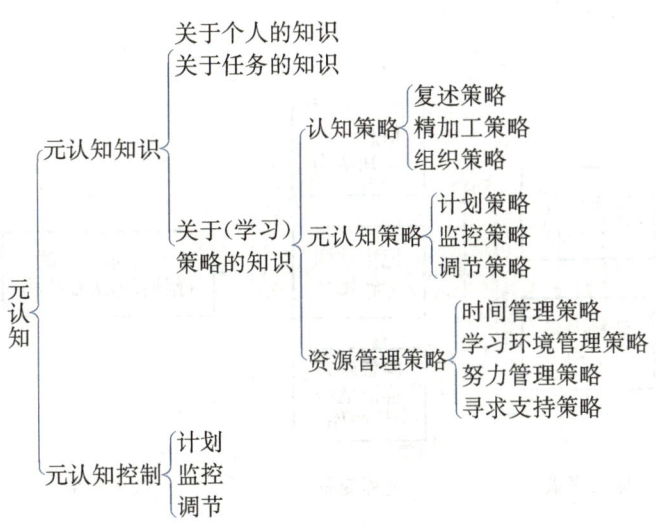

图5-3　系统结构图

2. 流程图

流程图用来表现步骤、事件和阶段的顺序,一般是以时间或事件的先后为参照的,如图5-4所示。

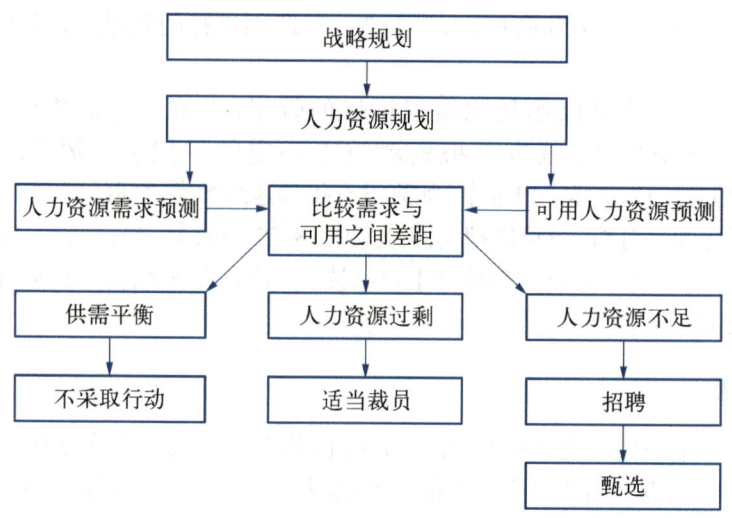

图5-4 流程图

3. 模式图

模式图是利用图解的方式来说明,在某个过程中,各要素之间是如何相互联系的,如图5-5所示。

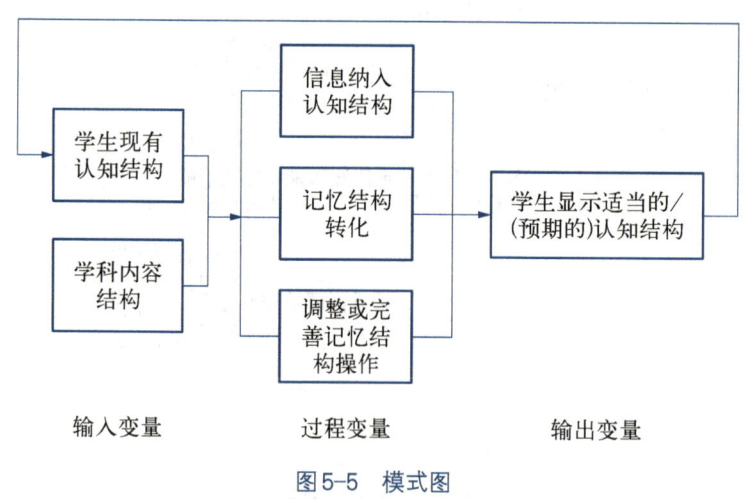

图5-5 模式图

4. 网络关系图

网络关系图可以表示事物或事件的多种关系,利用关系图可以图解事物或事件是如何相互联系的,如图5-6所示。

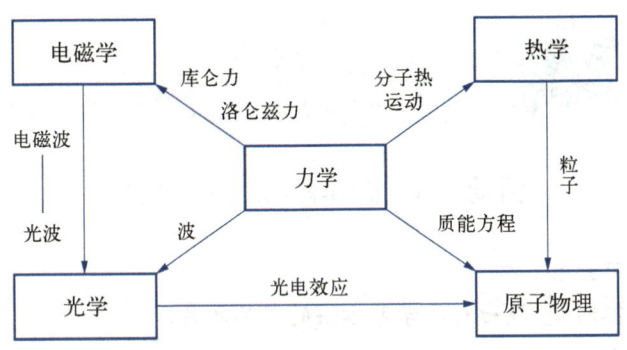

图5-6 网络关系图示例

总结案例

王阳明的"知行合一"记忆力提升法

王阳明,明代杰出的思想家、哲学家、文学家以及军事家。值得称道的是,王阳明不仅在哲学领域取得了卓越成就,其学习方法和记忆力同样值得我们借鉴。在青年时期,王阳明历经一段刻苦攻读的历程。他深刻认识到记忆力对于学习的重要性,并因此采取了多种手段来提升记忆能力。首先,他注重知识的整体性与系统性,通过深入理解知识的内在联系与结构,将各知识点有效串联,构建出完整的知识框架。其次,他擅长运用联想与想象的方法,以增强记忆效果。最后,他强调反复复习与巩固的重要性。通过实践"知行合一"的学习理念,结合多种记忆技巧,王阳明不仅显著提升了自身的记忆能力,更在学术与军事领域取得了令人瞩目的成就。

分析:王阳明的记忆秘诀为我们揭示了深刻的学习之道。他主张的学习方法强调从整体到部分的渐进式掌握,有助于我们更全面地理解和掌握知识体系。同时,他提倡的形象化记忆方式,显著提升了记忆效果,使知识内容变得生动而富有吸引力。更为重要的是,他强调了复习与巩固的必要性,认为只有通过不断回顾与加深理解,知识才能真正转化为个人的智慧,形成稳固的长期记忆。王阳明的记忆秘诀凸显了理解、联想与复习在记忆与学习过程中的核心地位。通过践行这些策略,我们能够显著提升个人的记忆效率与学习能力。

活动 5-3　你的学习方法正确吗?

主题: 探究学习方法。

目标: 通过回答问题,找出自己学习方法的不足之处。

建议时间: 20分钟。

活动过程:

1. 教师在黑板上书写如下文字:

(1) 学习的内容除了教科书,还有别的书吗?

(2) 你对教科书的观点、内容从来不怀疑吗?

(3) 除了小说等一些有趣的书,你从来不看其他理论书吗?

(4) 你读书从来不做任何笔记吗?

(5) 你对公式定理除了记忆外,还知道它们是如何推导出来的吗?

(6) 你经常使用各种工具书吗?

(7) 你上课或自学都能够聚精会神吗?

(8) 你能充分利用点滴时间学习吗?

2. 写下自己的答案,并与同桌交流,分析自己学习方法的不足并提出改进方法。

5-3　学习
习惯自我
测查表

1. 有人认为:"人的记忆力是一种天赋,记忆力好坏早已命中注定。"你认为这种观点正确吗? 请给出理由。

2. 列出自己想采用的提高记忆力的方法,并分析其优缺点。

3. 完成二维码5-3中的学习习惯自我测查表,了解自己的学习习惯。

善用网络

引导语

从互联网的发展来看，网络就是沟通的革新。正如美国麻省理工学院计算机科学实验室的研究员所说："网络把使用电脑的人连接起来了，互联网的最大的成功不在于技术层面，而在于对人的影响。互联网的持续发展对我们所有人都是一个技术上的挑战，可是，我们永远不能忘记我们的创造来自哪里，不能忘记人类给更大的计算机群体带来的巨大变化，也不能忘记人类为将来的变化所拥有的潜力。"

互联网固然带给我们丰富的资源，但它的出现一样有利有弊。马克思曾指出，"现代社会是一本打开了的心理学。"只有充分认识互联网对人类心理与行为的影响，才能正确使用网络，让互联网成为我们日常生活的有益工具，为人类社会更好地服务。

学习目标

⊃ 了解互联网的特征，互联网对大学生心理的影响。
⊃ 熟悉网络焦虑、网络攻击、网络暴力等大学生常见的网络心理与行为问题。
⊃ 掌握健康网络行为自我管理的主要内容及做法。

6.1 认知网络心理,追求健康生活

学习"帮手"or学习"蛀虫"

小A,某高职院校学生。小A的各科学习成绩在班级都名列前茅,刚刚又高分通过了大学英语四级考试。大家纷纷向她咨询学习方法。小A毫无保留地告诉大家,她没有参加校外的任何补习班,也没有什么高深的学习方法,只是结交了一位知识渊博的"老师",这个"老师"就是互联网。小A在课堂认真学习的基础上,上网搜寻相关的知识要点,找寻并练习历年来的考试真题,利用英语互联网学习平台跟读发音……互联网使得她快速提高了自己的英语水平,以高分的成绩顺利通过大学英语四级考试,并且目前还在备战英语六级。善于利用互联网学习就是她最好的学习方法。

小B,某大学二年级学生。小B自幼聪颖,经历了高考角逐,终于考上了理想的大学,心想:"我终于不用再埋头于枯燥的题库和试卷当中了,终于解放啦!"进入大学后,偶然的一次机会,小B接触到了网络游戏,这令他非常痴迷。一开始,小B还能够保持正常的作息生活,能够跟室友一起去上课、学习。可是,慢慢地,他沉溺于网络的游戏世界无法自拔,整宿整宿地玩游戏,一天只吃一顿饭,课也不上了,活动也不参与了,跟他人交往的频率越来越低。学期结束时,他有好几门课挂科。

分析:互联网已成为人们生活中不可或缺的一部分,也是大学生了解社会的渠道。然而,如何善用互联网及互联网资源是值得每位青年学子认真思考的问题。案例中,小A和小B都是在利用互联网,但是,一个是在利用和发挥互联网的积极作用,一个则是深陷网络游戏世界,无法摆脱,耽误了自己的学业。这让我们充分认识到互联网的两面性。

当今时代,网络无处不在。网络的产生及其迅猛发展,极大地改变着人们的生活、学习、工作和思维方式。网络也因其自身独特的优势形成了数字化时代的一道亮丽的科技、文化、教育景观,深刻地影响着人们的社会生活。面对飞速发展的网络技术,我们时而兴奋,时而着急。兴奋的是,互联网为生活提供了极大的便利条件。我们可以通过互联网掌握最新信息,了解最先进的科技;可以借助网络购物、交友、开会、聊天;也可以借助网络学习、玩游戏等。着急的是,网络信息变更速度极快,覆盖面积极广,面对复杂的多元的信息我们难以控制和甄别,有时也会给学生的心理健康带来负面影响。本单元将和同学们一起探讨在网络环境下如何趋利避弊,兴利除害,如何进入网络,占领网络,培养健康的网络心理等问题,让我们拥有一个精彩的网络世界。

一、互联网的概念与特征

互联网,又称网际网络或因特网,是网络之间连接而成的庞大网络,这些网络以一组通用的协定相连,形成逻辑上的单一巨大国际网络。这种将计算机网络互相连接在一起的方法称作"网络互联",在此基础上发展出覆盖全世界的联系系统称为"互联网",即"互相连接在一起的网络"。

互联网被称为继报纸、广播、电视三大传统媒体之后的"第四媒体"。互联网的网络媒体集三大传统媒体的诸多优势为一体,是跨媒体的数字化媒体。互联网除具有三大传统媒体新闻传播的"共性"之外,还具有鲜明的"个性"。

1. 即时性
即时性是对互联网传播时效性强的形象表述。

2. 海量性
互联网传播的海量性,体现在其具有强大的检索功能及易复制、易存储等特点。专业搜索引擎及一些网站自有的检索工具,使网上查找新闻变得十分便捷。读者可以通过复制、粘贴、下载、收藏、打印网页等方式存储所需资料。

3. 全球性
互联网传播范围远远大于报纸、广播和电视,是全球性的。

4. 互动性
互联网传播是媒体与受众、受众之间的多向性、互动性传播。互动性又称交互性,包含"一对一、一对多、多对一、多对多"的传播方式,体现了大众传播和人际传播相结合的传播方式,这是互联网的特性和优势。

5. 多媒体性
互联网的另一大特性是多媒体性,它使网络媒体有能力在技术上实现多媒体传播。

6. 新媒体性
互联网既具有大众传播的优势,又兼具小(窄)众化、分众化传播的特点,通过强大的信息技术把不同的媒体形态融合,体现了媒体变革最明显的特征。

互联网在现实生活中应用很广泛。2024年3月22日第53次《中国互联网络发展状况统计报告》发布,显示当前我国互联网应用持续发展,为经济社会发展持续赋能,促进数字经济和实体经济深度融合,推动发展新质生产力,让更多人共享互联网发展成果。截至2023年12月,我国网民规模达10.92亿人,较2022年12月增长2480万人,互联网普及率达77.5%,较2022年12月提升1.9个百分点;手机网民规模达10.91亿人,网民使用手机上网的比例为99.9%;使用台式电脑、笔记本电脑、电视和平板电脑上网的比例分别为33.9%、30.3%、22.5%和26.6%;网络视频用户规模为10.67亿人,占网民整体的97.7%,其中短视频用户规模为10.53亿人,占网民整体的96.4%;网络支付用户规模达9.54亿人,占网民整体的87.3%;网络购物用户规模达9.15亿人,占网民整体的83.8%;搜索引擎用户规模达8.27亿人,占网民整体的75.7%;网络直播用户规模达8.16亿人,占网民整体的74.7%;网络音乐用户规模达7.15亿人,占网民整体的65.4%;网上外卖用户规模达5.45亿人,占网民整体的49.9%;网约车用户规模达5.28亿人,占网民整体的48.3%;网络文学用户规模达5.20亿人,占网民整体的47.6%;在线旅行预订用户规模达5.09亿人,占网民整体的46.6%;互联网医疗用户规模达4.14亿人,占网民整体的37.9%。

总之,互联网应用的持续发展,正在深刻地改变着我国经济社会的面貌。当然,互联网建构的虚拟社会为青年学生的社会化提供了新的平台,即以网络为载体,学习和掌握知识、技能,理解和运用规范、价值观等社会文化行为方式,适应社会并积极作用于社会,通过这一途径实现人与社会的相互作用。

二、互联网对大学生心理的影响

(一)互联网对行为过程的影响

在现代社会中,互联网已经成为人们生活中不可或缺的一部分,大多数人通过使用互联网获得了极大的便利和益处。然而,对于一部分人来说,当互联网的使用逐渐演变成滥用时,他们的生活可能会出现一些病理性的行为问题。这些问题主要包括互联网成瘾和互联网依赖,它们对个体的心理健康和社会功能产生了负面影响。这两种行为问题不仅影响了个体的生活质量,还可能导致家庭关系紧张、学习工作效率下降等一系列社会问题。

(二)互联网对人情绪的影响

互联网使用不仅对人的认知、行为过程有整体的影响,而且对人的情绪情感也有重要的影响。有研究发现,如果过多使用互联网,部分上网者会出现内疚(比如觉得自己上网时间太多,耽误了学习)等负面的心理影响,部分人在过度使用互联网后,会感到更加孤独和焦虑(比如内向的人本来就不善于人际交往,如果过度依赖网络人际交往,可能会让这些人在现实生活中的交往能力进一步下降),从而降低自身的幸福感。当然,合理地使用互联网也能带来一些积极影响。有些研究发现,互联网可能给使用者带来积极的心理体验,比如愉快感、舒适与力量感、归属感和人生支持等。

(三)互联网对自我意识的影响

　　互联网的普及和发展对人们自我意识产生了深远的影响,这种变化体现在多个方面。首先,互联网提供了一个广阔的信息平台,人们可以通过各种社交媒体、论坛和短视频平台等渠道,自由地表达自己的观点和情感。这种表达的自由度和广泛性,使得个体更容易找到与自己相似的人群,从而增强自我认同感和归属感。其次,互联网的即时性和互动性使得信息传播速度极快,人们可以迅速获取各种新鲜事物和潮流趋势。这种快速的信息更新速度,促使人们不断调整自己的认知和行为模式,以适应不断变化的社会环境。因此,互联网在某种程度上塑造了人们的自我认知和价值观。此外,互联网还带来了虚拟现实技术的发展,人们可以通过虚拟现实技术体验不同的生活场景和角色。值得一提的,网络的开放弥补了传统教学的局限,微课、慕课、在线课程的开放使用,使得优质资源得以共享,更多学生可以受益,这对提高学习效率,增长知识水平等都大有帮助。因此,这种虚拟体验在一定程度上扩展了个体的自我认知边界,使得人们可以在虚拟世界中探索和实现现实生活中难以实现的自我。但凡事有利也有弊,网络是把双刃剑,网络的开放、自由和社会化,使得网络环境往往比较复杂,并缺乏有效的管理和保护,在网络使用的过程中青年学生容易忽略规范、淡化社会责任感,出现沉迷网络、网络游戏上瘾、生活过分网络化等问题。网络信息的泛滥和虚假信息的传播,也可能导致人们的认知混乱和自我怀疑。总的来说,互联网在改变人们获取信息、表达自我和扩展认知边界的同时,也带来了新的挑战和问题。如何在享受互联网带来的便利和乐趣的同时,保持自我意识的独立性和健康性,是每一个互联网用户需要思考的问题。

总结案例

小雪与网络的双面交锋

　　小雪是一名充满热情的大学生,互联网在她的生活和学习中扮演了重要角色。通过网络,她能够接触到丰富的在线教育资源,如慕课和专业论坛,这些平台极大地拓宽了她的知识视野。同时,社交媒体让她与全国各地的人们建立了联系,体验多元文化,她在网络社区中的活跃参与也显著提升了她的沟通技巧。然而,网络的另一面也逐渐显现,小雪发现自己越来越多地沉迷于虚拟世界,牺牲了宝贵的学习和休息时间。一次不幸的网络"钓鱼"事件更是让她的个人信息泄露,给她的心理健康带来了压力。此外,她察觉到自己在现实社交中的技能开始退化,网络依赖性逐渐增强。

　　分析:小雪的经历体现了互联网对大学生的双重影响。她必须学会平衡线上活动与线下生活,加强自我保护意识以防止信息泄露,并在虚拟与现实世界之间建立健康的互动模式。案例强调了网络素养的重要性，提示大学生在使用网络的同时，也要培养处理网络带来的各种挑战的能力。通过合理利用网络资源，同时保持对现实生活的参与和关注，大学生可以最大化网络的积极影响，规避潜在风险。

活动与训练

活动6-1　网络使用情况调查

主题：网络使用情况调查。

目标：了解自己的网络使用情况，以加强合理使用网络的意识。

建议时间：20分钟。

活动过程：

1.请阅读下面的材料，结合该材料评价自己的网络使用情况。

大学生网络社交调查

在科技化、信息化、网络化日新月异的今天，社交媒体也迎来了飞速发展。对于大学生而言，网上社交已成为生活的一部分。中国青年网校园通讯社针对大学生网络社交情况，对全国2 812名大学生展开问卷调查。结果显示，超过八成学生网络平台社交主要是为了与朋友交流，超五成学生每天网络社交时间3小时以上，超六成学生认为会消磨大量时间，近四成学生网络社交时遭遇过隐私泄露，超九成学生认为需要开展网络安全问题治理。

使用网络社交平台的目的是什么？调查结果显示，有82.75%的大学生经常在网络平台社交，其中74.29%的学生使用网络社交平台主要是为了与朋友交流，其次是为了休闲娱乐、分享照片视频，分别占比44.35%、36.88%。马鞍山师范高等专科学校学生晓娅每天晚上从图书馆回来就已经十点多，她洗漱完躺在床上，就开始刷朋友圈。她认为这是一种非常重要社交形式，逛完朋友圈后点个赞，和朋友聊完天再去视频号上刷一刷。她觉得有时候微信像是一个缓冲地带，虽然不爱发朋友圈，但是"点赞"成了她频繁"出没"在朋友生活里的方式。同时，40.22%的大学生每天花1—3小时在网络平台社交，其次是3—5小时和5小时以上，分别占比29.66%和20.59%。针对每天长时间进行网络社交的情况，61.38%大学生认为网络社交消磨大量时间，49.32%认为网络社交会导致自己沉迷其中，37.23%认为网络社交会造成个人信息的泄露。除此之外，受访者也表示，网络社交会给生活带来不同程度和类型的消极影响，诸如遭遇网络诈骗、带来精神内耗和社交焦虑、影响健康等。

数字化时代,在网上进行社交会留下痕迹并可能泄露隐私,造成网络安全隐患。根据调查显示,82.36%的学生担心在网络社交时暴露隐私,37.06%遭受过网络隐私泄露的困扰,91.15%认为需要制定网络社交使用规范,93.95%认为需要对网络隐私泄露问题进行治理,72.37%建议网络社交平台应该加强内容管理和隐私保护。

思考与讨论

1. 如何合理的使用网络,用好用足网络资源?
2. 如何更有效地管理自己的时间,以避免沉迷?
3. 在网络社交中应如何保护自己的隐私?

6.2　约束网络行为,避免不良倾向

心理箴言

网络是一把双刃剑,它能让我们接触到全世界的智慧和信息,也能让我们的行为失控。

——约翰·奈斯比特

"利剑"出鞘,精准惩治"按键伤人"

在最近的奥运乒乓赛事讨论中,一些受畸形"饭圈文化"荼毒的"键盘侠"炮轰运动员和教练组成员引发众怒。有关平台迅速清理处置相关账号和内容,让人拍手称快。恶语伤人六月寒,一次骤然而起的网暴风波往往伤人、害人于无形。近年来因网络暴力引发的悲剧更是接连不断。一桩桩新闻事件、一个个受害者背后都有网络喷子肆意谩骂、"按键伤人"的身影。

网络暴力就是网络空间的"毒瘤"。尽管这些年反网暴已成为社会共识,但网暴行为一直难以杜绝、久攻不下。造成治理难的原因有很多,网络匿名性使得网暴行为实施成本低、维权成本高是一方面。另一方面,在此前的法律体系下,惩治网络暴力的法律依据不够清晰明确,缺乏专门规制。这也让一些随意贬损、污名化他人的行为游走于法律的"灰色地带",以至于键盘侠认为"法不责众"、无所忌惮。

2024年8月1日起，对网络暴力行为的处理，将有更充分和明确的法律法规支撑。国家互联网信息办公室联合公安部、文化和旅游部、国家广播电视总局公布《网络暴力信息治理规定》（以下简称《规定》）。惩治网络暴力刻不容缓。针对上述难点痛点，《规定》总结近年来网络暴力信息治理实践经验，为网络空间全链条治理网络暴力信息提供了重要的制度框架和规则支撑。比如在如何界定厘清网络暴力行为、明确法律法规对相关主体的责任要求以及受害人权利救济等方面，《规定》都作出了明确的界定。

分析：互联网已经成为很多青少年了解世界、学习知识、休闲娱乐、交流交往的重要平台。网络暴力泛滥的缘起主要在于网络的虚拟性，很多人都可以披着"马甲"，任意发布不实言论，侵犯他人名誉权、隐私权等——网络用户实名制的重要性日益凸显。大学生网络用户应自觉遵守法律法规，不信谣、不传谣，发现谣言及时举报，共同维护健康的网络环境和良好的社会秩序。

萧伯纳曾说："自我控制是最强者的本能。"想要做生活的强者、不受网络的控制，就必须约束自身的网络行为，提高自身素质，培养自我控制力。自我控制力的本质是不受自我本能或外力的影响，自我约束、自我控制。网络时代是一个信息爆炸的时代。这个时代获取信息很重要，但是鉴别信息的真假、好坏，降低或防止网络带来的负面影响也很重要。

一、大学生常见的网络心理与行为问题

互联网正在成为个体与社会发展的一个载体。许多事实表明，合理使用互联网可以对人的心理行为发展产生积极的影响；相反，不当使用可能引起使用者的时间管理或身心健康问题，并且可能与他人或其他日常活动发生冲突。大学生常见的网络心理与行为主要有以下几个方面。

（一）网络焦虑

互联网已经渗透到大学生生活的各个方面，许多高校将互联网应用于教育系统，教师的教学方式和学生的学习方式都发生了很大变化。在学习生活中，网络也成为不可或缺的一部分。但是，一些大学生面对计算机和互联网时出现了焦虑、紧张、不安等消极情绪，并对计算机和互联网产生回避行为，影响了个体的心理发展和社会适应。

有关研究表明，第一次上网的经历对以后互联网的使用有很大的影响。如果第一次互联网的使用经历比较顺利，以后产生的焦虑水平较低。此外，如果认为自己的互联网使用能力越强，所产生的焦虑也越低。

（二）网络攻击

当置身于互联网时，我们的行为以及与他人的互动方式会逐渐显得奇怪起来。研究者通过调查网上行为发现了一个令人惊讶的现象：人们在网上不再抑制自己，与他人交往时更易被激怒。那些即使认为自己一贯处世冷静、为人友善、做事谨慎的人，也会在激烈的网上争论中失去自控能力而奋起还击。

互联网上的攻击行为的特殊性源于网络具有匿名性、多对多、即时性、范围广、可充分发挥用户的主观能动性等特点。人们可以在网上随意抒发情感，大量发生在网络聊天室、电子邮件和网络论坛中的攻击行为，是以书面语言和象征性的符号来表达的，主要是文本化的"言语"攻击和以图像符号代表的"动作"攻击。

知识卡片

目前网络语言暴力的治理还存在很多难题，其中最大的难题就是定义界定。除去明显的诽谤、侮辱、侵犯隐私、寻衅滋事这些可以通过法律程序认定的网暴行为，网络上司空见惯的阴阳怪气、冷嘲热讽、恶意吐槽算不算网暴，还存在很多争议。有人认为应该从发话者的主观恶意去界定网暴，如果这样的话，所有人都可以用"我只是在开玩笑"来进行无罪辩护。有人反其道而行之，认为应该从受话者的内心感受去界定，但是每个人对同一句话的主观感受以及接受程度不同，我们无法在感受层面设置统一的标准。从语用学的角度来看，一个言语行为实现语力依靠的是约定俗成的社会性语言规则，只要发话者按照规则说话，相应的语力就能实现，而不必关心发话者的意图和受话者的感受。所以，一个人满口污言秽语，主张自己的意图只是发泄情绪不算网暴，这自然是无效的辩护；而把别人合理的质疑与批评都理解为网暴，也是同样不足取的。网暴的定义应该基于社会共识，以约定俗成的方式存在于每一个社会成员的头脑里，所有言语行为的力量都来自社会规约。

（三）网络成瘾

1. 什么是网络成瘾？

网络成瘾是伴随着网络技术的发展而形成的一种新型成瘾现象。网络成瘾在研究中又称为"病理性互联网使用"。这是一种多维度的综合征，包括认知和行为的诸多症状，这些症状可能导致如社会退缩、逃学、孤独、抑郁等社会性、学业、健康等方面的消极后果。

病理性互联网使用可能具有下列症状：使用互联网改变心境，无法承担主要的社会责任，内疚，上网欲望强烈等病理性特征，但这些词汇的内涵却具有一致性，比如，互联网使用的耐受性提高、社会退缩、内疚、上网欲望难以抑制。

2. 网络成瘾的主要特征

（1）依恋性极强。网络成瘾的一项明显特征就是对网络的依恋性极强。沉迷网络，甚至茶不思饭不想。生活中常会看到一些人迷恋网络,每天将大量的时间用于上网,一旦碰上停电或上网工具出现故障等情况,就会不自觉地焦虑起来,内心烦躁,不知所措,丧失安全感。

(2)情感冷漠。长期沉醉在虚拟世界中,对现实其他事情漠不关心,对外界刺激缺乏相应的情感反应,缺乏进取意识,性格变得孤僻,对亲友冷淡,对周围事物失去兴趣,面部表情呆板,内心体验缺乏,与其他人关系紧张。总之就是对网络以外的一切事物漠不关心。

(3)交际圈变窄。网络成瘾必然造成交际圈变窄。网络成瘾者逐渐将生活交际的范围转入虚拟空间,现实人际关系逐渐疏远。生活中常出现人们当面无话可说,网上滔滔不绝的现象。原因在于,网络交流方式是人—机器—人的过程,不可能像现实面对面交往那样真切。在网上可以用网名取代真实姓名,使得沉迷网络交流的一部分人感觉相对自由,无需掩饰。而现实交流是面对面的真情实感下的情境,除运用语言外,还需要肢体动作、面部表情等媒介,使得网络成瘾者难以适应,出现交际障碍,导致现实中的交际圈变窄。

(4)自我控制力弱。网络成瘾的另一个主要特征是自我控制力弱。这主要表现在网络成瘾的反复性上。经过一段时间的控制和戒断后,网络成瘾的行为会反复发作,并且一次比一次强烈。

3. 网络成瘾的几种类型

(1)网络交际迷恋。长时间沉迷于与网友网上聊天,忽视现实情境中的人际交往,尤其是对身边的家人,亲戚少有关心。

(2)网络游戏迷恋。迷恋各种网络游戏,与计算机进行游戏比赛或借助网络与其他人在网上联机进行对抗游戏,将大部分时间、经历、金钱花费在虚拟世界中,满足于追寻虚拟世界的成功感却影响了现实生活中应有的追求。

(3)网络色情迷恋。迷恋网上的色情图片和影像,沉迷于观看、下载色情作品。

(4)网络恋情迷恋。迷醉在网络创造的虚幻的浪漫的网恋中,乐此不疲。

(5)网络信息收集成瘾。强迫性地在网上下载、收集大量无用或不迫切需要的信息,无目的地收藏、堆积、传播这些信息。

(6)网络购物成瘾。重复性地利用网络购置商品,购置的商品不是满足日常生活需要,而是通过网上购物行为,使自己产生快感及心理上的依赖。

(7)移动网络成瘾。移动网络的主要载体是智能手机,手机上网便利,不受时间地点的限制。移动自媒体平台改变了人们的交流模式,对人们有很强的吸引力,也更容易引发网络成瘾。

4. 为什么会网络成瘾

网络成瘾不仅与大学生生理因素有关,而且与心理因素有关。以网络游戏成瘾为例:

(1)玩网络游戏"上瘾",从生理上看是大脑神经中枢反复接受刺激而产生的是一种生理依赖性。网络游戏千变万化,具有很大的挑战性,无论胜败都会在人的大脑皮层产生一个"兴奋灶",久而久之不断强化,就表现出一种"瘾头"。从这个层面讲,玩游戏"上瘾"和某种业余爱好如钓鱼的情形差不多,钓鱼的人总希望钓大鱼,玩网络游戏总希望"打赢"。

(2)玩网络游戏"上瘾",与心理因素有关。有的同学性格外向、争强好胜,网络游戏恰恰迎合了他们的心理需求，玩起来感到刺激过瘾；有的学生性格内向，在工作和人际关系上比较收敛含蓄，玩网络游戏时客观上要求"激流勇进"，极大地激发了他们的好胜心，与常态下的心理状态产生了强烈的"互补"，心理上感到平衡，也会产生浓厚兴趣。

（3）玩网络游戏"上瘾"，还与大学生的业余爱好有关系。喜欢打扑克、下象棋的就对相关网络游戏感兴趣；喜欢驾驶的，肯定爱玩网络赛车游戏。网络游戏具有虚拟性和可逆性，下了一步"臭棋"可以"悔棋"；赛车"翻车"了，换一辆车就是了，没有生命危险和财产损失。大学生可以在网络的情境中自由选择任务、角色、需要、技巧、行为等，在虚拟的网络情境里，满足自己的欲望，实现自己的价值，获得愉快的情绪体验。因此，网络游戏往往比业余爱好更具有吸引力，可以大大满足和延伸业余爱好，这也是玩网络游戏容易"上瘾"的一个原因。

5. 如何摆脱网瘾

关于网络成瘾治疗，建议遵循预防为主、及早发现、治疗康复的原则。同时，需要成瘾者自身、家庭、学校和社会共同努力来实现。外因通过内因才能起作用，大学生要正确认识和使用网络，要明确上网的目的，养成良好的上网习惯，增强抵御网络负面影响的能力；血缘关系是无法替代的，营造和谐的家庭氛围，是矫治大学生网络成瘾的重要手段，有利于孩子身心健康发展；学校应加强网络思想政治教育，充分发挥课堂教学的主渠道作用，有效推动社会主义核心价值观进课堂、进学生头脑，激发学生努力践行社会主义核心价值观的热情和决心；社会应加强监督管理，净化网络环境，对网络各类信息进行动态检测，及时过滤反动、淫秽或色情等有害信息，保障网络信息内容的健康，为青年学生营造一个绿色、健康的网络环境。

对于较轻的成瘾患者，首先是走出否认阶段，接受网络使用时间过长等问题，这是一个对自己诚实的过程，能够帮助我们看清楚自己现在所处的整个状况。其次，科学合理地安排上网时间，合理利用网络。应设定强制上网时间，准时下网。再次，利用转移和替代的方式。针对每个人特有的兴趣爱好及休闲娱乐方式，转移注意力，达到成瘾置换。最后，培养健康成熟的心理防御机制。不断完善自己的个性，提高适应能力，学会合理宣泄，正确面对挫折，不要一味地躲在虚拟世界逃避失败。

较重的成瘾患者，承认自己在网络使用方面存在问题，并主动寻求帮助。与身边的亲人朋友就网络成瘾情况进行情绪交流，可以在家人和朋友的帮助下，尝试与电脑完全隔离一段时间，在这段时间里培养其他的兴趣爱好，或者重新安排紧张有序的生活。待到可以完全摆脱网络成瘾的困扰后，再有针对性地科学安排上网时间。另外，尽早寻找专业医生的帮助。采用心理治疗、药物治疗和物理治疗等相结合的模式进行综合性诊疗。

（四）手机控

"控"，指极度喜欢某样东西的人。"手机控"就是有手机情结的人，这一现象在学生和上班族中尤为突出，他们对手机的过度使用往往会对现实生活产生影响，可能导致过度依赖、注意力不集中、出现幻觉、睡眠不足、缺乏自信、焦虑抑郁、社交隔离等问题。

手机控总把手机带在身边，否则就心烦意乱，感到不适应；经常下意识地寻找手机，不时查看；当无法接触手机或手机无法连网、收不到信号时，会变得焦躁并产生心理问题。"手机控"背后的心理机制是多方面的,既有个人内在因素,也有社会环境的影响。因此,要解决手机依赖问题,需要从多个方面入手,包括提高自我认知能力、培养良好的使用习惯、增强自我调节能力等。

1. 什么是手机控

想知道自己是不是"手机控",可进行以下测试,如果有一半以上问题的回答是肯定的,那么你很可能已经是"手机控"了。

(1) 你是否总是把手机放在身上,如果没带就会感到心烦意乱、无法做其他事情?

(2) 当一段时间手机铃声不响,你会不会感到不适应,并下意识地看一下手机是否有未接电话?

(3) 你会不会总有"我的手机铃声响了"的幻觉,甚至经常把别人的手机铃声误当作自己的手机在响?

(4) 接听电话时你是不是常觉得耳旁有手机的辐射波环绕?

(5) 你是否经常下意识地找手机,不时拿出手机看看?

(6) 你是否经常害怕手机自动关机?

(7) 你晚上睡觉也开着手机吗?

(8) 当手机经常连不上线、收不到信号时,你会不会产生焦虑和无力感,甚至脾气也变得暴躁起来?

2. 如何摆脱手机控

(1) 改变认知。要明白手机和网络只是社交的一个手段。事实上,条条大路通罗马,还有跟朋友见面聊天、与朋友相约运动等其他社交方法,可以增进彼此的情谊,改变自己的生活圈。

(2) 回归现实。回到现实生活中来,多参加一些群体活动,例如爬山、健身、郊游,尽量把自己拉回现实生活中。

(3) 学会释放压力。面对生活、工作、学习的压力,应学会增加生活情趣和多样化的娱乐活动来释放压力。生活丰富多彩了,自然就不会依赖手机和网络了。

(4) 学会规划。学会为自己的职业做短期和长期的规划,并朝着规划的目标去努力,活出自己的人生。

二　心理行为调适的多层次社会支持系统

由于大学生网络心理问题比较复杂,需要建立个体、家庭和学校的共同支持系统,才能保障网络成瘾等问题的根本性解决。从长远的角度来看,大学生不仅要懂得网络成瘾的消极影响,解决好自身的调控问题,而且还要关心周围的人们,形成一个多层次的社会支持系统。

(一) 个体影响因素

1. 自我认同

研究表明,越能够认同自己的人,其思维方式会越活跃,对新事物持开放态度,同时又会用自己内在的标准去倾听和判断这些新的事物;自我定位和人生目标越清楚的人,其行为方式越有计划性和目的性,更能专注于现阶段的学习和发展任务。这些同学更倾向于把互联网当作一种工具来使用,从网上获取各种学习、生活方面的信息。这种有目的的使用,极大地减少了对互联网的依赖或滥用,减少了"网络成瘾"的可能性。相反,那些对自己的认同感不强的人,自尊和自主性都会较低,学习和生活的计划不明确,上网也往往没有特定的目的和计划。所以,大学生要增强自信,提高自我认同度,减少不正当的网络使用,即使出现了网络心理问题,也要坚信自己能够克服。

2. 人格特征

外向的大学生会比内向的大学生更加坦率、活跃、合群、热情,并且具有更多的积极情绪,拥有更多的社会支持。研究发现,越外向的人,越有可能使用互联网社交服务,能够从互联网使用中得到更多的益处。这是因为,外向的、善于交际的个体可以通过互联网结识他人,并且特别愿意通过互联网进行人际交流。已经拥有大量社会支持的个体可以运用互联网来加强他们与网络中他人的联系。相反,内向的人具有安静、保守、害羞、不爱交际、沉默寡言、羞怯的特点,他们不喜欢也不善于在现实生活中与他人交往,也很难在现实中获得更多的社会支持。对这些人来说,互联网为他们提供了一个与现实环境存在巨大差异的社交平台,通过这个平台,摆脱了令自己紧张和焦虑的现实情境式的交往方式,可以从容地按照自己的兴趣和擅长的交流方式,建立起属于自己的虚拟社交圈,从而获得巨大的满足感和愉悦感,进而促使其对互联网有更多的投入。所以,相对比较外向的同学,内向的同学更容易产生负面情绪,当出现现实的生活问题,在现实中又得不到足够的支持时,互联网上的虚拟社交圈可能成为其支持的主要来源,他们更容易沉溺于互联网。所以,建议一些性格比较内向的同学,要适度扩展其现实交际圈,主动和同学、老师等人进行交流。

(二) 家庭因素

作为家长,要对大学生使用互联网社交要进行正确的引导,使他们明白网络社交只是现实社交的补充。在给子女创造温馨的家庭环境及各种支持的同时,还要使他们意识到如何使用这些社会支持;此外,家长在强调学业成绩的同时,也要关注其人格发展及人际关系的发展。因此,对于居住在家的大学生,可以鼓励他们进行现实社交的训练,以便得到更多的来自家庭的支持,从而学会在现实的人际交往中体会到更多的快乐,而不是最终逃避到网络社交中去。

(三) 同伴依恋

大学生的同伴依恋是指建立起来的、双方互有的亲密感受以及相互给予温暖和支持的关系。形成这种安全依恋关系的同学具有较好的社交技巧,能够寻求朋友或情侣的支持,从而促进心理和行为的健康发展。而没有亲密朋友的同学则会体验到更多的孤独,更容易沮丧、焦虑,自尊水平也相对较低。没有亲密朋友和伴侣的大学生可能更多地依赖互联网(尤其是网络游戏)来进行娱乐和社交,更可能过度使用互联网,导致"网络成瘾"。

另外,善于交往的大学生喜欢利用互联网获得各种各样的信息,把互联网当作学习的辅助工具。同时,他们也喜欢通过互联网维持友谊,或者通过互联网拓展自己的朋友圈。而不善交际的大学生不愿意把自己的烦恼告诉朋友,他们害怕遭到朋友的嘲笑,感到与朋友有情感隔阂,渴望增进与朋友之间的情感,却又因缺乏适当的社交技巧而感到孤独无助。因此,他们更愿意在匿名的网络上写博客、推文或者交朋友来倾诉,更容易沉溺其中而不能自拔。

(四) 社团组织

学校环境在大学生成长中具有非常重要的作用,健康积极的人格、良好的社会支持、宽容的生活环境是大学生合理、健康地进行网络社交的前提。作为在大学生中有特殊影响的社团组织,应该在创立良好的学校氛围方面做哪些工作,来保证大学生的健康成长呢? 我们的建议是:

1. 配合学校来加强网络监管,倡导网络文明

网络文明与网络道德的宣传有利于减少大学生在现实生活中的摩擦、提高大学生的社会适应能力。具体来说,就是要加强网络自身建设,完善网络监管机制,比如设置某些检查装置,探测网络运行状况;更改某些网络服务功能,比如尽量避免带有暴力内容的信息在互联网的传播;制定规范互联网运行和发展的法律、法规,培养互联网使用者的网络伦理和道德。

2. 学校的社团组织要加强对道德认知和情感教育的宣传工作

学生干部要在提高同学们网络使用的认知水平方面做一些辅助工作,促使大家产生更积极的网络道德情感体验,塑造大学生集体的积极的网络道德意向。

3. 学校的社团组织应该多开展集体活动和专题讨论

提高大学生的道德认知和道德情感的整体水平,促使大学生理性上网。

(五) 网络环境

良好的网络有利于健全人格的培养,不良的网络环境造就有缺陷的人格。为了保障大学生网络心理的健康发展,需要学校和社会多方力量共建和优化网络环境,为大学生提供一个良好的网络平台。

加强互联网管理,构建良好文明的网络环境势在必行,也是一场持久战。在大学生和网络之间建立一道绿色屏障,保护大学生身心的健康发展是非常重要且必要的。首先,政府及网络主管部门,应该建立互联网管理的常态机制。加快互联网立法进程,建立一个完整的互联网管理制度,通过强制的手段和方法规范互联网行为,改善互联网环境。其次,高校应建立自己的互联网监控系统,对网络信息进行筛选和排查,从而为学生提供良好的互联网环境。适应网络时代特点,改进高校教育与管理方法,高校要积极开展各种网络活动,提高青年学生鉴别是非的能力。最后,大学生在上网过程中应做到遵纪、守法和守德三个方面,为共建良好文明的网络环境作出自己的贡献。共青团中央、教育部等单位联合向社会发布的《全国青少年网络文明公约》明确提出:要善于网上学习,不浏览不良信息;要诚实友好交流,不侮辱欺诈他人;要增强自我保护意识,不随意约会网友;要维护网络安全,不破坏网络秩序;要有益于身心健康,不沉溺于虚拟时空;要树立良好榜样,不违反行

为准则。大学生在网络环境中需要提高自我教育和控制能力,做一个高尚的网络人。

三、健康网络行为的自我管理

健康的网络行为是指大学生在使用互联网时,由外部引导逐步转化为内部自我控制,形成具有节制性的上网习惯,进而实现对学习、生活以及个人身心发展的积极促进作用。大学生健康网络行为的核心标准主要包括以下六点。

(一)抵制不良

严格禁止访问涉及色情、暴力等非法网站;禁止浏览或散播任何与恐怖主义、分裂国家、颠覆政权、煽动民族分裂等相关的信息;禁止制造或散布计算机病毒,禁止利用网络平台实施危害国家安全、群众利益及他人权益的行为;对于未经证实的信息,应持审慎态度,避免参与网络敏感话题的讨论,不盲目跟风,不传播不实信息。鉴于互联网信息的繁杂性,大学生应坚决抵制不良诱惑,确保网络行为合法合规,成为健康上网的典范。

(二)不可沉迷

大学生应明确上网的初衷,妥善平衡学习与生活的关系,严防沉迷于网络。为有效防止网络沉迷,建议大学生将注意力集中于利用网络平台进行查询研究、开展深入学习和拓宽知识视野等活动,同时,关注权威媒体和专业网站,以获取高质量的信息资源。避免过度沉迷于游戏和短视频等娱乐活动,合理安排时间,展现自律精神,确保网络使用的"度"在可控范围内,从而以有限而适度的网络使用推动个人成长。

(三)倡导文明上网

网络文明作为互联网发展的产物,已成为新形势下社会文明的重要组成部分,更是现代社会文明进步的重要标志。大学生应树立坚定的网络道德观念,深刻认识到网络空间同样属于公共场所,需遵循相应的规则和道德准则。在网络交流中,大学生应保持言辞的文明与理性,避免使用粗鲁、侮辱性或攻击性的语言,积极传播正能量,共同营造和谐的网络环境。面对网络中对公共事件的各种声音,大学生应具备辨别能力,不盲目听信谣言,理性判断是非,冷静地运用媒介平台表达个人观点,以推动网络空间的健康发展。

(四)风险防控

鉴于网络环境中潜在的风险,包括但不限于网络安全威胁、个人信息泄露、网络诈骗及网络暴力等,大学生需充分认知并正视这些风险的存在。强化自我保护意识,了解这些风险可能导致的严重后果,以实施有效的防范措施。在网络活动中,如注册账号、填写表单等,务必注意个人隐私保护,防止敏感信息外泄。同时,在使用网络时,应保持高度警觉,避免轻信陌生信息,不随意点击不明链接或下载未知文件。在社交网络中,应审慎选择交往对象,避免随意与网友约定见面。若遭遇网友的骚扰、威胁或恐吓,应立即断绝与其联系,并在必要时向监护人报告或依法寻求解决方案。

(五) 辅助学习

　　网上生活与网下生活应被视为相互补充的两个层面,网络应成为现实生活的重要支撑和工具。举例来说,互联网在人际交往中日益展现出其不可或缺的作用,然而,大学生应明智地利用网络资源,避免陷入"人机互动频繁,人际交流疏离"的困境。此外,大学生应努力将网络活动融入大学学习生活之中,使互联网成为辅助专业学习的有力工具。互联网上丰富的职业描述、生动的案例以及具体的招聘信息,为学生提供了深入了解自我、明确职业意向、寻找合适职业岗位的宝贵资源。尤其在当前 AI 技术迅速发展与普及的背景下,我们应积极拥抱时代变革,勇于面对挑战,不断提升自身适应能力和竞争力。

(六) 影响适度

　　若要确保互联网影响保持在合理界限内,关键在于引导网络沉迷者摆脱过度依赖网络的倾向。个体应适度调节身心状态,缓解压力,并通过融入社会公共生活,感受社会发展的脉搏,培养积极的社会参与态度。因此,大学生应积极参与学校及社会组织所举办的各类实践活动,突破课堂限制,深入社会,主动承担社会责任。例如,大学生应积极了解社会动态、认识国家发展大局、锤炼个人能力,这样不仅有助于他们直接积累社会经验、提升社会实践能力、增强社会责任感,还能促进精神层面的提升,增强道德意识和能力,进而使人格不断臻于完善,实现综合素质的全面提升。

总结案例

网 络 陷 阱

　　爱情从天而降,他外貌俊朗、温柔体贴,直到有一天,他说"我知道稳赚不赔的投资","我急需一笔钱"。这就是典型的"骗感情又骗钱"的"杀猪盘"诈骗。诈骗分子打造优秀人设,用照片和预先设计好的虚假身份骗取受害人信任后,再以各种理由骗取受害人钱财。今年6月,公安部将这类诈骗列入十大高发电信网络诈骗类型。近日,无锡的刘女士就遭遇了"杀猪盘"诈骗。今年50多岁的刘女士,平日喜欢刷短视频,也经常上传一些自己的生活视频,没想到她的视频却被境外诈骗分子盯上了。通过这些视频,境外人员可以看出该女子的年龄情况、身体状况、资产状况、感情情况,通过这些视频上面的一个分析,可以精准研判到该女子可能是他们可以实施诈骗的一个对象。

　　今年6月,平时经常给刘女士的视频点赞的网友"铁骨铮铮"加她为好友。这个男的自称自己没有结婚,对她嘘寒问暖,平时也会问她吃什么,做了哪些,有什么爱好,另外也会关心她的身体。在取得刘女士的信任之后,林某无意中说起,自己

130

有投资内幕消息,但近期在外执行任务,不好操作网络投资,希望刘女士能帮忙操作,刘女士欣然应允。在小赚了一笔钱后,刘女士加大了投资,在平台显示的高额收益面前慢慢失去了戒备。而这个平台实际上是诈骗分子自己做的假平台。诈骗分子不断变着法子让刘女士一次次加大投资,刘女士不仅照做,甚至还透露了自己的银行存款。在又一次取款给骗子时,银行工作人员发现问题并报警,警银联合对刘女士开展反诈劝阻工作。警方详细询问了事情经过,并指出这是一起典型的"杀猪盘"式诈骗,但是刘女士被诈骗分子深度洗脑。劝阻同时,民警还向属地反诈中心申请对刘女士所有的银行账号进行紧急止付。经民警反复劝阻,刘女士才终于醒悟。

分析:"杀猪盘"诈骗主要是指诈骗分子通过婚恋平台、社交软件等方式寻找潜在目标,通过聊天发展感情取得信任,然后将事主引入博彩、理财等诈骗平台进行充值,骗取事主钱财的骗局。互联网的普及和发展使得网络交友有着方便、快捷、多样的特点,在给人们带来获取甜蜜爱情可能性的同时,也给诈骗分子带来了可乘之机。诈骗的犯罪目的也越来越多样,在网上交友的过程中要注意防范各种风险,防止自己成为诈骗犯罪的受害者。

活动与训练

活动6-2　网络成瘾情况调查

主题: 网络成瘾情况调查。

目标: 准确判断自己的网络成瘾程度。

活动时间: 20分钟。

活动过程:

1. 独立完成二维码6-1中的问卷调查。

2. 根据自己的网络成瘾程度,制订出自我改善计划。

活动小结:

网络成瘾是可以成功戒掉的,戒除的关键是调适网络心理。要认识到网络成瘾的危害,找到上网成瘾的心结所在,通过培养自控力、调整上网行为等逐步摆脱对网络的依赖。重要的是必须投入现实生活中,通过社会实践来磨炼自己,最终戒除对网络的迷恋,让生活走上正轨。

6-1 网络
成瘾情况
调查问卷

思考与讨论

1. 互联网的概念及特点。

2. 请你评价一下互联网对大学生心理和行为的影响。

3. 阅读以下材料，围绕"网络游戏带给青年学生的利与弊"展开辩论。

材料一：网络世界的浩瀚和多元，既为我们提供了广阔的知识海洋，又可能让我们迷失在虚拟的陷阱中。从寻亲被生母拉黑的刘学州，到染粉色头发被网暴抑郁去世的郑灵华，从因不堪"黑粉"网暴服农药自杀的"管管"，再到被老师开车撞倒身亡的小学生的母亲被网暴而自杀……每一次网暴酿成的悲剧，都在人们心里留下了深深的伤痕。据2023年《中国青年报》调查数据显示，65.3%的受访青年表示自己或周围人遭遇过网络暴力，网暴离我们并不遥远。"良言一句三冬暖，恶语伤人六月寒"，倡导文明上网是必须的，在当今数字化社会，呼吁文明上网已经迫在眉睫。

材料二：2023年12月22日，国家新闻出版署在其官网发布《网络游戏管理办法（草案征求意见稿）》，公开征求意见，旨在遏制诱导消费等现象，其中第十七条、第十八条提到，网络游戏不得设置每日登录、首次充值、连续充值等诱导性奖励；所有网络游戏须设置用户充值限额。这一新规草案，迅速引起网络热议。"伽马数据"提供的数据显示，2023年中国游戏市场实际销售收入为3 029.64亿元，增长370.80亿元，同比增长13.95%，首次突破3 000亿关口。2023年，中国游戏用户规模为6.68亿人，同比增长0.61%，为历史新高点。

材料三：电子竞技就是利用电子设备作为运动器械进行的、人与人之间的智力和体力结合的比拼。通过电子竞技，可以锻炼和提高参与者的思维能力、反应能力、四肢协调能力和意志力，培养团队精神，并且职业电竞对体力也有较高要求。2018年雅加达亚运会，电子竞技成为表演项目。2023年杭州亚运会，电子竞技首次成为正式竞赛项。数据显示，2022年中国电子竞技产业收入达1 445.03亿元，电竞用户规模约4.88亿人，在产值规模、用户人数、发展速度等方面稳居世界第一位，中国已成为全球最大的电竞市场。作为数字经济的重要组成部分，电竞产业有序发展所呈现的价值正得到越来越多的肯定。

快乐交往

引导语

　　正常的人际交往和良好的人际关系是人们心理健康、性格优良和生活幸福的必要条件。在高等职业院校中，越来越多的"00后"05后学生，尤其是独生子女，在人际交往中出现了一些困惑。处于青春期，即将走向成人社会的大学生，也会面临新的生活环境，会同来自五湖四海的人打交道。我们该如何应对人际交往问题，实现和谐交往，与家人、师长、同学、朋友愉快相处呢？这必然是大家共同关心的话题之一。人际交往能力对于我们适应未来社会至关重要，人际交往艺术又是一杯醇厚的美酒，值得我们细细品尝、慢慢回味。

学习目标

- 了解人际交往的概念、技巧以及相关理论。
- 了解倾听和赞美的重要意义和基本技巧。
- 识别人际交往的误区和处置方法。
- 掌握高职学生人际交往的基本原则。

7.1　把握交往内涵,实现快乐交往

人际关系需要吸引,而不是讨好。

——彼得·德鲁克

小琳的噩梦

　　小琳和小茜是某艺术院校大二学生,二人是同乡,而且住在一个宿舍的上下铺。入学不久,两人就成了形影不离的好朋友。小琳相貌普通,比较内向,沉默寡言,小茜则活泼开朗,时尚漂亮,愿意参加活动,表现欲强烈。入学半年小茜就在一些社团中崭露头角,并有其他专业男生主动追求,开始恋爱。小琳觉得自己像是一只丑小鸭,而小茜却像是一位公主,渐渐地,小琳心里很不是滋味,她认为小茜处处都比自己强,风头占尽,就时常对小茜冷言恶语。前不久,小茜参加学校组织的手工编织大赛,并获得了最佳创意奖,下一步将代表学院参加全省比赛,小茜在寝室里非常开心地分享了消息,并约小琳和几个朋友一起到校外餐厅庆祝,小琳心中非常嫉妒,谎称肚子不舒服不想出去。

　　小茜出门后,小琳控制不住自己的情绪,越想越生气,最后把小茜的作品扔到地上,又拿出剪刀把作品剪碎。冷静之后,小琳看到一地碎片又很后悔,匆忙收拾起来,偷偷跑到校外很远的地方将碎片扔掉了。之后,小琳无法面对小茜和其他同学,睡眠不好,头疼,记忆力下降,焦虑,烦躁,经常夜间被噩梦惊醒,无法入睡。

　　分析:比起中学生的交往,大学生人际交往更为复杂,更为广泛,独立性更强,也更具社会性,也可以说大学就是个微缩的小型社会。交往能力越来越成为大学生心目中衡量个人能力的一项重要指标。然而,并不是每个大学生都能处理好人际关系,在大学期间,有相当数量的同学都会产生各种各样的问题。我们要想建立良好的人际关系,就有必要学习人际交往的相关理论,掌握大学生人际交往的基本原则,熟悉人际交往的误区与交往中的常用技巧,提升自己的人际交往魅力。

　　在人类社会中,任何人都不能脱离社会交往而孤立地存在,人际交往与我们密不可分,是生活的一部分,贯穿生命的始终。良好的人际交往能力是大学生社会化的起点,是将来在社会立足的生存需要。没有人际交往过程中所形成的各种各样的网络关系,以及人们所担当的各种各样的社会角色,社会就不成其为社会,个人的生存与发展也无从谈起。

一、人际交往的含义和常见类型

人际交往是人与人交往关系的总称,它包括亲属关系、师生关系、同学关系、同事关系、朋友关系、雇佣关系、上下级关系等。具体讲,人际交往是个体通过一定的语言、文字或肢体动作、表情等表达手段将信息传递给其他个体或者整个组织群体的过程。

对大学生而言,常见的人际交往关系可分为同学关系、师生关系、社团关系、家庭关系、恋人关系,等等。这些关系又可以从关系程度上分为普通关系、友情关系、亲密关系。

(一)大学生人际关系的分类

(1)按照交往的范围可分为三类即个体与个体之间,如同学关系、朋友关系、师生关系和亲子关系;个体与群体之间的关系,个体与家庭、学生与班级之间的关系;群体与群体之间的关系,如班级与班级之间。

(2)按照社会学的分类,人际关系则分为血缘关系、地缘关系与业缘关系。血缘关系指父母与子女的关系,兄弟姐妹之间的关系及由此衍生出的亲戚关系。目前家庭教养方式与大学生的相关研究得到充分重视,家庭中的人际关系显得相当重要。

地缘关系指居住在共同的地区而产生的人际关系,如同乡关系、邻里关系等,这种关系因共同的乡土观念、相似生活方式、相同的语言文化带来更多的心理相容性,特别是大学新生初次离家求学,老乡在一定程度上起着心理稳定剂的作用,非正式群体中的老乡始终活跃于校园。

业缘关系是指共同的事业、爱好而结成的关系如师生关系、师徒关系等。大学里的师生关系也有别于中学,师生关系以平等的身份,以学术为纽带而建立的看似疏淡实则志同道合。

(二)大学生人际关系的主要类型

1. 师生关系

老师与学生,是大学校园里两大基本群体。老师是学生人际交往的重要对象,师生关系是学生人际关系的重要内容。师生关系如何,直接影响到学生在学校的健康地学习成长,并在很大程度上决定了学校能不能对学生的身心施加符合社会要求的影响。教师是大学生人际交往的重要对象。教师是知识的传授者,是大学生人格模仿的对象。与教师的交往也是大学生知识需求和获取的重要途径,教师与学生的平等交往也是师生共同成长的前提;与此同时,师生关系又是一种业缘关系,师生之间心理距离小,心理相容度高,教师对学生充满爱护与关爱,学生对教师尊敬与敬仰,师生关系是一种纯洁而无私的人际关系。然而,由于大学授课的流动性与课堂的扩展,师生之间缺乏直接的沟通与必要的情感交流,师生信息的对流与沟通明显不足,因而师生关系虽然是大学生的主要人际关系却依旧需要进一步加强。

2. 同学关系

同学是大学生人际交往的基本关系,也是大学生人际交往的主要对象。大学校园里的同学关系总的说是和谐、友好的,同学之间的关系有亲情化、家庭化的趋势,即在日常生活、学习中创造一种如同亲属一般和谐稳固的同学关系。大学生与同学间的交往最普遍、也最微妙与复杂；一方面，大学生年龄相仿、经历相同，兴趣爱好相近，又共同生活在一个集体，学习相同的专业，沟通与交往容易；另一方面，大学生来自不同地域、不同家庭背景、生活习惯、个性气质差异，再加上大学生空间距离小，交往密度高而自我空间相对狭小，而对人际交往的期望较高，一旦得不到满足，容易采取消极退避的态度。

大学生同学间关系比较频繁的场合有三个方面：即班级内的同学关系、宿舍关系与老乡、社团等关系。班级同学交往以学习与班级活动为主；而宿舍同学关系以情感交往与生活交往为主，老乡关系以情感交往为主，社团关系以兴趣与工作交往为主。

人际交往是大学生生活的基本内容之一。同学之间、师生之间、老乡之间、室友之间、个人与班级以及和学校之间等错综复杂的社会交往，构成了大学生人际交往的网络系统。大学生处于一种渴求交往、渴求理解的心理发展时期，良好的人际关系，是他们心理正常发展、个性保持健康和具有安全感、归属感、幸福感的必然要求

（三）大学生人际交往的特点

从交往心理看，大学生交往呈多元与开放交往。大学生渴望友谊，渴望结交更多的朋友，交流更多的信息，接受更多的新思想。在这种心理的作用下，大学生的人际交往呈现出前所未有的开放式交往趋势，表现在：

（1）交往的范围扩大。交往对象由以前的亲缘、朋辈交往转向更广泛的社会交往群体。同学交往不局限于同班同学，发展到同级、同系甚至是同校的可认识的所有同学；不仅包括同性交往，异性交往也是同学交往的重要方式。

（2）交往频率提高。交往由偶尔的相聚、互访发展到较为经常的聊天、社团活动、举行聚会、体育活动、娱乐、结伴出游以及其他一些集体活动。

（3）交往手段多元化。电子网络的发展为大学生的交往提供了更加广阔的交往空间，交往手段的发展，使大学生的人际交往变得更方便、更快捷，交往距离更远，交往范围更广。

（4）从交往方式看，以寝室为中心，社会工作和网络社交占主导。大学生虽然主动追求开放式的人际交往，但由于时间、精力、生活环境、经济条件等方面的限制，交往的主要场所仍然在校园内，中心是学生的寝室。尽管新兴社交媒体方式正逐渐被大学生接受并渗入到他们的生活中，但新兴社交方式所发挥的作用并不被学生们看好。

（5）从交往目的看，情感型交往与功利型交往并重。随着社会的发展变化，大学生在社交目的上也趋于"理性化"，选择什么样的人交朋友，并不纯粹是出于情感和志同道合，交往的动机已变得很复杂。可以说，大学生的人际交往在注重情感交流的同时，越来越注重与自身社会利益相关的务实性，呈现出情感型交往与功利型交往并重的趋势。

二、人际交往对大学生成长的影响

（一）人际交往是认识自我、完善自我的必要手段

在人际交往中，人们能够彼此认识对方的优点、长处，并且能发现自己的不足。交往面越宽，交往越深，对对方的认识越完整，对自己的认识也就越深刻。只有对他人的认识全面，对自己认识深刻，才能得到别人的理解、关怀和帮助，才可能实现自我完善。

（二）人际交往促进身心健康与性格优化

和谐的人际关系能够让人获得源源不断的精神动力。人们能够在与人交往中培养真挚的友情，向知己敞开自己的心扉，缓解抑郁的情绪，与他人一起分享快乐、分担苦闷。并且能够得到大家的欣赏与认可，增强自信，让自己保持乐观积极的状态。正如培根所说："得不到友谊的人将是终身可怜的孤独者，没有友情的社会则只是一片繁华的沙漠。"

（三）人际交往可以促进学业进步与事业成功

爱默生说过，"普通人想的是如何养生、如何聚财、如何加固屋顶、如何备齐衣衫，而聪明人考虑的却是怎样选择最宝贵的东西——朋友。"友谊是人一生的宝贵财富，它远比物质财富、锦衣玉食更重要。而获取挚友的途径就是良好的人际交际。在学生时代，人际交往能够帮我们解决学业的困惑，促进学业的共同进步；走入社会后，良好的人际关系是一笔源源不断的社会财富，能够让我们渡过一个又一个难关。

总结案例

小红与小绿宿舍生活的挑战

小红和小绿是大学宿舍的室友，同住一个房间已经有一学期了。虽然她们也有相处融洽的时候，但时常也会发生争执和冲突。其中一个问题是卫生习惯的差异。小红重视整洁，喜欢保持房间的清洁和有序。然而，小绿并不在意房间的卫生，她总是把垃圾乱扔、床铺凌乱，这给小红带来了很大的困扰。另一个问题是日常生活习惯的冲突。小红是个早睡早起的人，而小绿却喜欢熬夜。这导致小红经常被小绿的声音和活动打扰，影响了休息和睡眠。

分析： 大学生在面对室友关系问题时，需要通过沟通、妥协和制定共同规则来改善彼此之间的关系。小红和小绿可以坐下来沟通，以了解对方的需求和期望，并寻找达成妥协的方式。可以一起商量制定出《宿舍公约》，如轮流打扫房间、休息时应如何控制音量等，以便更好地解决两人之间的矛盾。

活动与训练

活动 7-1　自我省视三步法

主题： 自我省视三步法。

目标： 进行自我省视，以便在人际交往中塑造自己的良好形象。

建议时间：20分钟。

活动步骤：

独立回答有关自己的如下问题：

(1) 你的衣着整洁吗？是否得体大方？

(2) 你的言行举止是否体现了良好的素质和修养？

(3) 看一看下表中所列的这些词语你具备多少？

优秀人格词典

诚实	真实	善良	热情	可信赖	负责	独立	信任	友好	智慧	真诚
理解	可信	幽默	快乐	有思想	开朗	谦逊	不自私	体贴	忠诚	聪颖

活动7-2 同声相应

主题：同声相应。

目标：打破人际间的陌生感，营造积极、轻松的氛围，从而增强人际交往能力。

活动步骤：

1. 教师引导：据说，一个人的成功，15%靠专业能力，85%靠人际关系和沟通技巧。那么，怎样让彼此陌生的我们很快消除隔膜，亲近起来？怎样跨出人际交往的第一步？只有彼此间达到亲近乃至心有灵犀的境地，才有可能。今天所做的"同声相应"就是一次有趣的尝试。

(1) 在大教室中，设置轻松的音乐背景。

(2) 给学生发一张歌名卡，每张都写有编号1—6的6首歌名，教师宣布"寻歌"开始；每人选定其中一首自己喜欢也会唱的歌，然后全体聚拢，听到"开始"口令之后，便低声哼唱自己选定的歌，边聚拢边寻找与自己哼唱同一首歌的人，再设法让所有同歌者聚拢在某一处，最先聚齐的一组高声同唱这一首歌，表示胜利。

(3) 让胜利组介绍心得和体会。

2. 训练规则：寻找和聚拢的整个过程都不许说话，只允许哼歌。

3. 讨论要点：

(1) 你了解到的信息对于改善人际关系和增进友谊有作用吗？

(2) 整个过程中你是否积极主动？为什么？

4. 活动感悟：与他人拉近心灵的距离，最关键的是找到共同的声音。

思考与讨论

1. 人际交往对你的成长有哪些影响？

2. 请你静下心，梳理和反思自己人际交往中的几种类型。

3. 完成二维码7-1中的人际关系综合评价量表，了解自己的人际关系状况。

7-1 人际
关系综合
评价量表

7.2 掌握交往技巧,化解沟通障碍

 **心理箴言**

结有德之朋,绝无义之友。

——《名贤集》

 **导入案例**

大学人际适应性的困境

陈同学,高职院校大一学生。陈同学性格内向,不善言语,喜欢独来独往,基本上不和班上同学交流,集体活动也很少参加,与同学的感情淡漠。她觉得自己没有一个能相互了解、谈得来的知心朋友,常常感到特别的孤独,长期的苦恼和焦虑使她患上了神经衰弱症。经常的失眠和头痛使她精神疲惫,体质下降。她本想通过埋头学习的方法来减轻痛苦,然而事与愿违,这种心理使她逐渐对大学生活失去了兴趣。

分析:案例中陈同学面临社交障碍、心理焦虑以及学业困境等多方面难题。该学生在人际关系问题上的认知和对自我的认知存在着一定的局限性,对人际关系的意义和重要性缺乏明确的认识,缺乏勇于面对、积极面对的态度。可通过专业的咨询或辅导,以及家人、老师的支持,重塑自我认知,找到自我价值和目标。

一、如何对待羞怯心理

(一) 理解羞怯的心理学意义

在一些社交场合,我们常会看到有的人轻松自如,谈吐自若;有的人却过分紧张,不知所措。在心理学上,把后一种心理现象称为羞怯心理。羞怯心理是人的情绪情感的反映。当一个人处于羞怯心理状态时,从生理上来讲,去甲肾上腺素分泌增加,导致心跳和呼吸加速,血液循环加快,由于人的脸部皮肤表层毛细血管特别丰富,所以容易出现脸红。从心理学角度来分析,是缘于神经活动过分敏感和后来形成的消极性自我防御机制。一般情况下,过于内向和具有抑郁气质的人往往在大庭广众之下不善于自我表露;自卑感较强和过分敏感的人也会在与人交往时,由于太在意别人对自己的评价而显得畏首畏尾,吞吞吐吐,表现得不自在。

除此之外,幼时所处的环境、所受的教育以及曾经的挫折经历也会对个人的交往能力产生影响。比如,某人曾在大庭广众被冷落,以后遇到类似情境就会引发他的羞怯感;还有人会把与某异性个体交往时产生的羞怯感扩展、泛化到几乎所有的异性,甚至同性身上,影响其正常工作、生活和交往。

(二)克服羞怯心理,言谈举止大方

在公共场合无法做到言谈举止大方得体,原因之一就是羞怯心理。每个人都有羞怯的时候,偶尔的羞怯在所难免,但若在社交中经常受羞怯心理影响,就需要有意识地加以克服了。克服经常性的羞怯心理,主要有以下几种方法。

1. 加强意志锻炼

要纠正自己的一些不正确的观念,树立自信心。在遇到一些特殊场合时,能够正确而及时地调整自己的心理状态。比如,登台讲话,在走上讲台之前,多想想自己的优势和长项,以此给自己鼓足勇气。

2. 不要把别人的评价看得过重

有些人还没有说话就先紧张,在一定程度上是由于害怕讲话出现差错,担心得到别人否定性的评价,结果常常导致恶性循环。事实上,不必对自己的言谈举止过分敏感,不必过分在意别人的看法,也不必过于顾虑别人会如何评价自己。

3. 进行自我暗示

这也是自我鼓舞的一种方式。为了防止在社交场合异常紧张,可以提前做一些克服羞怯心理的适应性训练。通过反复提醒自己,反复鼓励自己,降低羞怯感,这有利于形成交往中的良性心理循环。

4. 争取多锻炼的机会

任何技巧都不是先天就能够娴熟掌握的,都要靠不断地练习。一开始可以在人少的场合讲一些简短的话,讲之前先打好腹稿,有了明显进步后,再到人多的场合或陌生的社交环境去发言或演讲。

5. 善于表现自己的优势

羞怯心理包含着自卑感。若想克服"怕生"的毛病,就应全面、客观地认识自己,努力做到扬长避短,在能表现长处的场合多露面。这样就会更加自信,就能从容自如地去应付其他社交场合。通过以上方法可减轻在公共场合的羞怯感,逐渐做到举止大方、得体。

(三)正视人际交往的"脸红"现象

1. 作为一种社交心理问题的"脸红"

"脸红"通常在受到内部或者外部的情绪刺激时才发生。也就是说,脸红既有生理的原因(比如,人们常说的"喝酒上脸"),也有心理的原因(比如会见陌生人时因紧张而脸红)。每个人在与自己不熟悉或比较重要的人交往时,都会产生紧张或激动的感觉,并反射性地引起人体交感神经兴奋,去甲肾上腺素等儿茶酚胺类物质分泌增加,从而使人的心跳加快,毛细血管扩张,即表现为脸红。这是人际交往中的一种正常反应。从心理上来讲,"脸红"主要与这两个方面有关:一是害羞,二是过分关注自己在他人面前的表现。

为什么有些人的"脸红"现象会发展成为一种社交障碍呢?一个重要的因素就是个人缺乏足够的社交自信,从而过于关注自己在他人面前的表现。在这种情况下,个人就会对自己的生理、心理变化非常敏感,即使只是很正常的变化,他们也会非常关注。这种敏感、过分关注的直接后果就是让个人对本来很自然的变化感觉非常不自然,从而做出不合适的反应。

2. 正视"脸红"现象,进行"放松"训练

在社交场合中要转变对"脸红"的态度,关键是要保持平常心。心理学家认为,可以从以下几方面来调整对"脸红"现象的态度。

(1)改变对"脸红"的认知。即要了解"脸红"现象背后的生理和心理意义。要认识到与陌生人会见时脸红,是一种很正常的生理和心理现象。

(2)改变在社交活动中的固有行为模式。原本正常的"脸红"现象逐渐演变成一种社交障碍,是一个恶性循环的过程。在社交活动中,"脸红"伴随心理紧张而出现。但是有些人不自觉地将注意力集中在"脸红"上,进而期望阻止脸红的发生,结果事与愿违,越想阻止,越是脸红。时间一长,就演变成一种社交障碍。因此,在社交活动中有意识地减少对"脸红"的关注,同时通过一些放松训练来缓解心理上的紧张,就成为改变前述恶性循环的关键,具体的放松训练方法如下。

第一步,把能引起自己脸红的各种场面,按程度由轻到重排列,分别抄到不同的卡片上。把相对最不会让自己脸红的场面放在最前面,把最会让自己脸红的放在最后面。

第二步,进行松弛训练。以自己感觉舒服的姿势坐下,有规律地深呼吸,放松全身。进入松弛状态后,拿出上述系列卡片的第一张,想象上面的情景。

第三步,想象时如果觉得有点不安和脸红,应立即停止想象。重新深呼吸,让自己放松。完全放松后,再重新想象刚才失败的情景。若不安和脸红再次发生,就再停止,然后放松。如此反复,直至卡片上的情景不会再让自己不安和脸红为止。

第四步,按同样方法继续下一个更容易让自己不安和脸红的场面(下一张卡片)。需要注意的是,在每进入下一个场景的想象前,都要确认自己在想象上一个场景时不再感到不安和脸红,否则不要进入下一阶段。

知识卡片

如何有效地传递信息

第一,态度诚恳、亲切。说话本身是用来向他人传递思想感情的,所以,说话时的神态、表情都很重要。

第二,用语谦逊、文雅。多用敬语和谦辞,这能体现出一个人的文化素养以及尊重他人的良好品德。

第三,声音大小要适当,语调应平和沉稳。咬字要清晰,音量要以对方听清楚为准,不要大声说话;语调要平稳,尽量不用或少用语气词,使听者感到亲切自然。

二. 人际交往的信任危机

 案例 ▶ **红梅的被褥**

红梅是一名大二女生,经常一个人独来独往,除了学习,很少参加集体活动,和寝室其他室友关系一般。有一天晚上,她一个人去自习室学习,刚好那天下了大雨,她没带伞,也忘记了自己在宿舍露天阳台上晾晒的衣服和被褥。晚上10点临近闭寝时,红梅顶着雨跑回寝室,浑身已经湿透。她一进寝室,就看见大家都在听音乐、玩手机,没有人注意到她。她又想起被褥还在阳台上,跑上去一看,被褥已经被淋透了,红梅非常生气了,觉得室友都在寝室,却没人想到拿把伞去接她,也没有帮她把被褥衣服收一下。回到宿舍,红梅气冲冲地拽了一个床单,蒙着头就躺下了,却睡不着,越想越觉得人与人之间感情冷漠,关系复杂,难以相处。

分析:"人念人才能近乎,心捂心才能热乎,情惜情才能暖和""感情是相对的,你对我的真心天地可鉴,我必倾力偿还""人心是相互的,你若对我全然不顾,我又何必百般在乎",静坐常思己过,我们应常想一想自己在交往中是不是可以"主动投入、主动融入"。

(一) 信任危机产生的原因

信任危机不是孤立的,也不是抽象的,而是伴随着社会价值取向的全面转型出现的现象。其产生主要是因为:① 经济的迅猛发展改变了原有的社会格局,从而使得社会形态、社会结构和社会规范发生改变,加剧了人际间的功利竞争,使人际关系变得疏离。② 原有的社会价值观念和道德规范受到了严重冲击,而新的现代价值认知和道德规范尚没有完善,出现了严重的社会价值体系断裂,不仅动摇了人们的信任倾向,而且也加剧了人际关系的冷漠,使得个人自保成了人们在面对问题时的首要选择策略,给信任危机的滋生提供了温床。③ 现代科技的飞速发展降低了人们面对面交往的频率,还在某些方面降低了人与人之间的信任度。

(二) 审视自己,化解信任危机

信任危机与社会的整体价值趋向、个人的价值观念是分不开的。不良的价值观念只会加速信任危机的产生和蔓延。当社会价值观念、社会道德行为规范受到严重侵袭时,我们更要遵守道德规范,保持诚实、守信的良好品质,并积极与人沟通,努力赢得对方的信任,具体应该做到以下三点:

1. 树立正确的价值观、道德观

树立正确的价值观与道德观不仅有利于形成健康的生活方式、思维方式,也有利于理

解并遵循社会行为规范与准则。要明白，只有整体发展好了，个人作为整体的一部分才会发展好；在任何时候都要遵循社会道德规范，抵制一切不良作风、思想的侵袭。

2. 严格要求、诚实守信

建立信任的基础是诚实、守信。不应欺骗朋友、同学，而是要坦诚相待，哪怕是自己做错了事情，也要敢于承认。即使有时候你讲出的真话会让别人不愉快，别人也会因为你的坦诚给你的信任加分；答应别人的事情就一定要做到，包括替他人保守秘密。

3. 学会分享，理解他人

与人分享会拉近彼此的距离。我们要善于与人分享，分享喜悦、烦恼等，要严格要求自己，宽容对待他人，要善于学习别人的长处。在生活和学习中要主动理解他人，在别人需要帮助的时候积极地伸出援手。

三　克服人际交往的自卑心理

（一）人际交往中的自卑心理

7-2　自卑心理诊断量表

自卑，即一个人对自己的能力、品质等作出偏低的评价，总觉得自己不如别人，悲观失望，自信心不足，它是一种消极的情感体验。在日常生活中，除了心理和生理缺陷而引发的自卑感，由于家庭经济状况较差、贫富差距悬殊、校内同窗之间生活水平不一而在学生群体中引发的自卑状况也越来越多。在社交活动中，具有自卑心理的人孤单、离群、缺乏自信，当他们受到周围人们的轻视、嘲笑或侮辱时，自卑心理会愈加强烈，甚至以嫉妒、自欺欺人的方式表现出来。他们在人格特质上更多地表现为内向、谨慎、情绪不稳定，参与社会的程度很低。

（二）大学生自卑心理的现状

1. 自我评价过低

自我评价是指一个人对自己生活和心理特征的判断。部分大学生不能正确分析自己的能力，周围的人又总是对他持否定的评价，因而，产生一种强烈的与丧失信心相关联的消极的情绪体验，自己轻视自己，不敢参与任何竞争，不肯冒半点风险，既使遇到侵害也逆来顺受，采取逃避行为，过于敏感、处处退缩、自尊心容易受到伤害，常把别人无意的言行视为对自己的轻视。甚至别人的一句无意的话也会深深伤及自己的心灵。有自卑心理的大学生常常认为自己一无是处，别人都比自己强，比自己优秀，而自己在哪一方面都不如他人，常常处于消极的情绪体验之中。

2. 回避行为

大学生由于自卑而采取回避的方式与别人交往，避免别人看出自己的缺陷和不足，在学习和生活中说话犹豫、思前顾后、缩手缩脚，缺乏应有的胆量和气魄，在公共场合拘谨，不善于自我表现，形成了孤独自卑的闭锁性性格。有的同学在学习上，不积极进取，才华得不到充分的发挥，不参加集体活动，以逃避别人的评价与批评，游离于班级、集体之外，独来独往。

3. 人际关系障碍

在人际交往中，一些大学生畏畏缩缩，不能自如地与他人交往、交谈，害怕自己说错话，对主动与自己交往的人产生怀疑；而当别人不主动与自己交往时，又会感到自尊心受到伤害,总觉得别人轻视自己。自卑心理在人际、社会交往中的另外一种极端表现就是故作姿态、自傲、不屑与人交往,表现出瞧不起他人的言行。同时放大他人的缺点,尖锐的抨击社会的黑暗面,借以弥补自己内心的空虚,但结果却往往适得其反。

(三) 大自卑心理的形成

1. 缺乏正确的自我评价

进入大学以后,随着自我意识的增强,大学生对自己的生理特征特别在乎,如相貌、身材、体重、肤色等;加之个人早期家庭背景、阅历及成长道路的不同,在文化素养、气质、等方面均有一定的差异;还有一些心理创伤也给大学生带来沉重的包袱。在高中生、大学生、和中年人之间,大学生的理想自我和实际自我的一致性系数最低,即大学生对实际中的自我评价往往不能满足所期望的理想自我标准。有的学生对自己缺乏客观合理的不切实际的过高期望,特别是拿自己的缺点与别人的优点比较,就会感到自己不如别人,从而产生更加消极的自我暗示。

2. 受挫折能力差

受挫能力差是心理素质不佳的表现之一。自卑作为一种心理现象,并不是与生俱来的。心理学家研究认为,人的心理素质的好坏,大部分是后天因素造成的。心理素质好,表现为对外界的刺激和冲击抗衡能力强,不容易为自然因素所左右。心理素质差的人则与此相反。有些大学生,长期由父母包办一切,很少接触社会、经历挫折,容易形成一种单一的、脆弱的心理,这种心理只能接受顺利和成功,一旦遇到失败和挫折,有时哪怕只是一点点不如意,就难以承受,就会对生活和未来失去信心,从此一蹶不振,掉进自卑的泥潭。

3. 客观因素

大学生来自四面八方,出生于不同的家庭,各方面的条件都不一样。有的学生有着极强的虚荣心,自己却偏偏家庭条件不好,感到不如有的同学那么出手大方、阔绰,由于虚荣心得不到满足而产生自卑心理。还有的往往为衣着过于简朴、寒酸、言谈举止的乡土气息而自卑。生活在单亲家庭中长期缺少父爱和母爱的大学生,以及儿童时受虐待,有过家庭暴力经历的大学生,也会造成心理压抑、自卑心理强等不良心理反应。调查发现,幼年时缺乏良性环境的人成年后比其他人更难克服困难环境,更容易产生自卑心理。

此外,高校有重点和普通之分,专业也有"冷门"和"热门"之分,这样,普通学校的大学生对重点大学的学生,"冷门"专业的学生面对"热门"专业的学生,有一种自叹不如的自卑感。

(四) 自卑心理的自我调适

1. 了解自己、客观评价自我

"知人者智,自知者明"。大学生应该利用各种机会了解自我。心理学家提出了"镜中我"即通过他人对自己的评价来了解自我的理论。"镜中我"是一个隐喻,社会好似一面镜子,人们可以从这面镜子里看到自己。在这面镜子里,我们可以尽可能地以别人的眼光来审视自己行为的合理性。对于那些因为长相外貌或躯体残疾而产生自卑感的大学生,可以把注意力转移到自己感兴趣也最能体现自己才能的活动中,强化自己的优势以增强自信,通过在其他方面的成就来恢复心理平衡。

2. 丰富知识,扩大眼界

有意识地丰富自己的知识,扩大自己的视野,提高自己的能力,也是帮助大学生克服自卑感的有效措施。要克服自卑感,就要使自己在实际活动中感受到自己也有知识、有能力,并不比其他同学差。如果大学生能在某一方面让其他同学们羡慕,让自己引以自豪,那么他就会很自然的降低自卑感的产生。相反如果一名大学生知识贫乏、闭目塞听、孤陋寡闻,缺乏必要的实践活动,就不可能有一定的知识和能力。

3. 积极主动地进行心理咨询

有自卑心理的大学生往往存在心理上不可解开的困惑,而通过自身努力又很难解开,这应该积极主动的寻求心理专家的咨询,借助专业人士的帮助达到自我的平衡。目前,很多学校都建立了专业的心理咨询机构,帮助学生解决心理上的问题。而有自卑心理问题的学生更应该认识到心理咨询的重要性,不要害怕或排斥心理咨询。通过心理咨询,能够时压抑的思想得到宣泄,同时能得到专业老师的积极指导,这有利于恢复心理常态,保持心理健康。

四、解决人际交往中的冲突问题并学会释放压力

(一)人际冲突的心理学含义

人际冲突是指人与人在相互交往和互动过程中,因为意见分歧、争论、对抗,使得彼此关系出现不同程度的紧张状态,并为双方所感觉到的一种现象。工作中人际冲突的产生是非常普遍也是不可避免的,有以下几个原因。

(1)沟通偏差。沟通存在于人们分享信息、思想和情感的任何过程。这个过程不仅包括口头语言和书面语言,还包含形体语言、个人的气质、物质环境等。不良沟通是冲突产生的原因,沟通过少或过多都会增加冲突潜在的可能性。另外,沟通渠道也影响冲突的产生。

(2)文化差异。这是构成人际冲突的另一个重要的原因。受教育程度、生活或工作环境、社会政治制度、习俗差异等都是造成文化差异的原因。

(3)角色差异。每个人在社会生活中都会有一个特定的角色位置。不同角色位置上的人,其思想观念和行为方式也会有所不同。如果固守自己的角色,不注重对其他角色观念、角色行为的理解,就会导致角色与角色之间的冲突。

(4)心理背景。心理背景指交往双方的情绪和态度。每个人的个性和生活环境都不一样,心理状态也不一样。

(二)缓解和减少人际冲突

如果我们从改善自身出发,注意自己的言行举止和心理活动,就可以在较大程度上减少与他人的冲突与摩擦。

(1)尊重他人的不同意见。当别人的观点和自己不一致时,要学会倾听,学习他人长

处,尊重别人的观点。

（2）**不要轻视、责备他人**。某些人轻视他人是为了使自己看起来更高大,这很没必要。不要对别人指手画脚,否则将成为人际关系最糟的人。

（3）**耐心听取他人意见**。每个人都有必要培养倾听的技巧。与他人出现矛盾时,人们总希望别人听自己说,却从不在乎别人的想法,总觉得自己的想法才是最重要的。其实,如果双方都能耐心倾听对方发言,矛盾会解决得更快。

（4）**说出自己的需要**。勇敢地说出自己的想法,将有助于建立人与人之间的信任,最终达成一致意见。

（三）通过正面、诚恳的沟通来解决冲突

正面沟通是有效解决冲突的第一步。冲突一旦发生了,正确的态度是坦诚地认真地沟通,而且沟通越早越好,时间拖得越久,双方心理上的芥蒂越深,化解起来就越麻烦。矛盾解决之后,还应该考虑一下怎样在今后避免发生类似的问题。如果能找到问题的症结所在,就既解决了发生的不愉快,又规避了可能发生的不愉快。

（四）常用的压力释放的方法

良好的心态是心理健康的重要标志,也是素质教育的培养目标。产生心理压力是在所难免的,出现困扰也是正常的。但假如长久承受巨大的心理压力,就容易产生心理疾病,影响心理健康,因此我们应采取积极的态度、有效的方法,努力缓解压力,保持心态的平衡。每个人都有必要掌握一些平衡心理的方法,正确面对和缓解心理压力,这将有助于获得健康的心理和健康的人生。下面介绍几种压力释放的方法。

1. 倾诉法

倾诉可获得内心感情与外界刺激的平衡,去灾免病。当遇到不幸、烦恼和不顺心的事时,切勿把心事深埋心底,可以寻找值得信赖的、头脑冷静、善解人意的亲友或同学倾诉,听听他人的见解,通过交流能有效地缓解心理压力。

2. 宣泄法

心理学家认为,宣泄是人的一种正常的心理和生理需要。我们可以采取不影响他人和社会的方式将内心的消极情绪发泄出来,然后重新投入学习和生活中。比如碰到十分伤心的事,索性大哭一场,将郁闷发泄出来,感觉就会好一些。哭是释放压力的一种方式,适当地借由哭泣来释放压力对人的身体是十分有利的。找个空旷无人的地方吼几声,既能呼吸新鲜空气,又能宣泄积郁。到球场上、操场上跑出一身汗,你或许会发现,你已经没有力气生气,也没有了生气的心情,而且筋疲力尽的你会感觉压力随之而去,可以大口地呼吸,重新"满血复活"了。

3. 音乐法

音乐能使人产生兴奋、镇定、平静等情绪状态,可用来消除大脑工作所带来的紧张,也可帮助人们集中注意力。轻松愉快的音乐会使人心旷神怡,沉浸在幸福之中而忘记烦恼。当你出现焦虑、抑郁、紧张等不良心理情绪时,不妨听一听音乐,做一次心理"按摩",优美动听的旋律,可以起到化解精神疲惫,调适心理和转换情绪的效果。

4. 放松法

选择幽雅的环境,舒适的姿势,排除杂念,闭目养神,尽量放松全身肌肉,采用稳定的、缓慢的深呼吸方法,有解除精神紧张、压抑、焦虑、急躁和疲劳的功效。吸气时双手慢慢握拳,微屈手腕,全身肌肉呈松弛状态。选择适合自己的呼吸频率来重复进行,不仅可以释放压力,而且还可以使疲劳的肌体得到有效和充分的休息,使心情迅速得到调整。放松法一般与自我暗示相结合使用。

自我暗示对心理活动的影响是巨大的,选准最佳时机,有意识地利用语言、动作、回忆、想象以及周围环境中的各种物体对自己实施积极暗示,可以消除负面情绪,减缓心理紧张,使内心保持平静和愉快。自我暗示能够增强自信心,提高心理承受能力,使人保持较稳定的心理状态,尤其适用于备赛、备考、参赛、考试期间。

5. 换境法

固定的环境会使人逐渐失去兴趣,进而引发一些心理问题。当一个人心理不平衡、有压力苦恼时,适当地变换一下环境,可以刺激人的自信心与进取心。比如,换一个从没去过的自习室学习,换一家环境好却从没有去过的餐馆,看场刚刚上映的喜剧电影,周末或假期去景点旅游等,都能够转移精神,寄托情感,排解不良情绪带来的种种困扰。登到山顶远望、坐到海边观浪听涛,心情自然舒缓,压力也能得到释放。清新的空气会使新陈代谢增强,提升神经体液的调节功能,有助于平静心情。

6. 逃避法

这是心理环境免遭侵蚀的保护膜,在一些非原则性问题上不妨采取逃避措施,假装"糊涂",这无疑能提高心理承受能力,避免不必要的精神痛苦和心理困惑。有了这层保护膜,你会境随心转、处乱不惊,以恬淡平和的心境对待生活中的紧张事件,压力也随之释放。

总结案例

社恐的小崔

戴好口罩,摘掉近视眼镜,耳机声音调到耳朵能接受的最大音量,这是大学生小崔最喜欢的出门装备。曾有同学和小崔打招呼,小崔视若罔闻,同学评价他"又聋又瞎"。面对身边人给出这样的评价,小崔完全不在乎,因为对于"社恐"的他而言,这并不是一件坏事。回避眼神、绕道而行,超八成大学生认为自己有"社恐。

分析: 其实,社恐的人一般都有点自卑心理。他们不光是在校园内社恐,在校外的公共场合也非常紧张,尤其是害怕在路上遇到熟悉的人,即使在路上遇到熟人,他也会选择用眼神回避,或者赶紧绕道而行。但是在大学生活中,与人交流是在所难免的,学校经常都会有各种各样的活动。大学生应该调整好心态,克服社恐心理,最主要的就是要从内心里建立起自信来。

活动与训练

活动7-3 松鼠搬家

主题：松鼠搬家。

目标：提高人际沟通能力，改善人际关系。

建议时间：20分钟。

活动步骤：

1. 每三人为一组，其中两人举起双手，对掌搭成一个"小木屋"，另一个人扮成"小松鼠"，蹲在"小木屋"里。

2. 根据主持人的口令进行活动。比如："松鼠搬家"——"小松鼠"调换"小木屋"；"樵夫砍柴"——搭建"小木屋"的两个人分开，寻找新的"樵夫"搭建新的"小木屋"；"森林大火"——"小松鼠"可以变成"樵夫"，"樵夫"可以变成"小松鼠"。

3. 指导教师不断变化着发出口令，参与者们做出相应的适应性变化。在活动一开始安排两只无家可归的"小松鼠"充当竞争的角色，这样在变化中必然会有新的"小松鼠"或"樵夫"被淘汰。

4. 集体分享活动后的感悟。

活动提示：

1. 要有足够大的活动空间，便于"小松鼠""樵夫"跑动变化。

2. 本活动人数越多效果越好，无家可归的"小松鼠"和没有"小松鼠"的"小木屋"均被淘汰。

3. 主持人要关注多次被淘汰的"小松鼠"和"樵夫"，可以请他们表演节目或交流被淘汰的心理感受。

活动7-4 生日线

主题：生日线。

目标：考察和激发同学们的非言语沟通的能力，促进同学间的相互了解。

活动步骤：

1. 每组12～14人，让学生在空地上围成一圈听教师讲述要求——每位学生按照自己真实生日的月份和日期排列成一列横队（1月1日出生的在A点，12月31日出生的在B点）。

2. 教师给出规则并下令各组排出生日线序列。

3. 要求各组从A点开始让每位学生大声报出自己的姓名、班级、生日（月，日）、特长爱好以及对本次训练或者对所在团队的期望。

4. 各组围成紧密的一圈，每人伸出右手相叠，齐声逐个地喊出本组每个学生的名字（轮流两遍）。

训练规则:

1. 除了任务中要求说话外,其余时间所有学生都不能说话。

2. 任务完成后教师进行检查,如果有人站错位置,受罚的将是后面一位学生。

3. 给出一定时间,让排错的学生重排,或让站错顺序的学生做一个小表演作为惩罚。

讨论要点:

1. 在活动中是否出现了什么问题?

2. 你觉得此活动有什么地方可以改进?

3. 非语言的沟通给你什么感受?

活动感悟:

想要得到他人关注,你首先要懂得去关注他人。

思考与讨论

1. 你在人际交往中是否存在自卑心理? 你是如何克服的?

2. 你身边的家人、朋友、同学之中是否有存在自卑心理的? 你应该怎样帮助他(她)?

3. 想一想你曾用过哪些有效释放压力的方法? 根据本节所学,你还可以尝试采取哪些排解压力的方法?

7.3 习得交往艺术,彰显交往魅力

心理箴言

良言一句三冬暖,恶语伤人六月寒。

——《增广贤文》

导入案例

张华病床上的反思

张华,男,大一新生,性格较内向,从小在父母的精心照料下成长,初高中期间从没住过校。来到大学后住8人寝室,同寝室同学中他的家境最优越,他看不惯寝室其他同学的"不良"卫生习惯,更不喜欢他们随便的作息制度,尤其不喜欢他们"高谈阔论"。总之,他看谁都不顺眼。开学两个多月,张华上课、吃饭、购物都

是独来独往，很少与同学们交往，时间一长他发现寝室其他同学说说笑笑，进进出出都结伴而行，似乎视他不存在，逐渐地，失落感、孤独感油然而生。他回寝室时总觉得大家都在议论他，对他品头论足，还窃窃私语，一副嘲笑、鄙视的模样。他觉得非常别扭，想过换寝室，但其他寝室的同学他又不熟悉，此事也没有得到辅导员老师的支持和批准。为了不和大家交往，张华每天临闭寝时才回去，即使这样，他感觉还是没有减少大家对自己的议论与不满。他开始失眠，食欲下降，精神状态越来越差，身体急剧消瘦，在寝室话越来越少，他感觉听课的效率也越来越低，最后终于病倒了。

由于张华的家在外省，家人无法赶来护理，在住院期间，寝室同学轮流守护在他的病床旁，看到那些平时让自己反感的同学忙着照顾自己，他十分感动。他把内心的苦闷与孤独告诉了大家，才知道原来一切都是自己"想"出来的，同学们只是觉得他不愿与他们交往，并不知道由此引发了他内心如此大的震荡。

分析：大学在读期间也可谓一个为步入社会全面作准备的时期。每个人只是社会成员之中的一员，与人沟通、与人交流、与人相处、与人合作是人生"一门必修课"。每个人都不能脱离群体而独立生存，我们做事不要独来独往、以自我为中心，应学会感悟生活，融入集体。

人自出生起，交往就无时不在、无处不在。交往是人的一种行为，这种行为是有目的的。作为人类生存与发展赖以继续的一种行为模式，交往在人类社会的发展历程中扮演着重要角色。交往使我们彼此了解，交往使我们互通有无，交往使我们化干戈为玉帛。若要达到目的，仅仅停留在交往的层面显然是不够的，还需要在沟通的基础上，习得交往艺术，增强交往魅力。

一、学会倾听和赞美

（一）倾听的心理学意义

古希腊有一句谚语："聪明的人，借助经验说话；而更聪明的人，根据经验不说话。"还有一句谚语是："雄辩是银，倾听是金。"专注地倾听对方谈话，是对对方的礼貌和尊重，是对对方的一种赞美和恭维，对方也会因此而喜欢、信赖你并乐意与你交往。

从信息的传递模式来看，人际沟通是一个由信息发送者发出信息，通过传递渠道将信息传递给信息接收者的过程。发送者的"能言善辩"固然是信息传递的有利条件，但是接收者能否有效倾听是沟通能否有效达成、信息反馈能否实现的关键一环。倾听不仅仅是"听"，而是实现人际互动的必要过程，它对人际沟通的参与者都有较高的要求。

（二）倾听的心理学技巧

1. 倾听前的准备

为了保证倾听能有效地进行，首先要创造好的倾听环境，一个安全的、让大家感觉平等的环境；选择适当的地点，保证不受打搅或干扰；保证足够的沟通时间以及听者们平和的情绪状态。

2. 倾听过程中的若干技巧

这些技巧包括如下内容。

（1）解释。用你自己的词汇解释讲话者所讲的内容，从而检查你的理解是否正确。

（2）感觉同步。当有人表达某种感情或情绪比较激动时，一定要感同身受，尽量与对方感觉同步。

（3）有效提问。当你感到讲话人表达的信息不完全、不准确时，可以采用提问方式以便确认倾听到的内容。

（4）反馈。把讲话者所说的内容、事实简要概括或给予可行性建议。

（5）综合处理。综合讲话者的观点，然后确认是否理解。

（6）行动参与。充分利用肢体语言，以鼓励讲话者给予你更多的信息，充分显示出你认真倾听的态度。

（7）心理卷入。倾听时首先应将脑子里其他事情放一放，集中精力与他人沟通。跟随讲话者的思路，如果话题很重要，你可以做些笔记以帮助你记忆这些信息，同时帮助你集中精力。倾听过程中，我们是为了理解去倾听，而不是为了评价去倾听，所以不要去评价讲话者的内容价值、精确度等。

3. 倾听后的回顾与反思

倾听后，回顾整个倾听过程，对获得的信息加以整理，重要的部分可记录下来；回顾你自己在倾听前的准备、倾听过程中技巧的运用以及最终倾听的结果，反思自己在此过程中哪些方面做得不错，哪些方面还必须加以改进，以便在下一次沟通过程中进一步提高。只有不断地自我反省和有意识地训练，我们的倾听技能才能不断地提高。

（三）人人都需要恰当赞美

心理学家威廉·詹姆士指出，人性中最根深蒂固的本性是渴望受到赞赏。人们渴望受到赞赏，如同渴望雨露和阳光。能否获得赞美，以及获得赞美的程度，便成了衡量一个人社会价值的标尺，每个人都希望在赞美声中实现自身的价值。马斯洛在需要层次理论中也指出，人有生理的需要、安全的需要、社会的需要、尊重的需要和自我实现的需要。也就是说，每个人都需要被他人承认、认同和尊重。

（四）赞美反映自身能力

恰当的赞美可以让人感受到自身的重要性，老师对学生的赞美会提高学生的学习主动性。在不久的未来，当我们步入职场时也会发现，领导对于员工的赞美也可以较大地提高员工对于工作的积极性。

（五）学会欣赏和赞美

赞美是一种有效的沟通技巧，能够增强人际关系，提升他人的信心和积极性。

（1）真诚。赞美应该是发自内心的，确保你的赞美是真心实意的，不真诚的赞美很容易被识破，反而会引起负面效果。

（2）具体。具体的赞美比笼统的赞美更有效。指出具体的行为、成果或特质，说明你为什么赞美。赞美应该基于事实，如果与实际情况相差太远，会被视为不诚实。

（3）及时。在对方做了某件值得赞美的事情后尽快表达你的赞赏，及时的反馈更有影响力。不恰当的时机可能会让赞美失去效果。

（4）适度。避免过度赞美，这可能会让人感觉不自在或怀疑你的动机。频繁或过分的赞美可能会让人觉得不自在，甚至产生反感。

（5）个性化。了解对方的喜好和价值观，用他们喜欢的方式表达赞美。

二、微笑沟通

（一）微笑的心理学意义

微笑是一种"化学刺激反应"，它对人体各个器官的活动有刺激作用，尤其能够激起大脑和内分泌的活动。无论从生理学还是心理学角度来说，会心的微笑都是良好心境的最佳表露，非常有助于神经系统的稳定和免疫力的增强，对人体健康十分有利。当我们看到一张笑脸时，我们的大脑神经就受到指令，指挥面部肌肉展示微笑，因而会以微笑来回馈对方。所以，微笑在人际交往中实际上是一个双向的过程，在这一过程中，彼此之间的关系自然就会拉近。

需要指出的是，交往者如果对自身缺乏足够的认知，就容易产生对他人和社会的失望感。从这一点来看，微笑不仅仅是一个与他人沟通的过程，同时也反映了个体本身的内心状态，并且在一定程度上与内心的积极状态成正比。

（二）真诚微笑

微笑给人以一种亲切、和蔼、热情的感觉，加上适当的敬语，会使客人感到亲切、安全、宾至如归。微笑礼仪常见于很多服务型企业的员工要求，微笑服务可以使顾客的需求得到最大限度的满足。顾客除物质上的需求外，也要求得到精神上、心理上的满足。实践证明，诚招天下客，客从笑中来；笑脸增友谊，微笑出效益。但是，微笑应发自内心，而不应是一则规范。只有对顾客尊敬和友善及对自己所从事工作的热爱，才会笑容满面地接待每一位顾客。

（三）拒绝微笑抑郁

微笑抑郁症患者表面上看起来非常正常，他们会戴上一个微笑的面具。他们可能会努力保持积极情绪、参与社交活动以及展现快乐的状态。这种表面上的积极形象可能让周围的人对患者的真实感受产生误解，往往导致患者的情况被轻视或忽视。然而，微笑抑郁症患者内心深处可能经历着与其他抑郁症患者相似的痛苦和绝望。他们常常不愿意表达自己的真实感受,因为他们害怕被别人质疑或不理解。微笑抑郁症患者同样需要接受心理咨询和支持,但可能需要更加关注他们的表面情绪和积极性,以帮助他们更好地表达和理解自己的真实感受。

三、人际交往的尺度

案例　人际交往的刺猬法则

在一个寒冷的冬季,两只困倦的刺猬因为冷而拥抱在了一起,但是无论如何它们都睡不舒服,由于它们各自身上都长满了刺,紧挨在一块就会刺痛对方。因此,两只刺猬就离开了一段距离,可是又实在冷得难以忍受,因此就又抱在了一起。折腾了好几次,最后它们终于找到了一个比较合适的距离,既能够相互取暖又不会被扎。这就是在人际交往过程中的"心理距离效应"。

分析:与人相处中一定要"行有所止,言有所界,凡事有度",做到既把持好心理边界,又不伤害彼此的和谐关系,这的确是一门艺术。

(一)把握朋友交往的尺度的重要性

生活中许多事情常常让人颇费脑筋,尤其是在人际交往中,我们常常会因为不知道到底该如何与人相处而伤神;哥们儿、闺蜜之间常常会因彼此牵挂过多而神疲心累;热心助人,为朋友两肋插刀,又常常会把自己搞得焦头烂额……人与人之间需要保持一定的空间距离,即使最亲密的两人之间也是一样。与人相处,重在信任与平衡,每个人都需要在自己的周围有一个能掌控的自我空间,心理"越位"往往会打破相互间的平衡。

在人际交往中,距离感的把握是非常重要的。如果距离太远,则可能会导致关系疏远、沟通不畅;如果距离太近,则可能会让对方感到压力、不适。因此,我们需要了解不同的情境下应该保持什么样的距离,以便更加顺畅地进行人际交往。

(二)把握人际交往的"度"

人际交往的艺术实际上是把握"度"的艺术。要学会把持自己的心理边界,适度交往是保持友谊的砝码,是一个人的魅力所在。人与人之间的距离是可以根据他们的关系而改变的,不同程度的交往关系可以选择不同的尺度,选择最佳的尺度才是最好的。在人际交往中,我们的距离感不仅关乎对方的感受,也关乎自己的形象和表现。我们需要通过保持适当的距离来保护自己,展示自己的自信和独立性。同时,我们也需要通过亲近和贴近来表达自己的情感需求,增强自己的亲和力和吸引力。

(1)好友间要保持一定距离,不要过分介入他人的隐私。你的过分关心可能成为一种压抑或累赘,过分的好奇很可能成为朋友相交的一道屏障。保持应有的自信和宽容,适当拉开一点儿距离是非常必要的。

(2)君子之交淡如水,朋友之间贵在情投意合。加强自我修炼,以心换心,人生之路才会越走越顺畅。

(3)良好的交谈和倾听要真诚,但也要保持适当距离。人们喜欢有个性、有主见、有人格魅力的人,一味地过分迎合是得不到他人珍惜的,也无法赢得尊重。也要清楚别人是发自内心地佩服你、尊重你,看你的眼神都和虚情假意大不一样。

(4)帮助别人要讲究一定的技巧,以别人自尊心能接受的方式,以委婉的、自然的方式来帮助别人。想伸出援手的时候,先询问对方的想法,别好心办成坏事,一味付出爱心,不掌握度,可能过犹不及,适得其反。切记朋友交往尤忌同情的帮助。

(5)索取之前要记得平时得多付出,切记不可强求于人。如果一个人感觉某种行为是自己自愿做出的,那他的感觉是舒服的;如果是在别人的要求、支配下做出的,违反了自己的意志,那舒服的感觉就会大打折扣。只是一味索取,不知适时适度回报的人不少。人心有善的一面,也同样有自私的一面,生活中想着索求,这的确是人之常情,关键是如何把握好这个度,《礼记》中说,来而不往,非礼也。"自私"到让人不讨厌,实属一门学问了。

(6)对于别人的感谢,不仅要放在心里,而且也要放在嘴边。感谢的话语不必太多,但绝不能省略。同时切记不要责备朋友,如果过分责备,很可能伤害他人自尊,甚至演化为攻击对方人格的一种谴责。批评别人应该就事论事,点到为止,不应攻击对方的人格。

四、控制自己的情绪

在快节奏的生活中,情绪的波动常常影响我们的心情和生活质量。有时我们可能会感到愤怒、沮丧、焦虑或压力倍增,这些负面情绪可能会影响我们的人际关系、工作表现和身体健康。然而,通过一些简单而实用的技巧和策略,我们可以更好地掌控自己的情绪,并迅速恢复良好心情。

控制情绪的第一步是认识和接受自己的情绪。无论是积极的还是消极的情绪,都是正常的人类体验。当我们意识到自己的情绪状态时,不要抗拒或否认它们,而是接纳并尝试理解其根源。通过观察自己的情绪,我们可以更好地掌握情绪的力量,避免被情绪所控制。

饮食、睡眠和锻炼对情绪的控制起着重要作用。保持均衡的饮食,追求足够的睡眠和进行适度的运动可以提升身体和心理的健康状态。研究表明,身体健康与情绪稳定密切相关。通过培养健康的生活习惯,我们能够增强情绪的稳定性和抵抗力,更快地恢复好心情。

每个人都有不同的情绪调节策略,重要的是找到适合自己的方法。有些人喜欢与朋友聊天,倾诉自己的感受;有些人喜欢通过写日记来宣泄情绪;还有人可能选择冥想、放松训练或艺术创作来缓解压力。通过探索和实践不同的情绪调节策略,我们可以找到最有效的方法来平衡自己的情绪,迅速回复良好的心情。

积极心态是保持良好心情的关键。尽管生活中会遇到挑战和困难,但我们可以通过改变自己的思维方式来培养积极心态。注意自己内心的对话,将注意转移到积极的方面。替换消极的自我批评和负面的预期,鼓励自己,寻找事物中的积极面,并感激生活中的小事物。积极心态不仅能帮助我们更好地控制情绪,还能增强我们的抗挫折能力和自信心。

控制情绪并迅速恢复好心情是一项持续的学习和实践过程。通过意识情绪、培养健康生活方式、寻找情绪调节策略、培养积极心态、改变环境以及寻求专业支持,我们可以更好地掌控自己的情绪,提升心理健康,并在面对生活中的挑战时更快地恢复良好心情。重要的是要对自己保持耐心和善意,相信自己有能力面对和克服情绪困扰,并追求积极、充实和愉悦的生活。

总结案例

2023"十大网络流行语"公布结果,"i人e人"位列第一。成为i人e人,首先要了解MBTI测试。MBTI,是迈尔斯布里格斯类型指标(Myers-Briggs Type Indicator)的缩写简称,它是一种基于卡尔·荣格的心理类型理论而设计的性格测试,可以测量和描述人们在获取信息、作出决策、对待生活等方面的心理活动规律和性格类型。

爆火的"i人"和"e人"其实是"注意力方向"两种类型的代表:内倾(introversion)和外倾(extroversion)。简单来说,"i人"是精力源自独处、性格内敛的人群,而"e人"则是通过社交获取能量、性格外向的人群。

i人通常更注重个人成长和独立性,拥有强烈的目标意识和意志力,擅长深入思考,善于倾听内心的声音,能展现出超乎寻常的专注力,并愿意进行持久深入的学习和研究。目标与使命感,让i人对生活和工作一丝不苟,也让i人对自己有着清醒的认识:热闹的世界比不上内心的宁静,不爱社交,但不是不合群。需要的时候,也可以成为社交达人,但更享受私下独处的时间。

e人通常更注重社交和团队活动,善于与人沟通和合作,并且能够在团队中发挥主导作用,乐于接受挑战,富有冒险精神,能够快速应对生活和工作中的挑战和变化。e人的生活与工作离不开与外界的互动,渴望获得积极的反馈。尽管外界充满不确定,但自我的态度可以很坚定。接收到正向的反馈,就把这个世界串联得更好;接收到负向的,就把它过滤掉。

分析: 无论是i人还是e人,都可以发展出良好的人际交往技巧,建立和谐的人际关系。

活动与训练

活动7-5 友谊在指间

主题：友谊在指间。

目标：体会人与人之间的真诚交流。

建议时间：30分钟。

活动步骤：

1. 将参与者分成人数基本相等的两组，一组学生围成一个内圈，另一组学生站在内圈同学的身后，围成一个外圈。内圈学生背向圆心，外圈学生面向圆心，即内外圈的学生两两相视而站。

2. 学生在教师的口令指挥下做出相应的动作。当教师发出"手势"的口令时，每个成员向对方伸出 1～4 根手指。

（1）伸出一根手指表示"我现在还不想认识你"。

（2）伸出两根手指表示"我愿意初步认识你，并和你做个点头之交的朋友"。

（3）伸出三根手指表示"我很高兴认识你，并想对你有进一步的了解，和你做个普通朋友"。

（4）伸出四根手指表示"我很喜欢你，很想和你做好朋友，与你一起分享快乐和痛苦"。

3. 当教师发出"动作"的口令时，成员就按下列规则做出相应的动作。

（1）如果两人伸出的手指不一样，则站着不动，什么动作都不需要做。

（2）如果两个人都是伸出一根手指，那么各自把脸转向自己的右边，并重重地跺一下脚。

（3）如果两个人都是伸出二根手指，那么就微笑着向对方点点头。

（4）如果两个人都是伸出三根手指，那么就主动热情地握住对方的双手。

（5）如果两个人都是伸出四根手指，则热情地拥抱对方。

4. 每做完一组"手势—动作"，外圈的成员就分别向右跨一步，和下一个成员相视而站，跟随教师的口令做出相应的手势和动作。以此类推，直到外圈的同学和内圈的每位同学都完成了一组"手势—动作"为止。

5. 经验分享

（1）刚才自己做了几个动作？握手和拥抱的亲密动作各完成了几个？为什么能完成这么多（或为什么只完成了这么少）的亲密动作？

（2）当看到别人伸出的手指比自己多时，心中的感觉是怎样的？当自己伸出的手指比别人多时，心里的感觉又是怎样的？

（3）从这个游戏中，你得到了什么启示？

思考与讨论

1. 回想自己的人际交往经历，思考你做得最好和最差的是哪三条？给你留下什么样的经验或者教训？

2. 综合来看，你认为自己最迫切要改进的人际交往方式是什么？你有什么样的改进计划？

3. 下文是对戴尔·卡耐基所著《沟通的艺术》中格言的精选，请仔细阅读这些格言，并思考后面的几个问题。

人际交往的基本技巧：① 不要批评、指责或抱怨别人。② 看到别人的优点，给予真挚诚恳的赞赏。③ 激发别人内心强烈渴望的需求。

让人喜欢你的六大秘诀：① 真诚地关心别人。② 微笑。③ 记住一个人的姓名。④ 做一个善于倾听的人，鼓励别人谈论他们自己。⑤ 了解对方的兴趣，就他感兴趣的话题进行交谈。⑥ 使别人感到重要，并真诚地照此去做。

使人赞同你的十种方法：① 赢得辩论的唯一方法是避免辩论。② 尊重别人的意见，千万不要指责别人的错误。③ 如果你错了，迅速坦诚地承认。④ 用友善的方法开始。⑤ 使对方立刻说"是"。⑥ 让对方多多说话。⑦ 使对方觉得那是他的主意。⑧ 真诚地从对方的观点来看待事情。⑨ 同情别人的想法和愿望。⑩ 激发人们高尚的动机。

不伤感情而改变他人的九大技巧：① 从称赞及真诚的欣赏着手。② 间接地提醒别人注意他的错误。③ 在批评对方之前，先谈论你自己的错误。④ 建议对方，而不是直接下命令。⑤ 使对方保住面子。⑥ 称赞对方最微小的进步，并称赞每一次进步。⑦ 给人一个好名声，让他为此而努力奋斗。⑧ 多鼓励，使别人的错误更容易改正。⑨ 使对方乐于做你所建议的事。

问题：

（1）人际交往的基本技巧有哪些？

（2）有哪些秘诀可以让人喜欢你？

（3）有哪些方法可以让人赞同你？

（4）有哪些技巧可以不伤感情而改变他人？

第3模块 | 积极面对

把握真爱

异性交往是大学校园里的永恒话题,是人生中不可缺少的一部分,能给生命带来色彩和阳光。异性交往也是青年学生所关注的一个热点问题,成为校园里的一道特别的风景。难道不谈恋爱真的就落伍了吗?需要为了恋爱而去恋爱吗?爱情和学业真的不可兼得吗?"毕业就分手"的情况真的不可以改变吗?我们到底应该怎样做?

学习目标

- 理解影响"吸引"产生的几种因素。
- 了解爱情的科学定义;能区分爱情和喜欢。
- 熟悉斯滕伯格提出的爱情三元素。
- 把握校园异性交往的基本原则,树立正向爱情观。

8.1 善待异性交往,理智应对吸引

心理箴言

爱情的意义在于帮助对方提高,同时也提高自己。

——车尔尼雪夫斯基

莹莹的烦恼

莹莹,某大学三年级学生。她和前任男友是在旅游时认识的,旅途中二人聊天发现是老乡,聊得不错后就决定交换联系方式,旅游时彼此相互照应。莹莹觉得那个老乡很可靠,有点喜欢他,回到学校后,就拨通了对方的电话,还约了见面吃饭。确定恋爱关系之后,莹莹每天都给对方打好几个电话。"我愿意听他对我讲那些甜言蜜语,并希望能了解他的一切。"突然有一天,对方打电话给莹莹,说他感觉自己没有足够的私人空间,要求中断两人的恋爱关系。莹莹仍频繁地给对方打电话,她觉得只要有联系,这段关系就可以挽回。莹莹表示只想和对方做普通朋友,却被拒绝了。"做不了恋人难道不可以做朋友吗? 我确定我还爱他。即使彼此不再相爱了,我们也可以是很好的朋友啊!"莹莹很是烦恼。

分析:理智的爱能带来幸福,盲目的爱会给人痛苦。莹莹在交往过程中,不停地打电话,这种行为挤占了对方的自由空间,让对方无法承受。莹莹只在片面地满足自己的精神需要,忘了把彼此放在平等的位置上,这可能就是二人分手的原因。

一、人际吸引

人际吸引是个体与他人之间情感上相互喜欢、相互需要而产生的依赖状态,是人际关系中的一种肯定形式,是人际交往的第一步。吸引的程度可以分为亲近、喜欢、爱情。心理学家认为影响人际吸引的因素主要有以下六个方面。

（一）熟识性

在其他条件不变的情况下，当两个人在物理空间距离上相互离得越近时，越容易导致人际吸引；当见面机会较多时，容易因熟悉产生吸引力，彼此的心理空间就容易接近，人际吸引也更容易发生。如同班级、同乡、同社团的人易发生爱情，就是受熟悉性的影响，但交往频率与喜欢程度的关系呈"倒U形"曲线，交往频率过低与过高都不会使彼此喜欢的程度显著提高，反而在中等交往频率时，彼此喜欢程度较高。

（二）相似性

在兴趣爱好、社会背景、年龄经验、理想信念、人格价值观等方面比较相似的两个人之间更容易产生人际吸引。"酒逢知己千杯少"说的就是这个意思。

（三）真实性

人格特质是影响人际吸引最稳定的因素。即使没有美丽的外表，没有良好的社会背景和人脉资源，只要有卓越的人格特质，依然会具有非凡的吸引力。

知识卡片

真正的爱情

爱情是受社会因素影响的生理、心理和主观情感结合的复杂现象。在不同时代和文化背景下，人们对爱情有着不同的理解。爱情三角理论认为，爱情由亲密、激情、承诺三个成分构成。多伦多大学心理学教授约翰·艾伦·李以三原色形容爱情，认为爱情的三种形式是激情、游戏和友谊。人们会由于依恋类型、爱情信念观、年龄和性别等个体差异而产生不同的情感。从"热恋"到"内省"，爱情本身也可以划分出不同的阶段。爱情的伟大之处，是两个毫无关系的人能心相结合，彼此造就"伟大"。爱情是灵魂的融合，而不是对物质、利欲的庸俗追求。爱情是有高度的，这种高度，便是从一结合就有了从相伴一路走到人生尽头的念头和准备。

所谓的爱情，不只是靠说说而已的。成年人的世界里，做远比无谓的花言巧语来得实在，没有兑现的承诺再多又有何用？那到底什么才算得上是真正的爱情呢？

真正的爱情大抵是这样：因为彼此成就了更好的自己，遇到逆境两个人互不抛弃，甘愿为对方赌上命运和前途，永远保持激情和浪漫。

1. 我是爱你的，但你是自由的

现在很多年轻人在恋爱时会产生习惯性的依赖，强烈的占有欲导致无时无刻都在监督对方的动向，这种变质的爱情让人喘不过气来。

爱情中最容易让人产生的一种错觉就是：我们相爱，那你就是我的私人物品。这种想法是不对的，每个人都是独立的个体，不要以爱的名义去捆绑你们的关系。

真正的爱情是：我爱你，所以我选择相信你；我给你自由，因为我知道你不会走。

2. 互相成就，共同进步

好的爱情不是天天待在一起，无所事事，而是要为了给彼此更好的未来去奋斗。最卑劣的分手理由就是：我给不了你好的生活。

既然知道给不了，为什么不去努力呢？不必怀疑，这种人绝对是不爱你的。真正爱你的人不会舍得把你拱手让给别的人，因为在他（她）心里觉得，你的幸福只能他（她）给。

两个人在一起，不是想着依附对方，而是各自在自己的领域中成长，互相成就，由最好的自己变成更好的我们。

3. 爱你就像爱生命

很多人觉得，爱情是一件平凡的事情，怎么就有人甘愿为此付出生命的代价？爱情是一个模糊的概念，看不见也摸不着，但会让人切实地感受到，一个人爱不爱你，会从种种细节和表现中流露出来。

《泰坦尼克号》中露丝和杰克的凄美爱情便是再好不过的例子。出于不同阶层的两个人，不顾家族反对和世俗的偏见坠入爱河，最终杰克把唯一生存的机会让给了心爱的女人。这完美地阐释了什么是"真正的爱你胜过爱自己"，这可谓是爱一个人最高的境界了。

爱情既是平常的，却又是伟大的。每个人对爱的理解不同，看法也固然不尽相同。

真正的爱情不是一时冲动的产物，而是经得起长时间的考验的。有怦然心动的感觉，有一起走完一生的决心，有共同面对困难的勇气。

感情从来都不是一个人的事情，双向奔赴的爱情才能算得上是有意义的。拥有爱情很幸福，同时也需要担负更多的责任，有怦然心动的感觉，有一起走完一生的决心，有共同面对困难的勇气，当你真正准备好接受这些，才能得到真正的爱情。

（四）完善性

一个人如果优点越多，就越招人喜欢。但假如极端情况下，一个近乎完美、待人处事毫无破绽的人是最受欢迎的吗？答案是否定的。最容易吸引他人的是那些优秀但有一些无伤大雅的小缺点的人。对于那些受欢迎的人，一些小的缺点和错误（如打翻咖啡杯）不仅不会影响人们对他的好感，反而会让人从心里感到一种亲切，认为"他和我一样也是普通人"，从而减少心理上的距离，增加对他的信任和喜爱。

（五）外在形象

容貌、身材、服饰、举止、风度等个人外在因素对人际吸引的影响也是很大的。在交往的初期，好的外貌容易给人留下良好的第一印象。外貌美能产生光环效应，即人们倾向于认为外貌美的人同时具有其他的优秀品质，尽管事实未必如此。作为青年学生，要适当注意自己的外在形象，我们并不建议大学生相互攀比外表、服饰，但要保证衣着服饰干净整洁,言谈举止礼貌文明,外表阳光,朝气十足。即使外在形象一般,只要足够自信,敢于展示自己美好的一面,就依然具有魅力。

　　美国学者安德森研究了影响人际关系的人格品质,发现受喜爱程度最高的六个人格品质是真诚、诚实、理解、忠贞、真实、可信,最不受喜爱的三个品质是说谎、虚伪、不老实。我们发现最受欢迎的人格因素与最不受欢迎的人格因素都与真诚有关。安德森认为,真诚受人欢迎,不真诚则令人厌恶。

(六) 增益性

　　态度的改变会对人际吸引产生影响。研究表明,人们最喜欢的并不是那些一直对他们好的人,而是那些一开始态度并不积极,随着时间推移逐渐变为积极态度的人。阿伦森称之为"增益效应"。我们确实会认为那些对我们越来越好的人具有很强的吸引力,最初的起点比关心的平均水平更为重要。

二、把握好与异性交往过程中的" 度"

案例　心跳加快不一定是喜欢

　　今天是星期五,小王要和一位异性朋友一起出去逛街,在出发时由于走得太急,将一块含咖啡因的糖果当成了普通软糖放进了嘴里(自己并没有发现这一点)。在逛街的过程中,他感到心跳速度越来越快,心想:我们并没有走很快,应该不会引起心跳加快。那是什么原因呢? 转身看看身边朋友,之前自己一直是把她当成普通的朋友,但是现在感到心跳加快,他想:"难道我喜欢上她了?"

　　分析:心跳加快,手心出汗,这些确实是恋爱的反应。但在上例中,主人公"我"出现这些反应的原因其实是因为吃了含有咖啡因的糖果。然而,他并不知道这一原因,因此对这一现象进行了错误的解释,认为是被吸引所引起的。所以,如果某天我们忽然感觉某个普通异性朋友对自己产生了吸引,一定要记得分辨是每次相见都能产生这种吸引的感觉,还是偶然有一次产生了这样的感觉。

　　在与异性交往过程中,无论是身体上,还是心理上,都应与异性保持一定的距离,都应以互相尊重为前提,共同进步为目标,所以如何把握好与异性交往的"度"就显得尤为重要。我们应从以下两个方面权衡把握与异性交往的"度"。

（一）异性交往与学业

"异性交往"从来不是学业失败的借口。事实上，爱情与学业不应该是水火不容，健康积极的爱情不仅不会对学习造成负面影响，反而可以成为学习的积极助力。对于一个学生来说，学习始终是我们现阶段的主要任务，我们应该始终坚持以学业为重，积极处理好爱情与学业的关系。如果能够兼顾感情和学习，甚至让这种美好的感情成为推动学业发展的助动力，就要好好珍惜这份感情，并努力为之学习，为之奋斗，使其成为学业的助燃剂，在两者的互动过程中尽情享受学业与爱情带来的喜悦。反之，如果无法两者兼顾，那么请对自己的人生、未来和爱的人负责，专心投入学业，认真完成现阶段的主要任务。

（二）正常交往与性骚扰

正常的交往关系是建立在双方自愿自主的前提之下的，在这一关系中，双方都要能够自主自愿地表达自己的意愿。任何违背一方意愿而进行的行为都属于骚扰，不是正常交往。骚扰分为语言性骚扰和躯体性骚扰。语言性骚扰是指反复追求一个曾多次拒绝自己的异性，用尽一切办法试图让对方接受自己的感情，出现在其生活的各种场合，对其正常生活造成了影响和干扰。躯体性骚扰是指在违背对方意愿的前提下，对其进行任何形式的身体接触行为。这两种形式的骚扰可以发生在不是正常交往关系的两个人之间，同样也可能发生在原本是朋友关系的两个人之间。区分骚扰和正常交往行为的关键就在于是否违背了一方的主观意愿。

骚扰是伤害的一种，会给别人带来一定程度的影响，是不正常的交往方式。对于骚扰他人的一方来说，一定要分清追求和骚扰的区别。正常交往不是"死缠烂打"就能得到的，如果错误地认为对方的拒绝是"以退为进""欲拒还迎"，而一次次地陷入自己的臆想之中，对对方的生活造成严重干扰，这不仅严重侵犯了被骚扰者的人格尊严，也影响到自身人际关系的和谐与稳定。

对于被骚扰的一方来说，一定要学会对这些违背自身意愿的行为说"不"。感情的本质是尊重和平等，如果一个人为了自己的私欲而忽略你的想法，不尊重你的意愿，那这种情感绝对不是正常的，这个人也绝对不值得交往！不要犹豫，放下种种顾虑，对待违背自己意愿的骚扰行为一定要严厉地拒绝和制止，而不应该一味地忍气吞声，在必要的时候，还可以寻求值得信赖的第三方的帮助。

正常交往应该带给人快乐和幸福，而不是痛苦和困扰，分清正常交往与骚扰的区别，划定两者的清晰界限，坚决地对骚扰者说："请别打扰我的生活！"

三　异性交往中的道德

在与异性的交往过程中，尽管始于颜值、陷于才华，但最后还是要忠于人品。无论在何种情况下，都应保持一定的理智，对自己和对方承担起应有的责任。在一段关系里，道德好坏是这段关系能否长久的重要因素之一。所以在交往时,我们要注意以下三个方面。

(一) 交往过程负责任

正常的交往是同高尚的道德融为一体的,异性交往离不开高尚的道德。对于大学生来说,我们要始终牢记,和异性间的正常交往不仅仅是一种权利,更意味着责任和义务。一旦双方确定了交往关系,就有责任共同承担这一关系所包含的各种义务。爱情是一种给予,它蕴含着对对方的强烈的责任感和义务感,它要求双方向彼此负责,尊重对方的情感和身体,这也是交往道德最突出的表现。那些只追求"过程美好"的、不顾结局的、建立在游戏心态上的所谓"爱情",最终是不能带来甜美的果实和幸福的未来的。

(二) 交往过程免纠缠

三角恋爱即一男两女或一女两男同时建立恋爱关系。不管你是挑起三角恋情的主角,还是被动卷入了三角恋情,你都要尽早地作出你的选择。爱是两个人的事,从来都是自私的,不可能同时脚踏两只船,三角恋只会让恋情陷入焦灼。在感情里贪心的人,最后的结果一定是伤人伤己。不管因为什么陷入三角恋情,都说明根本就不是真爱。与其卑微地爱与被爱,不如快刀斩乱麻,断了这段关系,重新寻觅真正属于两个人的情感,重新开始自己的美好人生。

(三) 交往行为有分寸

一方面,随着社会和人们观念的开放程度的提高,异性交往成为一种非常正常的行为。但是在公众场合,还是应该注意把握基本的行为分寸。大庭广众之下,过分亲密的行为会给他人带来尴尬和不适。

另一方面,在一段过度亲昵的关系中,双方会被表面的美好迷惑,忽略现实存在的隐患,致使精神世界陷入迷茫,最终结果就是生活与情感失衡。这样的关系会令彼此都十分苦恼。

总结案例

爱情与学业如何选择

小军,某职业技术学院机电专业大二学生。面对心理咨询老师,他先讲到所学专业的难度较大,学习起来很费劲。随后,又谈到自己最近和一个女同学的关系不错,平时互相关心,感情很好,两人天天见面,导致自己真正用在学习上的时间更少了。近来,学习成绩也一直不理想。"我应该怎样处理好学习和与她交往的事情呢?"郑军迷惑地问。

分析:小军同学遇到的问题其实是爱情与学业的平衡问题,不少同学也同样会遇到。有的情侣因大学期间只顾着谈恋爱造成挂科,无法正常毕业,更无法找到心仪的工作,结果两人黯然分手;但是有的情侣大学期间约会地点是图书馆,学业上相互督促,生活上相互帮助,最终双双踏入更高的学府。正如前面提到的,爱情与学业并不是水火不容的。小军同学应当将爱情化为学习的动力,为了使这段爱情能够修成正果,应当努力学习,不断提升自己,这既是对自己负责,也是对所爱的人负责。如果发现这种交往已经成为妨碍学习的极大负担,难以应对,就不应该继续维持下去。

活动与训练

活动8-1　了解自己的追求

主题:认清什么才是最重要的。

目标:了解自己的追求,认清生活中你认为最有价值的东西。

建议时间:40分钟。

活动步骤:

1. 6～8人为一组,每个人的座位围成一圈。

2. 指导教师宣布游戏规则:每个人都是一个即将破产的商人,有一些很重要的财产可以作为拍卖的商品,这些财产到最后只能保留一个,请按照拍卖的顺序写出这些财产的顺序,它们分别是亲情、友情、爱情、智慧、荣誉、健康。

3. 学生听完给定的情境后,认真思考,作出自己的选择。

4. 以小组为单位,统计学生的选择情况,并进行讨论,说明自己的选择。

5. 通过以上讨论,你发现什么才是自己生命中最重要的呢?

思考与讨论

1. 影响人际吸引的因素主要有哪些?

2. 正常的交往行为与骚扰有哪些区别?

3. 基本的交往道德包括什么?

8.2 理解爱情真谛,理性面对感情

大三女生小王的求助信

我和男朋友从刚进大学就在一起了,到现在已经两年多了,基本上一切都很顺利,虽然有过争吵,但我们都能很快地和好。可是,几天前我却在他手机里发现了他和另一个女生的亲密聊天记录,我问他为什么要背叛我,不管怎样,他必须要给我一个合理的解释。

这时,我男友才吞吞吐吐地告诉我,去年我参加职业技能大赛的时候,那个姑娘失恋了,有一天晚上就给他打电话,他们聊了好多,他不停地安慰她。之后他们两人的联系越来越多,不知不觉就相互产生了好感。他还告诉我,他们两个人是真心相爱,他只是不想伤害我才没提出分手。

他的这些话让我彻底死心了,我平静地提出分手。我突然觉得人生很失败,男友背叛了我。我开始不相信周围的人,甚至喜欢用质疑的态度和别人相处,我不相信友情,也不相信爱情,我很反感现在的自己,我该怎么办?

分析:失恋是很多人要经历的事情,重要的是在失恋后对这段感情,对自己的失误,对获取的经验要进行一个重新的梳理和分析。时间能让人淡忘,能让人成长,既然这是一个无法改变的事实,为什么我们还要折磨自己呢?接受现实,然后更好地生活,这才是最好的选择。失去一段不属于你的感情,也许是为了让你在正确的时间找到那个正确的人。

一 爱情是什么

爱情是人类最复杂也是最微妙的一种情感,是一个古老但又时尚的话题。我们常说爱情是人类永恒的主题,但我们是否了解什么才是真正的爱情呢? 在现实生活中,爱情是一对男女之间基于一定客观物质基础和共同的生活理想,在各自内心形成的最真挚的相互倾慕并渴望拥有对方,直至成为终身伴侣的强烈的、持久的、纯真的感情。

爱情现象十分复杂,也难有一个明确的分类。但从心理学的角度来看,心理学家约翰李和斯滕伯格所提出的两种理论最具有代表性。

(一) 李氏爱情彩虹图

约翰李认为爱情是一种态度,他通过使用爱情故事分类卡片的方法对大量文学作品和受访者的感情经历分析后,归纳出了爱情态度的三原色,分别是浪漫、游戏和友谊,并组合成六种不同的爱情风格。

1. 占有式爱情

占有式爱情通常是单方面的,表现为对所爱对象的强烈的占有欲望,一旦对方有所懈怠,没有以同样的方式回应,就会产生强烈的嫉妒猜忌,很容易导致偏激的行为。

2. 浪漫式爱情

浪漫式爱情脱离了基本需求,将爱情理想化,包含着天真与理想化的成分,把爱情看成脱离现实、风花雪月的故事,只在乎瞬间的美丽,不考虑长远的未来。

3. 奉献式爱情

奉献式爱情是一种完全无私的情感,心甘情愿为所爱的人牺牲一切,完全不求任何回报,认为"爱情是付出而不是索取"。

4. 现实式爱情

现实式爱情是满足相对现实性的需要,是对于彼此需要的回应,为生存而生活,情感需求则退居其次。

5. 伴侣式爱情

伴侣式爱情建立在相互了解的基础上,是由友情缓慢地逐渐演变而成的一种爱情,是一种平淡而深厚的东西,一般表现出细水长流,而非刻骨铭心的体验,是以走向婚姻为目的的情感交往。

6. 游戏式爱情

游戏式爱情视爱情如游戏,只为满足个人的一己之私,只追求个人需要的满足,在恋爱行为中表现为轻易更换恋爱对象,是一种极其没有道义和责任感的行为。

(二) 斯滕伯格爱情三元理论

与李氏对爱情进行的分类不同,斯滕伯格认为,爱情的形式虽然复杂多变,但在要素上却是一致的,主要由三种要素构成:亲密、激情与承诺。

亲密就是亲近的感觉,与某人能够很好地沟通,相互交流。从行为上说,亲密就是互相分享秘密,并且只是彼此分享秘密。激情的定义因人而异,它是引起我们追求浪漫爱情的动力,也可认为是某种生理吸引,即两性间的欲望。斯滕伯格认为,这同样是恋爱关系中必不可少的一种要素。第三种要素是承诺,指的是一个处于恋爱关系中的人愿意为这段关系贴上爱情标签并愿意作出承诺来维持这段关系(至少持续一段时间)。斯滕伯格认为,如果不称这种感情为爱情,或者没有保持这段关系的欲望,那这种感情就不是爱情。所以,如果对于某人的某种情感同时具备以上三要素,就是完美的爱情。

但是,如果只具有这三种要素中的一种或两种,那这种感情又算什么呢?与爱情有什么不同呢?斯滕伯格的这一理论的有趣之处就在于它形成了许多不同的排列组合,对每种感情仔细研究,并作了如下说明(图8-1)。

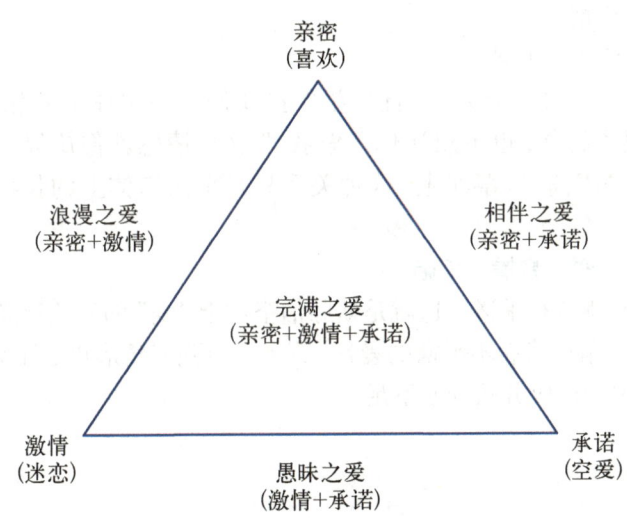

图8-1　斯滕伯格的爱情三角模型

斯滕伯格认为,爱情的三种要素会随着时间的推移而发生变化,某对爱情伴侣在不同时期可能会体验到不同类型的爱情。比如在刚刚确立恋爱关系时,可能体验到的是浪漫之爱,而对于老夫老妻来说,更多的是相伴之爱。

在爱情的三种要素中,激情是最容易发生变化的,也是最不容易控制的成分。所以,有人可能会对伴侣的欲望急剧飙升,然后又迅速消退,人们很难有意识地控制这些变化。

1. 喜欢:只有亲密

你和某个人感到亲近,你们彼此相互分享秘密、交换信息。但对方对你不存在生理上的吸引,你也没有对维持这段关系作出承诺。大多数典型的友谊都属于这种情感(注意:这里的友谊指的是普通朋友而不是亲密朋友)。

2. 迷恋:只有激情

你对某个人有很强烈的欲望,但你们并不亲密,彼此之间也不存在长期承诺,"一见钟情"就是这种感情。这类感情中的人多数想："我们之间并不亲密,我对我们的未来也没有承诺,甚至,我对未来连想都没想过,我想的只有当下,在当下,你对我有吸引力!"

3. 空爱：只有承诺

你和某人并不亲密也不交流,同样,彼此间不存在激情。但是,你们却要维系这段关系,你们始终要对彼此负责。古代的"父母之命,媒妁之言"就会产生这种空爱。

4. 浪漫之爱：亲密+激情

"我们分享秘密,我们充满激情,彼此吸引,但未来太多不确定,我们不会相互承诺。"事实上,一段恋爱关系开始时往往都会是这样,如罗密欧与朱丽叶的爱情。

5. 相伴之爱：亲密+承诺

"虽然我们彼此分享秘密,但生理上并没有什么特别的吸引,然而,我们都对这段关系有着承诺。"这就是典型的亲密朋友之间的关系。"我们彼此坦诚,我们渴望永远做朋友,但我们之间不存在激情。"

6. 愚昧之爱：激情+承诺

"你对我有肉体上的吸引力,并且希望保持我们之间肉体上的相互吸引。但我们并不亲密,我不想了解你,也不想让你了解我。"这种情感就像旋风一样,很可能导致"闪婚",不久后又"闪离"。事实上,这种关系只是承诺肉体上的长期关系,所以很难持久。

7. 完满之爱：亲密+激情+承诺

同时具备亲密、激情和承诺。这就是斯滕伯格对于"爱"的完整定义。完美之爱是等边三角形,不等边三角形代表不平衡的爱情,哪个顶点到三角形重心距离最长,就表明是主要成分,反之则说明该成分缺少或不足。

二、 爱情的本质

1. 精神平等

平等性是爱情的首要特性,也是爱情的基本前提,相爱的两个人只有相互尊重、相互信任、相互支持,他们之间所产生的情感才能称为爱情。依附和占有都不是爱情关系中所应该有的表现,爱情的本质是平等。

2. 情感专一

爱情的世界里只有彼此,容不得任何第三者的介入。爱情强调彼此忠诚、相互付出。他(她)应该是你唯一关怀的对象,爱情是独占性的,必须要求一心一意,具有高度的排他性,这既是对对方负责,也是对自己的感情负责。

3. 相互包容

爱情不仅仅意味着双方的相互吸引,更需要彼此相互包容、相互支持。不管是在情感还是生活上,双方都需要互相扶持、互相依靠,为了共同未来而努力拼搏。

4. 分享创造

爱情是一个相互分享的过程,并把对方看作生命中不可或缺的一部分,生命中所有的快乐、悲伤、知识、信仰等都可以彼此分享,双方共担风雨,双方情感和思想逐渐相容。爱情具有一种积极的能量,能给予双方生命力和创造力。

5. 承担责任

爱是一种能力,是爱人的能力也是被爱的能力。爱更是一种责任,是一种对对方负责、对双方的未来负责的能力。爱要能站在更长远的角度对双方的关系进行思考,要能无私地为对方奉献自己的全部。爱更要能充分了解自己和对方,要有能力、有信心给对方全部的信任,要有能力、有信心创造共同的未来。

三 恋爱积极与消极的命题

校园恋爱对于大学生来说,究竟是弊大于利,还是利大于弊? 这个问题一直是各大辩论赛的一个热点话题。事实上,任何问题都不能一概而论,有利的同时自然也有弊,我们要辩证地看待这一问题,正确认识校园恋爱的积极意义和消极影响。

(一)积极意义

1. 恋爱是青年人的心理需求

大学生在经历高考的压力后步入较为轻松的全新的学习、生活环境,其生理、心理趋于成熟,心理上产生了追求爱情的需要。恋爱,在一定程度上能够满足青年人的心理需要,使其心智更加成熟,人格更加健全。真正学会如何爱一个人、如何被爱,对青年人未来的健康发展具有重要的积极意义。

2. 恋爱能使双方学会相互体贴、相互宽容

许多学生在进入高校之前,一直是在父母无微不至的照顾中成长起来的。任性、自私似乎成了他们所具有的固定标签。但是,恋爱使这些青年人开始转变。他们意识到不能再继续任性,开始学着为身边的人着想,开始懂得照顾、体贴、宽容他人。正如法国作家雨果曾说过的那样,人生有两次出生:头一次,是在开始生活的那一天;第二次,则是在萌发爱情的那一天。

3. 恋爱可以增加青年人的责任感

爱情可以增加一个人的责任感,正确的恋爱可以增强其对社会的责任感。既然爱一个人,就要为对方付出,对对方负责任,使对方快乐,只要对方幸福,自己也就是幸福的。爱情促使情侣双方为了共同的目标而努力奋斗,为了理想而共同努力,真正的爱情可以成为学习的助力剂和促进两个人进步的动力。

(二)消极影响

1. 恋爱会分散精力,影响双方的学业

人的精力是有限的,而恋爱又是相当费时费力的一件事情。如果过分地投入恋爱,沉溺于二人世界的甜蜜当中,就很有可能忽略了学习,在激烈的学业竞争中处于劣势地位。在现实中,我们经常可以看到,恋爱中的双方形影不离,上课、吃饭都在一起。爱情的炽热不断压抑了做其他任何事的欲望,一切都被强烈的爱所掩盖。有调查显示,在高校中,不

及格、补考现象往往与恋爱有着直接的关系。所以,如果不能正确地处理好恋爱与学业之间的关系,过早地恋爱对个人发展是不利的。

2. 校园恋爱会增加经济负担

对于经济还未独立的在校学生来说,恋爱绝对是一个"奢侈品"。恋爱中的情侣要一起吃饭、看电影、互赠礼物,还要一起外出旅游,过一系列节日,这些花费全部加起来,是一笔不小的开支。如果没有找到合适的应对方法,爱情也难以稳固长久。

3. 校园恋爱成功率低

处于校园中的青年男女,虽然对爱情具有客观的生理、心理需要,但由于心理的发展和成熟在一定程度上滞后于生理,人格尚未完全成熟,很难处理好恋爱带来的各种问题。不成熟的心理使他们既不知道自己需要怎样的恋人,也不懂得用合适的方法去爱人,更难以妥善地处理恋爱中的各种矛盾。此外,由于双方对未来的不确定性,使得校园恋爱往往逃不开"毕业即失恋"的结局,真正能"开花结果"的少之又少。

总结案例

恋爱的烦恼

小健和小芬都是某职业技术学院的学生,他们在学校举办的一次文学活动中结识,并慢慢深入了解,关系逐渐升温。但是,两人的个性都很要强。"我们有时会吵架,通常都是我说话或做事不太注意,没有顾及她的感受而让她生气。我觉得这并不是什么大事,她却总是跟我较真,最后往往要我承认我做错了才能了结。我真的很讨厌这样,有时甚至觉得自己受不了她。"小健说。

分析:由于家庭环境、个性等原因,两个人在一起,总会存在或多或少的矛盾,有时甚至会引起争吵。爱情的维持,需要双方相互包容和相互体谅。两个人遇到问题的时候,可以换个角度思考,先想想自身的问题,再站在对方的角度进行思考,矛盾就迎刃而解了。

活动与训练

活动 8-2   爱的类型判断

主题:爱的类型判断。

目标:能够运用斯滕伯格爱情三元理论判断情感类型。

建议时间：20分钟。

在表8-1的第一列写下自己所认识的人的名字（可用代号表示），然后对照斯滕伯格提出的三个要素打钩，判断自己与他人之间的情感类型。自己可以选择是否与他人讨论这个表格的结果。

表8-1　斯滕伯格情感类型判断表

姓　名	亲　密	激　情	承　诺	情感类型

思考与讨论

1. 校园恋爱有哪些积极意义和消极影响？
2. 通过本节的学习，你对爱情有哪些新的理解和领悟？

8.3　善于把握真爱，走出爱情误区

心理箴言

在年轻的时候，如果你爱上一个人，请彼此温柔的相待，就算是分开的时候也要心存感激……不管你们相爱的时间有多长或多短，若你们能始终温柔地相待，那么所有的时刻都将是一种无瑕的美丽……

——席慕蓉

受人欢迎的阿杰

阿杰身高一米八几,长得英俊潇洒,学习成绩和体育都很棒,一直是女生青睐的对象。最近,有三个女生同时对他表示了好感,他感到非常高兴,却又相当犹豫。这三个女生各有各的优点,他不知道该如何选择。最后,阿杰决定与三位女生同时进行交往,先广泛接触,再进行考察和选择。他瞒着几位女生,周旋在她们之中,以此为荣并乐此不疲。"我知道这样不好,但是人都是自私的,总要给我比较和选择的机会嘛。"阿杰说。

分析: 阿杰的个人整体条件堪称优秀,但是他将爱情视为一种可供挑选的商品,这种观点显然是错误的。

一、校园恋爱的典型类型

如果问一个恋爱中的人:"你为什么恋爱?"他一定会觉得这个问题莫名其妙:"感觉到了就爱了,哪有这么多为什么。"但是,如果仔细地想想这个问题,并向周围的其他同学提问,就会发现答案多种多样。曾有学者对"大学生的爱情观"进行过调查,结果显示,在校园"恋爱族"中,大学生恋爱的动机各不相同。有的学生是抱着慎重态度,为了寻求终身伴侣而进行恋爱;有的学生因为"一见钟情"而坠入爱河;有的学生为了摆脱学习生活的孤独,以恋爱的方式来寻求慰藉;有的则是为了满足自己的好奇心、虚荣心,甚至为了追求"潮流"而谈恋爱。校园恋爱主要有以下几种类型。

(一)游戏型

对于大学生来说,未来存在很多的不确定性:在哪个城市工作,从事什么工作,以后计划怎么发展。很多的问题都暂时没有答案。所以,很多大学生在面对恋爱时采取的是一种"不求天长地久,只求在我最灿烂的年华中遇见你"的态度。这种观点看似浪漫,实则是一种不负责任的游戏心态。爱情的必备要素是"承诺",承诺就意味着责任,意味着对未来的计划和安排。在不能对未来作出承诺之前,应该保持对对方最基本的尊重。

(二)自私型

爱情是心与心的交流,它是无私的,又是自私的;它既有奉献性,能让恋爱中的人为对方奉献自己的所有,但又具有排他性和专一性,不允许和彼此之外的第三者共享。有些人视爱情为一种可供挑选的商品,同时与几个人建立了暧昧关系,甚至谈起了"多角恋爱",这是自私的表现。

（三）从众型

当经历了压力巨大的高考之后，很多学生的学习压力骤然减少，空余时间忽然增多。面对丰富多彩的校园生活，在巨大的新鲜感和喜悦过后，由于目标的暂时缺乏，会产生一种孤独的感觉，不知道自己有什么可做，不知道接下来的任务是什么，生活变得空虚而无聊。在这种情况下，当看到周围谈恋爱的同学出双入对、花前月下时，爱情就以其特有的诱惑力吸引着这些空虚的年轻人。

（四）兼顾型

人们常常认为，"情场得意，学业失意"，恋爱对于学习成绩的影响也成了很多学校和家长反对学生恋爱的主要原因。但爱情和成绩真是非此即彼的关系吗？二者真是不能兼顾吗？答案当然是否定的。健康积极的爱情不仅不会对学习造成影响，反而可以成为学习的积极助力。

（五）功利型

这是一种非常势利的实用主义恋爱类型。有的青年恋爱首先看的是对方的物质条件，或毕业就业城市的优势，或看中对方父母、亲戚的名利地位等。这类人通常是基于利益关系而谈恋爱的，把爱情当作谋取功利的手段，没有真实的感情可言。

（六）情欲型

有些学生因为年纪较小，心理、生理各方面发展不够成熟，控制力较弱，一些人会以满足性欲望为目的与异性同学交往、恋爱，有的甚至把恋爱当作娱乐，逢场作戏，玩弄异性。这些人只注重异性的外表，追求感官上的愉悦，而忽视或无视爱情内涵中应有的伦理因素，这是一种不健康的恋爱类型。

二、如何面对爱情中的嫉妒

（一）爱情嫉妒

"她和身边的异性相谈甚欢，我感到不舒服，怀疑她是不是喜欢上别人了。"

"一起走在路上，男朋友的眼睛时不时会瞥向好看的女生，我真的气疯了。"

"她竟然没有把前任的联系方式删除掉，难道是我小肚鸡肠吗？"……

以上这些内心状态反映了人类普遍常见的消极情绪——嫉妒。在亲密关系中，嫉妒具有不可忽视的破坏作用，它总让人陷入不安和怀疑中，甚至破坏彼此之间的信任。

嫉妒是指个体知觉到他人拥有自己所不拥有的优势，如优秀品质、财富、地位、名誉、境遇等时，所产生的一种复杂的消极情绪，其中包括沮丧、愤怒、怨恨、羞愧等。嫉妒可以分为特质性嫉妒（更多偏向于人格层面，指稳定的个性特征）和情境性嫉妒（更多是指在某种向上比较的情境中，在与自身有比较密切关联的事件上）。

当个体由于想象中的（或现实存在的）第三者的介入，而感受到重要恋爱关系或恋爱伴侣即将失去的威胁或恐惧时,就会产生爱情嫉妒。爱情嫉妒和吃醋有些相似。吃醋是由于第三者的出现吸引了伴侣的部分注意力甚至是情感投入,从而产生的消极感受。事实上,吃醋不仅存在于爱情之中。母亲偏爱弟弟,哥哥会吃弟弟的醋……相较于爱情嫉妒,在爱情中吃醋的个体同样会感受到愤怒、沮丧和恐惧等情绪,但并没有爱情嫉妒那样强烈。

(二)爱情嫉妒缘何而来

竞争者的出现之所以会引发爱情嫉妒,很有可能是竞争者具备某种嫉妒者羡慕但不具备的条件。这种优秀的条件既有可能是客观事实,也有可能是嫉妒者自己的主观想法。

过于依赖当前关系可能更易引发嫉妒。如果个体除了当前关系外,很难拥有其他的选择机会,那么对于当前关系的任何威胁都可能会引起高程度的爱情嫉妒。

(三)理性看待嫉妒

精神分析的观点认为爱情嫉妒源于俄狄浦斯期(恋母情结或恋父情结)的三角关系或者更早的经验,是童年期情感活动的延续。爱情嫉妒是双方关系互动的结果,且可以得到消退。

进化心理学的观点认为爱情嫉妒是人为了应对伴侣不忠发展出的适应性策略。例如,嫉妒情绪的产生可以促进个体觉察到可能的威胁,从而采取预防措施保卫亲密关系。

行为主义认为爱情嫉妒是一个习得的不良行为,强调诱发嫉妒的情境特异性。

社会认知的观点认为个体对情境的评价决定了爱情嫉妒的产生。

系统论观点认为爱情嫉妒反应的是关系的不稳定,是关系双方互动的结果。

(四)处理应对嫉妒情绪

1. 看到嫉妒的积极意义

有人认为,爱情中的嫉妒就是"作",是无理取闹;也有人认为嫉妒是爱情保鲜剂,它证明恋人之间彼此珍视。在大学生群体中恋爱关系的建立是一件非常平常的事,嫉妒在大学生恋爱过程中也是一种常有状态。首先,嫉妒情绪的产生,本身就代表了嫉妒者对这段感情的珍视。其次,竞争者的出现侧面体现了伴侣的优秀,一定程度上能够给个体带来自豪感。如果处理得当,不仅能促进关系中双方的交流,还能获得更多的承诺,从而使得这段关系更加牢固和稳定。

2. 爱情不是生活的全部

现实生活中,很多人会因为将注意力过多地放在伴侣身上,导致其他的社交关系停滞,最终"两个人的世界变成一个人的世界"。爱情不是生活的全部,在恋爱关系中也应该保持和其他人的正常联系(如朋友、家人等)。如果对伴侣产生过分的依赖,占有欲、嫉妒感以及焦虑感也会随之而来。

3. 不主观臆断破坏感情

爱情具有鲜明的排他性,恋爱中的青年男女,对于另一半的日常行为高度关注,也非常敏感,往往会过度分析正常的事件,存在过度关注、过分猜疑的行为。只有在证据确凿的情况下才能判断介入者的真实性,莫名的猜疑、占有是不合理的。

4. 真诚沟通共同解决问题

真诚沟通往往会换来真诚。当你真诚地跟对方说,因为他(她)的某某行为,让你感到了不适、愤怒和担忧,伴侣往往更容易注意到你的情绪、摸清你的底线,并做出相应的调整。如果你不习惯这种严肃的方式,当然也可以采用撒娇和开玩笑等方式来表达自己的情绪。但如果你选择冷冰冰的态度,那么伴侣也很难坦诚地跟你沟通;如果你以指责的态度来质问伴侣,那对方也很有可能采用叛逆的方式来回应你;如果你只是抱怨,那伴侣可能也会因此感到心烦意乱。同时,请你永远记住,要解决的是问题,而不是你的伴侣。

三　如何把握爱情

如果遇到一份真挚的情感,我们要想把握住它就需要做到以下四点,这也有助于完善自己与他人的人格。

(一)稳定专一

爱情产生的最重要的条件包括志同道合,思想相通,理想、价值观和生活态度等的一致统一。当一个人成为另一个人心中不可替代的人时,爱情就降临了。爱情具有强烈的排他性和专一性,它只能存在于恋爱双方之间,不允许任何第三者的介入。虽然每个人都有选择理想伴侣的权利,可是当男女双方一旦确立了稳定的恋爱关系,就应该把感情的注意力集中在对方一人身上,就要使爱情经得起时间的考验,经得起挫折的洗礼。一旦对某人作出了承诺,确立了恋爱关系,请给予他(她)全部的忠诚和专一,一心一意地经营自己的爱情。"一生一世一双人"才是最美好的。

(二)承担责任

爱,不仅仅是一种权利,它更意味着责任和义务。一旦双方确定了恋爱关系,就有责任共同承担这一关系所包含的各种义务。爱是一种给予,它蕴含着对对方强烈的责任感和义务感,它要求双方对彼此负责,这也是恋爱道德最突出的表现。大学生要在恋爱中培养责任感,要对自己的行为负责,不要轻易许下承诺,而要努力去实现承诺。遇到问题,要勇于承担责任,而不是推卸或逃避。

(三)分清主次

爱情是美好的,是人生的重要组成部分,但它并不是人生的全部。在我们生命的每个阶段,我们都有必须要完成的首要任务,因此,虽然爱情是人类的永恒主题,但它并不是唯一主题。对于年轻的同学们来说,学业才是现阶段的要务。爱情之花可以开放,但它应该服从于学业,应该让爱情对学业产生积极的影响。如果你爱她(他),请不要放弃提升、发展自己的机会。学习和爱情并不是水火不容的。事实上,现在更努力地学习正是为了帮助爱情创造更持久的生命力。与其现在给她(他)几朵玫瑰,不如未来和她(他)共同在你们的花园中植满鲜花。

（四）矫正不良行为

恋爱的首要前提是男女双方始终处于平等的地位，这意味着不管双方在外貌、才华、经济实力、社会地位等客观现实因素上存在多大的差异，但在情感和心理上，双方是平等的，能够自主地表达自己的意愿。双方的平等相处和互相尊重是爱情的前提和基石。

总结案例

苏格拉底与失恋者的对话

苏格拉底：朋友，你为什么悲伤？

失恋者：我……失恋了。

苏格拉底：哦，那很正常，如果失恋没有悲伤，那么恋爱也没有什么意义。不过朋友，我怎么发现你对失恋的投入，比恋爱的投入更倾心呢？

失恋者：哎，到手的葡萄给丢了，这份遗憾这份失落，您不是当局者，怎么知道其中的酸楚啊！

苏格拉底：丢了就丢了，鲜美的葡萄还多得很。

失恋者：不，我要等到海枯石烂，直到她回心转意地向我走来。

苏格拉底：可也许那一天永远不会到来。

失恋者：那我就用死来表示我的忠心！

苏格拉底：可那样的话你不仅失去了她，同时还会失去你自己，你会蒙受双倍的损失。

失恋者：那踩上她一脚如何？我得不到她，别人也别想得到！

苏格拉底：那只能让你离她更远，而你的本意是想与她更接近的。

失恋者：那您说我该怎么办？

苏格拉底：你是不是很爱她？

失恋者：那当然！

苏格拉底：那你自然希望你所爱的人幸福。

失恋者：是啊。

苏格拉底：那么如果她认为离开你是一种幸福呢？

失恋者：不会的！她曾跟我说过，只有跟我在一起的时候才会感到幸福！

苏格拉底：那是曾经，是过去，可她现在并不这么认为。

失恋者：那这么说，她是在欺骗我？

苏格拉底：不，她一直对你很忠诚。当她爱你的时候，她与你在一起，现在她不爱你了，就离开了你。世界上没有比这更大的忠诚！如果她不再爱你，却还装得对你有情有义,甚至跟你结婚,为你生子,那才叫欺骗呢。

　　失恋者:那我这几年对她的付出不全都白费了吗?

　　苏格拉底:不,没有白费。当你为她付出的时候,她也同样在为你付出。当你给了她快乐的时候,她同样也给了你快乐。

　　失恋者:可您看到了,现在痛苦的是我,而不是她。是我在为她痛苦!

　　苏格拉底:为她痛苦? 她现在的日子也许过得很好。你不如说是在为自己痛苦吧。不要老打着别人的旗号。

　　失恋者:这么说,这一切倒成了我的错?

　　苏格拉底:是的,如果你没有错,她是不会离开你的。要知道,没有人会逃避幸福!

　　失恋者:但是我还是想不通,她为什么就这么抛弃了我? 您说她可恶不可恶?

　　苏格拉底:好在你现在已经摆脱了这个可恶的人。

　　失恋者:我好可怜。

　　苏格拉底:被抛弃的,不一定就是不好的。

　　失恋者:此话怎讲?

　　苏格拉底:有一次,我在商店里看到了一件很名贵很华丽的衣服。我看了半天,爱不释手。商店老板问我到底买不买。你猜我怎么说? 我说,这件衣服的做工质量太差了,不买。其实,是因为我口袋里没有钱。朋友,也许你就是那件被抛弃的衣服!

　　失恋者:您的话很有道理,但是您还是不能把我从失恋的痛苦中解救出来。

　　苏格拉底:时间会抚平你心灵的伤口。去重新选择你的第一步吧。

　　失恋者:那我的第一步应该从哪做起呢?

　　苏格拉底:去感谢那个抛弃你的人,为她祈祷。

　　失恋者:为什么?

　　苏格拉底:因为她给了你忠诚,给了你寻找幸福和真爱的新的机会。

活动与训练

活动8-3

主题:树立正确的爱情观

目标:通过游戏了解自己的爱情观。

建议时间:20分钟。

活动步骤:

1. 6～10人为一组,每个学生拿出一张纸,在纸上用一句话回答"爱是什么",然后将每个人的答案进行团体分享,通过讨论认清自己的爱情观。

2. 将男女生单独分组,每组6～10人,进行异性标准的探讨,请每名同学写出自己喜欢的异性的标准,记录如下。

"我喜欢的异性特质":

外表:_____

性格:_____

行为方式:_____

"我不喜欢的异性特质":

外表:_____

性格:_____

行为方式:_____

3. 每组选出一位代表,将结论进行汇报,全体学生讨论。

思考与讨论

8-1 爱情心理
趣味测试

1. 校园中有哪些类型的盲目交往?

2. 什么是正确的恋爱观?

3. 大学生恋爱的不良行为有哪些?

4. 完成二维码8-1中的爱情心理趣味测试。

化解压力

🌐 引导语

　　俗话说"人生不如意事十之八九",每个人都会遇到困难、失落、不如意。即将步入社会的青年学生,几乎每天都面对着各种各样的压力和挫折,每年都刷新的"最难就业年"纪录,大城市激烈的竞争……这些都是出现在人生道路上的障碍,有人将其视为压力,每天担惊受怕、郁郁寡欢;有人将其视为动力,鼓舞自己一步一步攀登上新的高峰。

　　压力和挫折不可怕,可怕的是被压力和挫折打败,一蹶不振。了解压力和挫折的原因,学会用正确的态度去面对,用积极乐观的行动去迎接挑战,是每一位青年学生都要掌握的知识和技能。

🎯 学习目标

➡ 了解压力的基本概念和大学生心理压力的来源。

➡ 熟悉挫折心理产生的原因,能进行挫折心理的自我分析。

➡ 掌握疏解压力的途径和压力心理调适的方法。

9.1　识别压力来源，积极面对压力

小于的烦心事

　　小于是某高职院校大三学生。从大一开始，他就觉得自己应该认真学习，用成绩证明自己。虽然身边很多同学进入大学之后都开始享受生活，小于却一直坚持把学习放在首位。大一期末考试，他如愿获得班级专业课第一的好成绩。但是到了大二，他觉得自己没有在老师和同学面前获得应有的关注，学习越来越懈怠，成绩也渐渐下滑。现在已经进入大三，想要报考专升本考试的他，突然发现自己已经荒废了太多的时间。每天复习的时候，他一想到自己的成绩跟期望的差距很大，就十分沮丧；想到浪费的时间，就非常悔恨；想就此毕业工作，就业前景又不太乐观。他很难集中精力认真复习，眼看考试快要临近，自己的前途还十分渺茫，他开始吃不香、睡不着，脾气也越来越暴躁。

　　分析：小于对自己的大学学习有着很高的期望，但是没能够一直坚持学习，不够自律。即将毕业的他面临着升学和择业的压力，感到无所适从。小于首先应该基于当前的就业形势，慎重思考升学和择业的利弊，做好目标规划，确定努力的方向。同时，他还要正视自己之前的懈怠，调整期望，确定合理的目标，通过脚踏实地的努力，树立自信，走出困境。

一、什么是压力

　　"压力"这一概念源于物理学，指发生在两个物体的接触表面的作用力。心理学中的压力是指个体在生活或工作过程中，由于环境或自身原因引发的紧张感与焦虑感，可以从压力包含的因素来全面理解压力的概念。完整的压力概念应该包含以下因素。

(1) 压力源。引起压力的事件,也称压力事件。

(2) 压力应对。个体在面对压力情境时所采取的应对策略。

(3) 应对资源。影响个体压力应对的个人资源、环境资源。

(4) 压力反应。个体在面对压力情境时所产生的生理、心理和行为变化。

(5) 压力结果。过度的压力对个体、组织均会带来不良效应。

压力如同一把双刃剑,会给人带来双面影响。适当的压力是做事的推动力,可以增加人们的积极性,但过度的压力则可能给身心健康带来损害,影响学习效率,需要慎重应对。

知识卡片

工作生活协调专家杰夫·戴维森在《应对压力》一书中,将压力分为好坏两个方面:好压力是指那些能够让你振奋,使你按时完成学习和工作任务,按时参加各种活动的压力。它可以使你充满活力,对生活充满向往,充分享受生活。坏压力是指那些会让你感到焦虑、愤怒和沮丧,甚至危害到身体健康的压力。它可以使你的心理和生理两个方面产生不良状态。

二、压力的来源

压力产生的原因是复杂的,压力的来源简称为压力源。在心理学中,压力源的定义为使人们感到紧张的事件和环境。它通常是一种客观存在的事实,不因人们的主观愿望而改变,如考试的压力、失恋的压力、人际关系的压力。心理学家在研究中分析了造成压力的各种生活事件,并提出了三种类型的压力源。

(一) 客观压力源与感知压力源

客观压力源是指使个体感到压力的环境因素,如过高或过低的温度。研究表明,客观压力源对大学生的健康有直接的影响。感知压力源是指个体对客观压力源的评价,如感受到的作业量。由于个体的差异性,不同的人可能会对类似的环境有不同的感受。比如,同样的考试,有的同学会觉得考试内容特别难,有的同学认为难度一般。

(二) 基于学习任务的压力源与社会压力源

基于学习任务的压力源与学习内容、学习任务有关,如提交作业的截止时间、要求完成的内容、考试的难度,都可能成为压力源。社会压力源是指学习和生活中的人际关系,比如,与老师发生的冲突以及与同学之间关系的处理等。

（三）挑战性压力源与阻碍性压力源

挑战性压力源是我们在学习或生活中为了达到理想目标和实现自身价值，而必须完成的要求，如超负荷学习量、时间压力以及学习任务的复杂性。阻碍性压力源是指学习、生活中被同学们视为障碍的因素，包括角色冲突、角色模糊、组织派别之争和缺乏职业保障等。这些因素都将阻止目标的达成和个人的成长，并形成压力源。

三、压力反应评估

大学生面临过大的压力时，会带来不同程度的不良反应。及时有效地观察到这些不良反应，有助于协助大学生缓解压力，预防各种压力所带来的严重不良后果。值得说明的

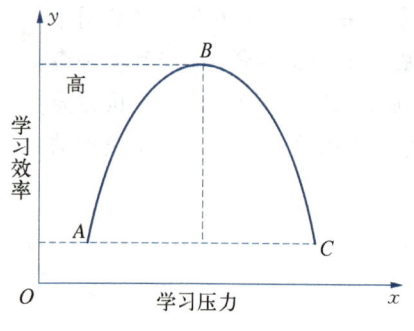

图9-1 学习压力和学习效率的倒"U"字形曲线

是，压力并不总是影响任务的达成。心理学家研究表明，压力与效率的关系并非线性的，而是呈现倒"U"字形曲线关系（见图9-1）。毫无压力会让人提不起劲，难以调动全身心投入任务，办事效率低，无法获得成就感与满足感；过大的压力则会让人产生畏难情绪，退避三舍，或者过于焦虑，事倍功半，影响成绩；只有适度的压力才会恰当转化为动力，最大程度地激发斗志并转化为行动，促进学习、工作效率的提高。对大学生的压力反应的评估，主要包括生理、心理和行为三个方面。

（一）生理反应评估

在压力情境下，生理反应主要由神经系统控制。当个体处于压力情境时，交感神经系统会比较活跃，这时就会出现心率加快、血压上升、身体的机警性提高等，以调动身体各部分资源更好地应对压力事件。如果经常处在压力情境下，身体长期重复上述反应，就会导致一些疾病（如心脏病、糖尿病、癌症和自身免疫性疾病）的产生。通过对大学生进行定期身体检查，可以对这些生理压力反应进行有效的监督和评估，以有效预防应激性慢性疾病的产生。

（二）心理反应评估

过度压力的心理反应包括焦虑紧张、满意度下降、自我评价偏低和抑郁症状增加等。有关研究表明，过度压力与沮丧、焦虑、伤心、愤怒、自信心下降等消极情绪显著相关。对心理压力反应及时评估，可采用个别或者团体访谈的方法进行。在日常生活中，也可以小组为单位，由小组成员间互相评估，给予出现显著消极情绪的学生更多关注，并及时向老师或辅导员反映情况，以获得专业人员的帮助。

（三）认知反应评估

在压力情境下，个体的认知反应可能会出现感觉扭曲、混乱、注意力不集中、难以作决

定、自责、强迫于事件、无法理解行为的结果等情况,这种情况也称为认知不和谐或认知失调。常用来描述在同一时间有着两种相矛盾的想法,因而产生了一种不甚舒适的紧张状态。随着认知失调的不断增加,要求减少和消除失调的压力就越来越大。个体需要对自己的认知反应进行评估,以便更好地应对压力。

(四) 行为反应评估

过度压力的不良行为反应主要包括暴饮、暴食、药物滥用、睡眠质量差,以及沟通障碍等问题。在沟通行为方面,通常表现为不良的倾听行为、人际疏远,或者因压力水平上升,在人际交往时变得富有攻击性等。在人们处于高度压力情境时,有时会伴有不良的习惯性行为,如手指敲击、颠腿、搔抓头皮、咬笔头和坐立不安。这些不良行为反应也有助于我们检查自己是否压力过大。

总结案例

沉重的篓子

有个人觉得生活很沉重,便去见哲人柏拉图,以寻求解脱之道。

柏拉图没有说什么,只是给他一个篓子让他背在肩上,并指着一条沙石路说:"你每走一步就拾一块石头放进去,看看有什么感觉。"那人开始遵照柏拉图所说的去做,柏拉图则快步走到路的另一头。

过了一会儿,那人走到了小路的尽头,柏拉图问他有什么感觉。

那人说:"感觉越来越沉重。"

"这就是为什么你感觉生活越来越沉重的原因。"柏拉图说,"每个人来到这个世界上的时候,都背着一个空篓子,在人生的路上每走一步,都要从这个世界上拿一样东西放进去,所以就会有越走越累的感觉。"

那人问:"有什么办法可以减轻这些沉重的负担吗?"

柏拉图反问他:"那么你愿意把工作、爱情、家庭或者友谊哪一样拿出来呢?"那人听后沉默不语。

柏拉图说:"既然都难以割舍,那就不要去想背负的沉重,而去想拥有的欢乐。我们每个人的篓子里装的不仅仅是上天给予我们的恩赐,还有责任和义务。当你感到沉重时,也许你应该庆幸自己不是另外一个人,因为他的篓子可能比你的大多了,也沉重多了。这样一想,你的篓子里不就拥有更多的快乐了吗?"那人听后恍然大悟。

分析: 人生本来拥有很多的幸福和快乐,不要总是把过去的负担背在身上、放在心上。要用乐观的心态,多去想想快乐的事情,你就会发现心情轻松了许多。要学会用积极的心态去面对压力,多想想压力能带来的收获,活出精彩人生。

活动与训练

活动9-1 压力拼图

主题: 认识压力小游戏——压力拼图

目标:

1. 通过游戏了解压力的不同方面和表现形式。

2. 激发探索精神,主动分享关于压力的知识,加深对压力的理解。

建议时间: 25～30分钟

活动步骤:

1. 准备若干组包含压力相关词汇和图片的碎片拼图(每组拼图可以代表一种压力类型,如工作压力、学业压力、人际关系压力、家庭压力等)。将学生分成若干小组,并分配拼图碎片。

2. 教师简短介绍活动主题和目标,解释"压力拼图"游戏的规则和玩法。教师宣布游戏开始,每个小组需要在规定的时间内将碎片拼成完整的拼图。拼图碎片上包含与压力相关的词汇和图片,学生需要根据这些线索合作完成拼图。

3. 当所有小组完成拼图后,教师邀请每组派出一名代表,展示并解释他们的拼图作品。分享内容包括拼图的压力类型、压力来源、表现形式以及应对方法等。

思考与讨论

1. 在拼图过程中,你遇到了哪些挑战?这些挑战是如何反映到现实生活中的压力情境中的?

2. 通过参与游戏,你对压力有了哪些新的认识和理解?这些认识如何影响你应对压力的方式?

3. 压力是普遍存在的,如果我们将压力视为一种成长的机会而不是障碍,我们应该如何调整自己的心态和行动来更好地应对压力?

9.2 锻炼意志品质,疏解自我压力

心理箴言

当压力来临的时刻,我们正好是待发的箭。

——塞缪斯

家庭期望与个人成长的冲突

自小沐步入大学以来，他逐渐感受到与父母间关系的微妙变化。原本融洽和睦的家庭氛围，因学业压力、职业规划及理念差异等多元因素而显得日益紧张。父母期望小沐能够出类拔萃，拥有一个光明的未来，因此，他们对小沐的学业与职业发展寄予了深厚的期望。然而，经过一学期的深入学习，小沐发现自己对所学专业缺乏兴趣，且学业成绩亦不尽如人意。他尝试向父母传达个人的思考与困惑，但发现父母难以理解其真实感受。他们往往以固有的观念，认为小沐未能珍惜当前的学习机会，对未来缺乏明确的规划，未能体会父母的辛勤付出。此外，父母对小沐生活的过度干预，亦使小沐倍感压抑。在多次与父母的冲突中，小沐的学习与生活均受到了严重影响。面对这一困境，小沐渴望改变现状，但苦于缺乏有效的沟通方式，以缓解与父母的紧张关系。

分析： 小沐的情况反映了大学生与父母关系中可常见的一种典型压力。这种压力往往源于父母对子女的期望、沟通不畅以及过度的干涉。父母对子女的期望往往是基于他们自己的经历和价值观。他们希望子女能够避免自己曾经走过的弯路，有一个更好的未来。然而，这种期望有时会与子女的实际情况和感受产生冲突，导致子女感到压力巨大。

小沐可以冷静地与父母进行开放、坦诚的沟通，减少误解和冲突；培养自己独立思考和规划能力，通过调研目前专业发展现状，结合自己的兴趣，做出符合自我职业发展的决策；学会寻求外部支持，向学长学姐请教或向学校心理咨询中心寻求帮助。当然，小沐也可以通过培养健康的生活习惯来减轻家庭压力的影响。例如，通过运动、阅读、社交等方式来放松身心，缓解焦虑情绪。

一 常见的压力类型

近几年"摆烂""躺平""空心病"等一系列带有标签性的网络热词在大学生中流行，表面上是对生活态度及个人状态的自嘲，更深层次原因是负性情绪、睡眠失调、学业不良、压力过大、生活无意义感的综合表现。而大学生的心理发展特点具有由依附性向独立性过渡，心理迅速走向成熟又没有完全成熟的共性。大学生面临的压力和冲突主要表现在独立与依赖、理想与现实、自尊与自卑、个人意愿与家庭期望、交往与锁闭等方面的矛盾。他们的心理压力的表现是多种多样的，常见的有孤独、苦闷、情绪低落、思想消沉、冷漠、反感和厌倦等；做什么事都没有兴趣，也提不起精神；最喜欢挂在嘴边的话是"真烦""没意思""活得真累"。

常见压力主要有五种类型：① 经济压力，过度消费带来的心理失衡，对金钱的过度追求等。② 人际交往压力，如与室友发生矛盾而产生压力。③ 学习压力，对学业止步不前产生的焦虑。④ 厌学压力，进入了自己并不喜欢的专业，产生厌学情绪，学业发展不佳带来的压力。⑤ 就业压力，毕业生人数逐年增加，职业院校学生就业压力也越来越大。

二　如何进行心理疏导

心理疏导是应对压力的一个非常有效的方式，心理疏导可以以团队的形式进行，也可以由个人进行自我调节。自主调节压力的方法包括运动、均衡的饮食、培养自信心、保持乐观性格、不易发怒、多和家人沟通、建立真诚友谊等。本节将主要从个体角度讲述一些心理疏导的具体方法。

（一）压力测试评估，了解自身状态

压力是生活中不可避免的一部分，不仅有害的刺激会引起压力，就连愉快的刺激也可能会带来压力。压力是一把双刃剑，带给大学生的影响有利也有弊。激励动力是压力较为突出的积极影响。人们常说的"压力变动力"就是指当个体感到有压力时，没有无动于衷，而是采取一种积极应对的态度，对已有的压力事件采取有效的行为措施。因压力过度或对压力事件处理不当、采用消极措施面对压力，则有可能导致生理、心理、行为上的消极反应，个体不仅会产生烦躁、倦怠、焦虑感，而且还会对自身能力产生怀疑，甚至会丧失应对压力的勇气，从而导致心理危机的产生。所以适度的压力有助于提高人的学习、工作效率，但过度的压力会危害人的健康。人所能承受的压力是适当还是过度，可以通过测试表、测试问卷来了解。上一节"思考与讨论"中的问卷，有助于我们了解自己的压力状况，帮助我们评估是否需要进行自我调节。

（二）调整生活方式，锻炼意志品质

大量研究表明，高强度的压力对人的身体健康有极大损害，头痛、慢性肠炎、胃病、肩颈疼痛、心脑血管疾病、女性乳腺癌、子宫癌等，都可能是因为长期工作生活压力大、作息不规律、情绪不良导致的。调整生活节奏，采用健康的生活方式，有助于提升压力应对能力。伦敦大学公共健康和传染病学系的一项研究表明，冠状动脉疾病的患病概率在同等工作压力人群中，采用不健康生活方式的患病者人数比采用健康生活方式的患病者人数多一倍。

1. 适当运动

体育运动有助于缓解压力，让人保持平和心态，是因为在运动中人的血液循环加快，血管扩张，躯体发热，会缓解工作和学习带来的神经紧张、情绪不稳、大脑疲乏。在运动中脑垂体会产生一种叫作"内啡肽"的激素，这种激素是天然的镇痛剂，能够产生类似吗啡的欣快感，使人身心轻松愉悦。通过体育运动还能够加强意志品质的培养，更有利于提高压力承受力。

2. 规律饮食

有规律的饮食习惯有助于身体养成稳定的生物节律，进而提高人对生活和自身的掌

控,有助于缓解压力。不及时用餐可能导致血糖低,不仅影响学习、工作效率,也会影响情绪。很多食物都能够帮助缓解压力,高蛋白可以在人脑里制造肾上腺素和多巴胺,高碳水化合物加低蛋白能产生血清素。B族维生素可以调节内分泌,平衡情绪,松弛神经。人在压力状态下,还需要补充大量维生素C,因为维生素C可以帮助人体制造肾上腺皮质激素,从而增强抗压能力。钙、镁、锌等微量元素也是天然的压力缓解剂。值得一提的是,暴饮暴食和大量饮用酒精饮品及咖啡不但不能缓解压力,还可能带来更严重的身心问题,制造新的压力。

3. 按时休息

人体自主神经系统分为交感神经和副交感神经。在清醒状态下,交感神经兴奋,维持人的正常活动;在睡眠状态下,副交感神经占主导,帮助机体恢复平衡;在压力状态下,交感神经持续兴奋,就会导致植物神经紊乱,影响学习效率与情绪状态。白天学习获得的知识以短时记忆的形式存储在大脑中,需要在睡眠中转入长时记忆,所以长期睡眠不足,对大脑记忆功能也有损害。

(三)理性思维训练,正确认知压力

1. 消除不合理信念

人们经常持有的不合理信念主要体现在三个方面,即凡事绝对化、看问题过于片面和用静止的眼光看待问题。用绝对、片面和静止的眼光看问题,必然会带来一些局限。我们应当学会辩证地看问题,使生活中充满灿烂的阳光,压力的不良效应也会随之削弱。

2. 增强辩证认知能力

辩证认知强调三个方面的内容:

(1)用"相对"的观点看待人、事、物,善于从中发现好的一面,从而学会接纳。比如,我们常说"人无完人",可以从胆小的人身上看到其谨慎的一面,从小气的人身上看到其节俭的一面等。

(2)用"全面"的观点看待人、事、物,不要只看到某一面。比如,个子不高,但可以很灵活;学习成绩不好,但情商很高等。

(3)用"发展"的观点看待一切,现在不好不代表将来也不好,凡事都存在转化的可能。比如,塞翁失马、柳暗花明又一村、没有永久的敌人等。

经过以上问题的探讨,同学们可以通过一个"辩证思维练习"来进一步掌握自我心理疏导的方法。比如,可以列出对己、对人、对事、对环境不满意的方面,用"我不满意的是……"句型写下来。然后,让另外一位刚学习了"辩证思维方法"的同学来帮助他解决这个问题,这里就可以应用前面介绍过的原理。

原理1:相对地看问题,从不好中看到好的一面——去接纳。

原理2:全面地看问题,这方面不好,那方面好——去代偿。

(四)善用时间管理,从容化解压力

如果想要合理地管理和使用时间,除了介绍的辩证思维、消除不合理信念,我们还需要掌握时间管理技巧。对于大学生来说,学会时间管理,能够让学习和生活更丰富多彩,增加成就感,有效缓解压力。

1. 掌握"80/20法则"

时间管理的"80/20法则",也被称为帕累托原则,最早由意大利经济学家维弗雷多·帕累托在19世纪末提出。它是指一个不平衡的分布状态,其中少数的投入或努力会获得主要的、重大的结果、产出或报酬。在时间管理的背景下,"80/20法则"是指用20%的时间和精力去获得80%的价值、成就或快乐。高效地利用时间,将时间和精力用于少数重要的任务。这种时间管理方法强调将时间集中于少数几件事情上,以达到最大的效果,而不是将时间和精力平均分配给所有的任务。一般来说,可以通过确定优先级、设定目标和制定计划等方式来应用"80/20法则"进行时间管理。如列出所有需要完成的任务,然后按照重要性和紧急性进行分类,将大部分时间和精力集中于处理那些最重要和最紧急的任务,以获得最大的效益。

2. 学会分清主次

高效时间管理要善于将重要与次要的事情分门别类,再进行有效处理。唯有如此,才能缓解压力,更好地平衡学习和生活之间的关系。进行有效的时间管理,首先要区别效率和效能两个概念。效率是针对特定的事情,主要探讨如何通过精简流程,达到以最短时间完成特定任务的目的。效能则是从所有任务中选出最重要的任务,并通过最有效的方式来完成它。时间管理的目的就是提升个人的效能。有效的时间管理需要学会分清主次,可通过时间管理矩阵帮助将任务分配到不同的时间段,以避免拖延和焦虑。

3. 优先顺序决策

我们可以把要做的事情分为"已拥有且想要""未拥有且不想要""已拥有你不想要"和"未拥有你想要"四种类型(表9-1),前两种("已拥有且想要""未拥有且不想要")是不必去关注的事情,第三类"已拥有你不想要"的,对你来说是存在的问题,要体现"舍得"的原则,节省时间,把精力集中到第四类事情上,这才是真正需要花大力气做的事情。

表9-1 基于优先顺序决策的时间管理示意表

	已 拥 有	未 拥 有
你想要	忘掉它! 这不是一个问题	机会
你不想要	问题	忘掉它! 这不是一个问题

善于时间管理的学生能够让自己的学习、生活丰富多彩,既不荒废自己的学业,拿到优秀的成绩,又能积极投入社团活动、专业实习等实践活动中去。

4. 学会时间管理

时间是有限的,合理地开发利用有限的时间,可以起到事半功倍的效果。明白时间管理的重要性,那么时间管理就已经成功了一半。学会时间管理,应从以下四个方面做起。

(1)了解时间花在了哪儿。这是时间管理的基础,清楚地知道自己的时间花在哪里,我们才会从中发现问题。有的人可能认为这是一个很简单的问题,只要回想一下就可以了,但实际上我们对时间的"回想"和"现实"是有很大差距的。管理大师彼得·德鲁克研究发现,对时间的使用问题,记录要比记忆可靠得多。为了清楚地了解时间的使用情况,对时间定期进行记录是很有益处的。例如,我们每晚躺在宿舍床上时,可以仔细回想今天一天都做了什么,分别花了几个小时:上课六小时,吃饭两个半小时……再加起来,看看是不是24小时,如果不是,那其他时间去哪里了?这样坚持下来,会对自己的时间分配有一个逐渐清晰的认识。

(2)**了解什么事是必须做的**。时间管理的错误做法就是把时间花在了那些不是必须做的事情上。在时间管理中,明确了什么是必须做的事情之后,就要找出最重要的一件事,然后全力去做。没有哪个人可以同时处理两个以上的任务还保持高效率。先做最重要的事,可以让我们避免处理那些不重要的事情。人们总是喜欢优先处理紧急的事情,比如,就紧急而重要的事情和紧急而不重要的事情而言,往往重视事情是否紧急,而忽视事情本身是否重要。很多时候,紧急而重要的事情没做,就是因为我们不太重视重要而不紧急的事情而导致的。最重要的事情先做,会让我们的时间更有弹性。

(3)**正确看待他人**。在时间管理中,有一个方法就是授权或转移,即让别人分担你的事情,特别是那些不紧急不重要的事情或紧急但不重要的事情。"授权"在时间管理中可以为我们解决很多问题,但我们不能把别人当作提高自己效率的资源,也不能认为别人是自己的干扰者。我们不能强迫别人按自己的意愿做事,在时间管理中,我们应该关注与其他人共事时的东西,如新知识、人际关系,必须反省自己是如何看待他人的。

(4)**统筹规划时间**。有些重要的事情可能需要我们集中精力,花费整段的时间才能完成。如何在繁忙的时间表中统筹规划出整段的时间,以便完成最重要的事情?首先,我们可以利用一段时间厘清最重要的事情。其次,一旦重要的事情确定下来,就要安排好各种事务,分配出整段的时间,以便完成最重要的任务。最后,排除所有可能干扰你的因素后,全力完成最重要的事情。

(五)树立理想目标,理性面对压力

世界处于百年未有之大变局,大学生面临着更多的新挑战和新机遇。2022年4月中华人民共和国国务院新闻办公室发布了《新时代中国青年》白皮书,勾勒出一幅"新时代青年画像"。白皮书中写道:"新时代中国青年刚健自信、胸怀天下、担当有为,衷心拥护党的领导,奋力走在时代前列,展现出前所未有的昂扬风貌;追求远大理想,心中铭刻着对马克思主义的崇高信仰、对共产主义和中国特色社会主义的坚定信念;深植家国情怀,与国家同呼吸、与人民共命运,时刻彰显着鲜明的爱国主义精神气质;传承奋斗担当,先天下之忧而忧、后天下之乐而乐,勇做走在时代前列的奋进者、开拓者、奉献者。"结合白皮书的全文内容,可以提炼出青年应发展的诸如"刚健""自信""奉献""担当""坚韧""创造力""希望""乐观""大爱"等积极的心理品质。新时代的青年在追求个人和家庭的福祉的同时更应肩负起中华民族伟大复兴的历史使命,这是新时代的要求。

幸福而有意义的生活是每个人都向往与追求的,在现实生活中人们出现的挣扎、畏难、迎战和抗压等心理行为,其实都是幸福生活中不可或缺的内容,幸福之路并无捷径。

（六）提升主观幸福感，积极应对压力

2012年6月28日第66届联合国大会宣布，追求幸福是人的一项基本目标，幸福和福祉是全世界人类生活中的普遍目标和期望，决议将每年的3月20日定为"国际幸福日"。那么，幸福是什么？总体上，人们对幸福的理解可以分为以下三种：以外界标准界定的幸福，这种观点认为幸福是建立在观察者的价值体系和标准之上，而不是被观察者的自我判断；以内在情绪体验为标准界定的幸福，认为幸福就是体验到较多的积极情感和较少的消极情感；以个体的主观判断为标准界定的幸福，就是我们常说的主观幸福感。

主观幸福感主要是指人们对其生活质量所作出的情感性和认知性的整体评价，即个体生活的整体满意度。悲观的心理学家认为，幸福感有一个基线，不可能随意营造，幸福感的遗传基数占50%；乐观的心理学家认为，幸福感是可以后天培养的技巧。那些快乐的人，是有一套思维和行为的方法来营造快乐的，这是可以学习的，值得学习的。因此，请大家思考怎样才能得到幸福。

总结案例

一杯水的重量

有一位老师正在给学生们上课，大家都认真地听着。"各位认为这杯水有多重？"说着，老师拿起一杯水。有人说二百克，也有人说三百克。"是的，它只有二百克。那么，你们可以将这杯水端在手中多久？"老师又问。很多人都笑了，有人说："二百克而已，拿多久又会怎么样！"

老师没有笑，他接着说："拿一分钟，各位一定觉得没问题；拿一个小时，可能觉得手酸；拿一天呢？一个星期呢？那可能得叫救护车了。"大家又笑了，不过这回是赞同的笑。

老师继续说："其实这杯水的重量很轻，但是你拿得越久，就觉得越沉重。这如同把压力放在身上，不管压力是否很重，时间长了就会觉得越来越沉重，以致无法承担。我们必须做的是放下这杯水，休息一下后再拿起，只有这样我们才能拿得更久。所以，我们所承担的压力，应该在适当的时候放下，我们好好地休息一下，然后再重新拿起来，如此才可承担更久。"

分析：通过提问式引导，这位老师强调了"放下"的重要性。生活中的压力和负担如果一直背负着，就会变得越来越重，导致身心疲惫。因此，要学会放下压力，让自己轻松前行。这并不是逃避问题，而是有选择性地放下那些无形的负担，保持轻松的心态，更好地应对生活中的挑战。我们处于一个竞争激烈、发展迅速的时代。在大学期间，同学们忙着学习，忙着交朋友，忙着参加社团活动、专业实习……

大家都不想落于人后,却常常感觉到负担过重、压力过大。有的时候,我们不妨暂时放下,等调整好状态再重新出发。面对压力时,不仅要勇敢面对,而且也可适时放下,让自己的心灵得到解脱和释放。

活动与训练

活动9-2 心有千千结

主题: 心有千千结。

目标: 通过小游戏缓解压力。

建议时间: 20分钟。

活动步骤:

1. 同学们手拉手围成圆圈,并记住自己的左手和右手分别拉的是谁。

2. 当听到主持人说放手时,大家立刻放手,并在一定范围内走动,要求走得越乱越好。

3. 当听到主持人说"停"时,大家迅速找到原来左、右手所牵的那两个人并牵住,在一定时间内恢复到最初的完整的圈。

思考与讨论

1. 在完成"心有千千结"活动中,一开始面对这个复杂的"结"时,你的感觉是怎样的?

2. 如果中间遇到了难题,你会有怎样的感受?

3. 最后集体完成这个挑战,你的感觉又是怎样的?

9.3 掌握调适方法,提高抗挫能力

心理箴言

不要碰到一点压力,就把自己变成不堪重负的样子;不要碰到一点不确定性,就把前途描摹得黯淡无光;不要碰到一点不顺心,就搞得似乎是这辈子最黑暗的时候。

——村上春树

> 著名音乐家贝多芬一生屡受挫折,他的童年饱经风霜,家庭贫困,造成贝多芬严肃、孤僻、倔强而又独立的性格。贝多芬饱受磨难的一生,不光指他童年悲惨,他最大的不幸,莫过于28岁那年的耳聋,他简直成了苦难的象征。令人难以置信的是,著名的《命运交响曲》就是在他完全失去听觉的状态中创作的。他坚信"顽强地战斗,通过斗争去取得胜利"。
>
> **分析:**在我们的成长道路上,难免会遇到一些挫折。当遇到挫折时,有的人积极面对,迎难而上,越挫越勇;而有的人则选择逃避,一蹶不振。不同的选择必然会走上不同的人生道路,也必然会有不同的个人命运。

一、挫折的含义

心理学家认为,挫折是指人们在有目的的活动中,遇到障碍或干扰,使其需要或动机不能得到满足而产生的消极反应。大学生是充满抱负和热血的一群人,有很多愿望想要达成,很多梦想想要实现。在这个成长过程中,由于某些学生的心理存在一定的脆弱性,在追求成功的过程中遇到阻碍或者干扰,也有可能即使努力了也达不到想要的结果,都会令他们产生挫败感。

二、挫折产生的原因

(一)外在因素

挫折的外在因素又称客观因素,主要包括自然环境、家庭环境、学校环境、社会环境四个方面。

1. 自然环境

自然环境的突然变化往往是不以人的意志为转移的。虽然当今社会科技高度发达,但在面对很多自然灾害的时候,人们依旧束手无策,挫折感由此产生。

2. 家庭环境

家庭是人出生以后接触的第一个环境,对人的一生会产生长远的影响。家庭环境中的影响因素包括家庭经济条件、父母的婚姻状况、父母的教育方式等。

3. 学校环境

学校是学生日常学习和生活的地方,在走上工作岗位以前,从小学到大学,我们在学校里需要度过十几年的时间。目前我国的教育改革还在不断进行当中,学校教育还存在着很多不足与缺陷。分数不够而没有进入自己理想的学校,自己所在的学校硬件设施太差,班级中人际关系不和谐等,都可能使学生产生挫折感。

4. 社会环境

生活在社会之中,社会环境对于学生的影响是不可忽视的。社会治安、风俗习惯、道德伦理等都可能成为引起挫折的原因。例如高校大量扩招,毕业生人数连年增加,就业一年比一年困难,学生很容易因为找不到理想的工作而产生挫折感。

(二)内在因素

内在因素主要包括个体条件、需求冲突、动机冲突、抱负水平和心理承受力等。各种因素相互作用,可导致挫折感的产生。

1. 个体条件

大学生由于个体条件产生的挫折主要表现在两个方面:一是由于个性原因,与周围环境和同学融入不好,从而产生挫折感;二是由于生理原因,如口吃、色盲,这些生理条件上的制约,往往很难改变,却很容易导致学生产生挫折感。

2. 需求冲突

人生来就是有欲望的,最初的欲望来自想要吃饱穿暖。但是,很多情况下由于客观条件的限制,人的愿望并不能达成,想要的东西得不到,便产生挫折感。而且,一个人的意愿越强烈,付出的努力也会越大,失败造成的挫折感也会增大。例如,某同学非常想在运动会上获得长跑冠军,每天都在练习,但是在比赛当天没有发挥好,没能拿到冠军时,就会产生强烈的挫折感。

3. 动机冲突

在日常生活中,人们常常同时存在若干动机,其中有些性质相近或相反而强度接近,使人难以取舍,便形成了动机冲突。如果这些心理矛盾持续太久、太激烈,就可能会引起痛苦、焦躁和不安。比如,想去图书馆准备考研,又想到球场挥洒汗水;既希望早点就业,又想要继续深造;对原有专业不太满意,又担心换专业更不适应。

4. 抱负水平

抱负水平指的是个体对自己所要求达到的目标或标准,即自我要求的水平。一般来说,对自我要求高,确定的目标高,抱负水平就高;自我要求不严格,确定的目标低,则抱负水平低。大学生如果对自己的认识不充分,错误地估计自己的水平,设定了过高的目标,一旦目标无法达成,就很容易遭受挫折。

5. 心理承受力

所谓心理承受力,是指个体在心理上对社会生活中的重大变动的可接受性、适应性与耐受性。大学生挫折感的强弱与心理承受力的大小有非常直接的联系。例如,活泼开朗、朋友较多的人相对性格孤僻的人来说,抗挫折能力要强一些。经受过艰苦磨炼的学生在遇到困难的时候比较不容易产生挫折感,他们的耐受力还会随着经历的丰富而提高;而有的人生活顺风顺水,缺乏面对挫折的经验,心理承受能力比较差,一遇到困难就容易产生消极情绪。

知识卡片

> 　　历史上第一个对抱负现象进行实验研究的是德国心理学家霍普。在1930年发表的题为《成功与失败》的论文中，霍普报告了他关于成功与失败成为导致人的抱负水平提高或降低的因素的实验研究成果。难度太高或过分容易的任务，都不能使人产生成功感或失败感，不同的人对成功与失败具有不同的态度或不同的抱负水平极限。因此，现实的、可行的抱负应该是个体能够在科学地把握客观世界与主观世界的基础上建立起来的，只有这样，才可以尽可能地避免挫折，实现自身目标。

三 常见的挫折及其行为反应

（一）大学生常见的挫折

大学生处在人生发展的关键时期，他们潜心追逐美好的未来。但是，很多时候某些同学并不能客观地设想自己的未来，只是单纯地希望未来是美好的。于是我们常常在大学校园里看见这样的现象：同学们执行力强，想法多，行动也多，碰到的"钉子"也多，加上对于挫折的敏感度较高，因此，挫折反应也比较强烈。常见的挫折有如下情况。

1. 学业问题带来的挫折

学业问题带来的挫折主要有两个方面：一是学习动机过强与"力不从心"导致的挫折感。学习动机过于强烈会降低学习效率，有些学生不顾自己实际情况，把学习目标定得很高，但难以达到，成就感就会大大降低，出现一点小纰漏就会自责不已。他们在学习过程中也感到很累，压力很大。二是专业意识与价值观的困惑带来的挫折感。有些同学在进入大学之前并不了解自己所学的专业，填报志愿时往往是盲目的，或是直接遵照父母和老师的意见。进入大学之后，专业学习与个人意向的矛盾就显现出来了。当所学专业与自己的意志出现不符的情况时，他们便会感到苦恼、失落、困惑，时间一长，便产生挫折感。

2. 人际交往不和谐带来的挫折

大学生在心理发展的过程中，心理活动具有含蓄、内隐的特点，既不希望把自己的想法轻易告诉别人，又希望别人能够真诚、坦率地对待自己；希望找到知心朋友，但又难找到知心朋友。这种特殊的心理矛盾使学生在人际交往的过程中容易产生孤独感。此外，学生由于人生观还没有完全成熟，他们在与异性的交往中缺乏正确的认识，有时会陷入误区而产生挫折感。

3. 求职就业不顺利带来的挫折

大学生在择业的过程中渴望公平的竞争环境、机会等，这无疑是有积极意义的。但是，目前很多行业壁垒和地方壁垒仍没有完全打破，由于学历、身高甚至性别等原因，大学生在就业的时候很容易遇到各种求职挫折。

（二）挫折与身心健康

通常人们认为生活中遭遇的挫折和失败会损害人的身心健康，纽约州立大学布法罗分校的马克·斯利和同事们研究却发现，过多过大的挫折固然会带来损害，但是从未经历过挫折也不利于个人的成长。经历过中等程度挫折的人情绪更为平稳，耐挫折能力更强，更有利于人格完善和能力发挥，生活满意度和幸福感更高。

挫折感是一种主观体验，对不同的人，不同的事，人们体验到的感受有时截然不同。所以，挫折对人的身心健康的影响，可能造成两极化的结果。

当面对挫折的时候，如果人们能够快速接纳并努力寻求改变突破，挫折就会磨炼他们的意志力，使得他们的性格更加坚韧，进而提高他们的承受能力。在今后遇到困难时，这类人能够以更加稳定的状态面对，在挫折中学会成长，从挫折走向成功。

如果挫折超出了人们能够接受的能力，就可能给个人的身心健康带来极大威胁。相关研究表明，面对挫折，显现出"弱者愈弱，强者恒强"的特点，即身心健康状况差的人，更难以应对挫折的考验，容易一蹶不振，丧失信心，放弃努力。

有学者对大学生群体中挫折与心理健康关系的研究表明：挫折感与健康的心理情绪体验、自我认识、人际交往、适应能力和认知效能等因素呈现显著负相关。也就是说，挫折承受力是可以通过平时的自我修炼得到提高的。大学生遇到的挫折越大越多，对他的认知效能、情绪体验、自我认识、人际交往影响越大。

四　面对挫折的调适方法

不同的人，在遇到挫折时会有不同的应对方式。人生不可能一帆风顺，有挫折的人生才更加精彩。只有一次次跌倒又一次次顽强地站起来并善于总结经验、勇于进取的人，才能创造人生的辉煌。挫折的应对方式也是多种多样的，学会正确应对挫折，提高抗挫能力，对大学生而言是非常重要的。

（一）正确认识挫折

挫折的存在具有普遍性，可以说挫折是生活的组成部分。古人曾说："天有不测风云，人有旦夕祸福。"所谓"一帆风顺""万事如意"，不过是人们的美好希望而已。

挫折是一把双刃剑。挫折的积极作用，在于它可以激发人的进取心，促使人为改变境遇而奋斗，能磨炼人的性格和意志，增强人的创造能力，使人对面临的问题有更清醒、更深刻的认识，给予人克服困难的勇气。同时，挫折也会带来不愉快的精神体验，给人带来痛苦和烦恼。

（二）运用心理防御机制

积极的心理防御机制能够使我们在遭受困难与挫折时减轻或免除精神压力，恢复心理平衡，甚至激发我们的主观能动性，激励我们以顽强的意志力去克服困难、战胜挫折。

1. 幽默

幽默是一个人的学识、才华、智慧、灵感在语言表达中的展现。当一个人遇到挫折时，可以用幽默来化解困境，使内心的紧张和重压释放出来，化作轻松一笑，维持心理的平衡。例如我们在遇到让自己尴尬或难看的场合时，可以采用适当的方式调侃一下自己，从而化解尴尬，使自己的心理达到一种高层次的平衡。

2. 补偿

一个瘦弱单薄的学生，无法在运动场上争金夺银，却可以刻苦学习、品学兼优，在学业上称雄，这就是补偿。生活的天空那么辽阔，施展本领的天地如此广大，"失之东隅，收之桑榆"，原先的目标受挫，不妨用别的路径达到目标，或改变原来的目标。"条条大路通罗马"，只要持之以恒，坚持不懈，终会抵达自己想到达的彼岸。

心理防御机制具有积极的和消极的两方面作用，在某些方面也带有掩耳盗铃式的自我欺骗。所以，我们应该学习如何使用积极的、成熟的防御机制来应对可能面临的挫折情境，化防御机制为激励机制，既能缓解内心冲突又能调节自身行为，尽量克服消极防御机制带来的负面影响，以求得心理平衡和自我结构的完善。

（三）善待自己

人在遇到挫折时，最希望能够得到别人的帮助、鼓励和安慰。不过，外力还是需要靠自己去内化，才能从根本上解决问题。所以应对挫折的关键是要进行自我安慰、自我调节。

1. 宣泄不良情绪

对待洪水，堵是堵不住的，只能用正确的方法疏导。对待挫折也是一样，进行适当的调试和宣泄，才能恢复并保持一种健康良好的心态。宣泄不良情绪可以采用倾诉、唱歌、运动放松等方式。

2. 树立自信心

在遭受挫折和失意的时候，学生往往开始怀疑自己，对自己的评价降到最低点，这时候关键在于能否发现自己好的一面，树立自信心，从而振作精神，重新站立起来。

努力去发掘自己的优点，逐点用笔记录下来。可分类记录，比如个人专长，自己做过什么有益或建设性的事，过去有什么人称赞过自己，受过的教育，家人朋友对自己的关怀等。找出的优点越多，自信心也就越强。

每天找出自己做成功的三件事。不要把成功看成不可能的事情，成功来自一点一滴的努力和自我肯定。成功可以是在图书馆借到一本满意的书、完成一份作业、成功学会一道菜。一天至少顺利完成了三件事，又怎能说自己一事无成呢？

3. 培养兴趣爱好

广泛的兴趣和爱好，是健康心理的"减压阀"。大学生在学好专业知识的同时，要找一样或两样兴趣爱好来培养、发展，如摄影、游泳、烹饪、唱歌、跳舞。有了广泛的兴趣和爱好，就会更多地接触社会，接触他人，提高自己的社会适应能力和人际关系能力，也能够帮助自己排遣生活中遇到的烦恼，比较容易转移注意力，不至于陷入苦闷之中。

4. 确立合理的自我归因

归因是指个体对自己或他人的社会行为结果进行推断和解释原因的过程。比如，"我为什么会成功（失败）？""为什么班上的同学对我越来越疏远？"这些问题都是归因现象的反应。人们容易把成功归因于内部因素，如自己的能力、后天的努力，而面对失败时更多归因于环境和他人等外部因素。但有时候在遇到负面事件时，过分强调内部归因又容易让人一蹶不振。客观看待自己，合理自我归因，会帮助我们更好地了解自己，克服挫折影响，走向成功。

（四）宽待他人

1. 宽容他人，拥有同理心

宽容是对他人一些非原则性的缺点和过失的一种宽恕和谅解。如果不宽容，而去选择伤害，则很有可能会导致无休止的报复和争执。同时，不肯宽恕他人的人，自己也会受到心理上的折磨。宽恕他人，是一次净化心灵的过程。同理心，又称换位思考。拥有同理心，对他人多一分理解、少一份苛求，不仅是帮助他人，也是在帮助自己完成心理上的跨越。

2. 告别嫉妒

大学生大多喜欢和身边的同学作比较，有时嫉妒的种子便会在心里生根发芽。在不能很好疏导这种情绪的时候，学生便会由于嫉妒产生挫折感，觉得自己事事不如人，开始心理失衡。大学生应该明白，把宝贵的时间浪费在嫉妒他人身上，让自己产生一些不良情绪，是非常不理智的行为。光阴似箭，人生苦短，与其将精力耗费在嫉妒他人上，不如抓住机会做几件实实在在的事。

五　提升自我的心理资本

（一）提高挫折的承受力

心理学家罗森茨威格认为，挫折承受力指个体遭受挫折后，能够适应、抵抗和应对挫折的能力，是个体在遇到挫折情境、经受挫折打击和面对各种压力时，摆脱和排除困境，而使自己避免心理与行为失常的一种耐受能力，是后天习得的。

大学生面对挫折如何鼓起勇气，克服困难，促进自我成长，可以从以下几个方面入手。

1. 不断学习，丰厚积淀

学习不仅限于知识文化的学习，而且也包括人文精神的学习。通过学习，能够增强知识积累。对于当代大学生来说，知识的更新换代是非常迅猛的，丰富的专业知识不但能够增强能力，提高核心竞争力，而且也会带来强大的自信，抵御挫折的侵袭。另一方面，在生活中学习，在活动中学习，在挫折中学习，通过直接经验和间接经验的取得，增长智慧，学会应对挫折。

2. 保持乐观，增强勇气

挫折之所以难以克服，并不是困难太强大，而是我们缺乏直面困难的勇气和意志。知难而退和迎难而上，都是个体的主观选择，而改变这种选择的，是我们面对困难的态度。用乐观的精神看待挫折，每一个失败都是通往成功的道路上的阶梯，把失败踩在脚下，成功必将到来。

3. 平稳情绪，合理宣泄

情绪状态对于认知有影响作用，遇到挫折之后，不可避免地会出现沮丧、愤怒、自我怀疑、逃避、退缩等情绪，如果被裹挟在这些情绪之中，难以自拔，就会陷入自怨自艾的泥淖，失去战胜挫折的信心。在负面情绪状态中，容易放大困难，对自己的评价变低，不能采取积极有效的行动，所以迅速调整情绪状态，是克服挫折的关键环节。我们可以通过向朋友、家人倾诉，转换生活环境，适当娱乐放松等方式，将负面情绪合理宣泄出来，尽快以平稳的状态投入行动之中。

4. 调整目标，学会变通

在经历多次挫折之后，同学们要对目标和自身状态作出评估，可能是当前目标设置过高过难，也可能是目前环境还不成熟，不具备达成目标的条件。在这种情况下，调整期望，降低目标难度，重新规划行动，细化达成步骤，让目标更切合自身实际情况，是鼓舞勇气、踏实前行的好方法。

5. 自我规划，坚定意志

挫折是人生的一个阶段性事件，并不是人生的结果。如果把短时期的挫折放到人的漫长一生中去考量，它的影响就会缩小。一次考试的失利，一个朋友的离开，一次选择的失误，都会不同程度地影响到生活，可是这种影响只是暂时的，短期的。如果能够做好自我规划，明确自身成长的长期目标与方向，就能够把眼前的困境看作一个新的起点，校正方向，以坚定的精神，提高对挫折的承受力。

6. 和谐人际，谋求支持

良好的人际关系能给人带来强大的支持系统，也代表着一个人社会支持网络构建的能力和水平。拥有良好社会支持的人心理水平更高，在遇到困难和挫折时表现出更多积极和正向的一面。

知识卡片

积极地认识心理弹性

当今社会变革和环境带来的挑战愈演愈烈，常常会使许多人感到"压力山大"，因此对大学生的知识技能结构、科学文化素质和心理素质提出了更高的要求。心理弹性是个体重要的心理资本，它与积极的人际关系、情绪适应性、心理健康和主观幸福感等都有密切关联。大学生要锻炼自己的抗压性和焦虑承受力，挖掘积极乐观、持之以恒、奋发向上的积极心理品质。研究表明，心理弹性能缓冲压力对积极情绪的消极影响，减轻压力的负面作用，有助于提高个体应对内外环境刺激的自信心和调控能力，积极主动地适应环境，保持个体的心理一致感和乐观向上的心态,增强主观幸福感,提高生活满意度。心理弹性能调节负性生活事件对心理健康问题,如抑郁、焦虑、强迫等的负面作用,提高心理弹性能提高大学生的适应能力。

今天,我们介绍一个非常有用的提升幸福感的方法——三件好事,同学们可以尝试。"三件好事"(Three Good Things)是积极心理学家马丁·塞利格曼和同事于2005年设计的一项心理学实验。实验很简单,参加实验者只需每天记录发生在生活中的三件好事。六个月后,研究发现,参加实验的人们对生活更加感恩,心情更舒畅,睡眠质量提高,工作与生活的关系更协调,忧郁程度明显降低,每天坚持记录三件好事的志愿者的抑郁指数要比其他没有记录的志愿者低20%,幸福指数会高5%。

(二)抗击挫折能力的培养

1. 牢记自身的使命

发挥大学生共同具有的价值取向,努力塑造青年的积极社会形象,通过我们的学习和未来工作的业绩,得到社会公众的认同。

2. 树立职业自豪感

我们需要向社会展示自己对职业工作的自豪感,为自己工作的社会价值而骄傲。在发达国家,职业院校培养的高技能人才会得到全社会的尊重,其福利待遇与大学教授相比也毫不逊色。要是没有高技能人才,社会经济发展的齿轮就会停止转动。

3. 提高危机应对能力

这个问题我们在下一单元中会详细讨论,这也是与抗击挫折能力关系十分密切的问题。遇到问题时如果自己首先慌了手脚,追随者就更难应对。我们需要具备的能力是,当遇到突发事件、受到打击后,心理水平可能会受到影响,但是我们能够克服影响迅速恢复过来,找到恰当的应对方式。在工作和学习过程中,遇到任何突发事件,都要有一种坚持的精神和冷静应对的能力,保持面对逆境的抗逆力,这就是心理资本自我培养中最重要的东西。

总结案例

小可的挫折

小可是一名来自贫困山区的职业院校学生,父母是地道的农民,家里的收入都来自父母每天辛苦种植的农作物。小可来到大城市的一所高职院校学习,决心要通过自己的努力学习,学到扎实的技能,找一份好的工作,改善家里的贫困现状。小可平时花钱很节约,到了要交下一年学费的时候,小可打电话回家,父母却告知他家里遭受了泥石流灾害，这一季的作物颗粒无收。家里的亲戚也都或多或少受到灾害的影响，没多余的钱借给他们。放下电话，小可不知所措，甚至都不知道自己是怎么走回宿舍的，一想到自己可能即将辍学，内心非常难过。

分析：小可的挫折产生自家庭环境因素，而泥石流灾害对他的家庭带来的打击属于自然环境带来的不良影响。在这些因素的综合影响下，小可产生强烈的挫折感。此时，他需要积极地想办法，如申请助学贷款、勤工俭学，不要放弃，要乐观、积极面对挫折，争取挺过难关。

活动与训练

活动9-3 角色互换

主题：角色互换。

目标：学会站在对方的角度分析问题，理解他人，以减少人际关系不和谐带来的挫折。

建议时间：20分钟。

活动步骤：

1. 教师提示学生，这是角色扮演的活动，借互相扮演的角色来了解对方的感受。"提出问题"的学生可站在不同角度去看自己的问题，而另一个学生要思考"提出问题"的同学的问题，了解其感受。

2. 教师放两张椅子相对，请一位"提出问题"的学生出来坐其中一张椅子(A)，请另一位学生坐另一张椅子(B)，将"提出问题"的学生当作问问题的对象，开始角色扮演，其他学生为观察员。

3. 两人谈话至适当的时候，教师可令两人互换角色(同时互换座位)，再继续角色扮演，这时B必须重复A刚才叙述的话，A重复B刚才叙述的话。

4. 请两位学生谈谈感受，教师总结点评。

思考与讨论

9-1 挫折忍受程度测试

完成二维码9-1中的挫折忍受程度小测试，了解自己的挫折忍受度。

战胜危机

引导语

　　人类是感情动物,具有喜、怒、哀、乐、悲、惊、惧等诸多情绪。失去心爱的东西或人,遭遇失败,都会感到悲伤,有时会无缘由地情绪低落,这些都属于正常的情绪波动。

　　之前的单元曾提到,每个人的情绪反应都存在着多种表现形式,并以不同的程度反映出来。情绪除了受到事件本身的影响外,还受到特定的文化、宗教习俗、教育程度等背景因素的影响。在某些情况下,我们的情绪出现异常时,人很可能就会产生心理障碍。我们要明白一生之中不可能永远快乐,也不可能永远痛苦。俗语说"人生不如意事十之八九",快乐与痛苦是相生相伴的,心理障碍对我们正常的学习、生活会产生不良的影响,若得不到及时处理,可能会导致心理危机。因此,了解心理障碍的类型和表现,并对其进行适当的干预和处理,对帮助我们顺利度过低沉期,享受美好的校园生活,拥有良好心态具有重要意义。

学习目标

　　➲ 认识几种常见心理障碍及其评估方法。
　　➲ 了解心理危机及干预方式、心理冲突的常形与变形。
　　➲ 掌握促进构建合理信念思维模式的方法,战胜心理危机。

10.1 认知心理障碍,学会有效应对

抑郁症在身边

广州青年诗人、音乐人牛涛,因抑郁症发作,于2024年1月27日下午突然去世。牛涛于1993年西安出生,小学时随家人移居广州,获得了英国哈德斯菲尔德大学教育学硕士。牛涛在工作业余时间创作勤奋,发表了大量诗歌和散文作品,有自己独特的纯真灵性的风格。文学之外他参与了许多公益活动,涉足音乐创作领域并且成绩卓越,曾获得2019新音乐榜年度盛典最受欢迎填词奖,年度创意作曲人。2020年,他作词并谱曲的流行歌曲《悲伤逆流成河》获得新音乐榜最佳单曲奖。但从留学英国开始,牛涛就深受严重抑郁症困扰,近年来他也一直在朋友圈与人交流着自己对抗抑郁症的情况。据悉,牛涛家人从事医务工作,为治疗牛涛的抑郁顽疾一直在尝试各种方法和途径。艺术家的敏感性格,让他多年饱受抑郁折磨,寻医访药终无良果。

分析: 抑郁是人们的一种正常的暂时性情绪反应,是一种消极情绪,随时可能发生,需要及时调适。人们产生抑郁情绪是普遍的、正常的,但是若没有及时调适任其恶性发展,就可能患上抑郁症。对于抑郁症,应该像对待感冒发烧一样,及时重视,及时治疗,不应回避,更不应轻视。

一 了解抑郁症

抑郁症是平常生活中经常能听到的一个词语,是一种很常见的精神障碍。中国首次全国性精神障碍流行病调查显示,超过9 500万中国人得过抑郁症。当我们经历痛苦、失望、悲伤,想摆脱又无力解决时,我们就在经历抑郁,这是我们的一种情绪状态。如果我们关爱自己,调整好自己的心情,抑郁感觉就会慢慢淡去;如果我们的心情持续低落,在身

体、情绪、认知、行为等方面都有明显的改变,长期发展就有可能成为抑郁症。抑郁症的发病原因比较复杂,涉及家族遗传、环境因素和脑功能的异常改变等,它将会严重影响患者的生活、情感和工作等。

抑郁症又称抑郁障碍,以显著而持久的心境低落为主要临床特征,是心理障碍的主要类型之一。抑郁症除了有心境低落,还常伴有思维变缓、认知损害、意志减退和躯体症状。在全球范围内,抑郁症的综合患病率为25%,是导致个体残疾和丧失生活功能的一个主要原因。预计到2030年,与抑郁症有关的全球经济负担成本将提高1倍。

(一)抑郁症的诊断标准

卫生组织国际疾病分类第十一版(ICD-11)定义抑郁发作需要以下至少五种症状的同时存在,这些症状必须每天大部分时间出现,持续至少两周。必须包括其中之一:抑郁情绪或对活动的兴趣和快感明显减少。

具体症状是:① 抑郁情绪。② 兴趣或快感减少。③ 注意力或决策能力减退。④ 自我价值感低下或有不当的罪恶感。⑤ 对未来失去希望。⑥ 反复出现的死亡或自杀念头或自杀尝试。⑦ 显著的睡眠障碍或过度睡眠。⑧ 食欲或体重显著变化。⑨ 心境激动或迟钝。⑩ 能量减少或疲劳。

除此之外,目前应用比较广泛的是PHQ-9抑郁症筛查量表(见二维码10-1),它的问题清晰、操作简单,是国际通用抑郁症检测量表之一。

(二)抑郁症与抑郁情绪的区别

抑郁情绪其实主要是指人们出现的一种抑郁感觉,与抑郁症相比,抑郁情绪会好很多。因为抑郁症是以人们的心情持续低落为特征的精神障碍,属于一种精神障碍疾病。患有抑郁症的人需要很长时间才能慢慢地调养恢复,但是调整抑郁情绪所需时间较短。所以有很多人都会有抑郁情绪,但是并不是每个人都患有抑郁症。抑郁情绪与抑郁症的区别如下:

1. 情绪波动的程度不同
抑郁症患者的情绪波动远远超过正常人的情绪波动范围。

2. 情绪波动存在质的差别
正常人情绪的波动,往往与困难的情境、挫折或不如意不顺利等诱发因素有关。然而,抑郁症患者的情绪波动,不一定有上面所述的诱发因素,可能在好事不断的情况下发病,也可能没有任何缘由发病。

3. 时限长短差别大
抑郁情绪有一定时限性,通常是短期的,人们通过自我调适,充分发挥自我心理治愈功能,通常就能恢复心理平衡。而抑郁症常持续存在,不经治疗难以自行缓解,有时症状还会逐渐加重、恶化。

4. 抑郁症会反复发作
抑郁情绪不会反复发作。抑郁症每次发作的基本症状大致相似,具有清晨最重而夜间逐渐减轻的变化规律。抑郁症的家族中常有精神病史或类似的情感障碍发作史,这一特点也是抑郁症与一般情绪波动的重要区别。

（三）抑郁症的治疗

抑郁症是一种很常见的心境障碍，若是发现我们身边有这样的病人存在，一定不要以异样的眼光看待他们，而应该给予足够的理解和关怀，使其重新发现生活的美好，找到希望。同时，一定要劝说他们及时就医。目前，抑郁症的一线治疗方法有抗抑郁药物治疗、心理治疗以及药物治疗合并心理治疗，根据不同类型与临床表现，采取不同的治疗方法：

（1）抗抑郁药物治疗适合各种程度的抑郁症治疗。

（2）病情较轻的抑郁症患者适合接受心理治疗。心理治疗主要包括人际关系治疗、问题解决治疗和认知行为治疗。

（3）病情较重的抑郁症患者适合接受药物治疗或药物治疗合并心理治疗。

如果一个人长期处于抑郁情绪状态下，并且有较重的症状，那就不是一个正常的情绪反应，需要到医院找专业医生就诊，必要时要服用药物并配合心理咨询等手段治疗。如果只是有抑郁情绪或者短时间处于抑郁状态，可以通过培养良好的人格、增加兴趣爱好、丰富生活内容、保持平常心、调节生活规律、信赖关心他人、适当宣泄，来调整抑郁情绪或状态，若仍无改善则需到医院就诊。

二、熟悉双相障碍

双相障碍是心境障碍的一种类型，也称双相心境障碍。它是既有躁狂或轻躁狂发作、又有抑郁发作的一种心境障碍。躁狂发作需持续一周以上，抑郁发作需持续两周以上，躁狂和抑郁交替或循环出现，也可以混合方式同时出现。一般呈发作性病程，每次发作后进入精神状态正常的间歇缓解期，大多数病人有反复发作倾向，部分会有残留症状或转为慢性疾病。

（一）双相障碍的定义

双相障碍又称躁狂抑郁性精神病，包括双相I型障碍和双相II型障碍。双相I型障碍的症状较为严重。它的特点是既有重性抑郁发作，表现为情绪低落，即前面提到的一系列抑郁症状，又在其他时间段出现躁狂发作或轻躁狂发作，表现为情绪异常高涨或兴奋。当然，也有一些病人不会出现重性抑郁发作，仅表现为反复发作的躁狂或轻躁狂发作。双相障碍与抑郁症的最大区别是：抑郁症患者时刻感觉情绪低落；而双相障碍患者情绪变化十分剧烈，时而极度低沉抑郁，时而异常兴奋狂躁。

（二）识别躁狂

躁狂不同于人们正常范围内的情绪焦躁，对它的判别一定要慎之又慎，切不可见到周围某一同学在某段时间内因某事较为焦躁就判断其患上躁狂症。一般来说，躁狂表现为持续一周或更长时间的情感明显高涨，有时表现为易激惹（因为一点儿小事而发脾气）。

另外需要注意的是，具有躁狂症状的患者往往自我感觉良好，兴奋，话多，语速快，声音大，难以打断，认为自己很有能力，能做很多别人做不了的事情，精力充沛，甚至感到

"从来没有感觉这么好过"。他们不认为自己患病，不会主动去医院就诊或接受治疗，需要由家人、老师甚至警察送入医院就诊。

（三）双相障碍的致病原因及治疗

双相障碍是心理社会因素、遗传和生物学因素共同作用的结果。与抑郁症相比，双相障碍的遗传因素更为突出，那些给我们带来负能量的生活事件是患病的重要触发因素之一。治疗双相障碍需要及时就医，它的治疗方式以心境稳定剂治疗为主，辅以一些精神类药物。

三、认识焦虑障碍

焦虑是我们每个人都会有的一种情绪状态，适当的焦虑使我们可以正常地应对日常生活中出现的各种突发事件或压力，这是非常正常甚至有利的。正常水平的担忧或焦虑使我们能够恰当地评估出现的危机或问题，并做好准备去有效地采取行动、应对困难或问题。但是，焦虑障碍不属于这种情况。

（一）焦虑障碍的定义

焦虑障碍是指人出现非正常的担忧或焦虑，又称病理性焦虑。具体来说，就是指出现了过分的担忧或焦虑，并且妨碍了日常生活、工作、学习和社会交往。焦虑障碍包括惊恐障碍、广泛性焦虑症、特殊恐怖症、社交恐怖症、强迫症和创伤后应激障碍，常常与抑郁症共同发生。焦虑障碍的临床表现主要是过分的担忧，并且引发痛苦，影响日常生活、工作、学习或人际交往等正常活动。

（二）焦虑障碍的临床表现

焦虑障碍以广泛和持续性焦虑或反复发作的惊恐不安为主要特征，常伴有自主神经紊乱、肌肉紧张与运动性不安等。在临床上主要表现为广泛性焦虑障碍和急性焦虑障碍。广泛性焦虑障碍又称为慢性焦虑障碍，是最常见的表现形式。急性焦虑障碍是一种以反复的惊恐发作为主要症状的神经症，它的发作不局限于某个特定情境，具有不可预测性。它们在临床上都有以下的症状表现：

（1）莫名地出现紧张、害怕、不安和恐惧情绪，没有明确的对象和内容，可能持续很长一段时间或者突然发作，而实际并没有危险或者威胁发生。

（2）在行为上表现为不停地动、来回走动、坐立不安、搓手跺脚或不由自主地颤抖。

（3）伴随躯体不适症状，如脸红出汗、恶心呕吐、呼吸困难、全身无力、头晕心悸、口干舌燥等。

（4）一般持续时间都较长。

焦虑障碍的种类不同，临床症状也不相同。自我评估可以采用贝克焦虑量表测试，该测试能反映出焦虑状态的严重程度，根据测试结果有选择地进行心理治疗或是看精神科医生。

（三）焦虑障碍的致病原因和治疗

焦虑障碍往往是心理、社会、遗传和生物学因素共同作用的结果。其主要诱因是人格基础特征和社会心理。

焦虑可能发生于长期经历高度压力的时候，比如，要作出重要的决定之时、要处理的事情到了最后期限、工作生活规律将发生重大改变之时等。此时，人们需要为此作出调整，当这种调整超出正常的适应能力，或压力的强度超出可承受限度时，就会产生焦虑情绪。

大部分有焦虑障碍的人较为敏感、情绪化，容易忧虑、悲观，在多愁善感、古板、保守、孤僻等情绪不稳定或性格内向的人身上多见。焦虑障碍的治疗方法如下：

（1）心理治疗。特别是认知行为治疗，对于焦虑障碍的治疗有明显的效果。同时也可以采用药物治疗，比如，选用具有抗焦虑作用的新一代抗抑郁剂。正确对待焦虑症，应充分认识到焦虑症不是器质性疾病，对人的生命没有直接威胁，因此，不应有任何精神压力和心理负担。

（2）要树立战胜疾病的信心。应坚信自己所担心的事情是根本不存在的，经过适当的治疗，此病是完全可以治愈的。

（3）在医生的指导下学会调节情绪和自我控制。如学习心理松弛、转移注意力、排除杂念等方法，以达到顺其自然、泰然处之的境界。

（4）学会正确处理各种应急事件的方法。增强心理防御能力，培养广泛的兴趣和爱好，保持心情愉悦。

（5）在可能的情况下争取家人、同学、教师的关怀、支持，解决引起焦虑的具体问题。

总结案例

一名新生的焦虑障碍

一名从偏远山区考到城市学校就读的新生小林，刚进入大学不久，因不能适应新的环境，而到咨询室求助。他从小就胆小、腼腆、性格内向，不擅长与人交往。入学后因为家庭物质生活条件较差，自己"奇怪"的口音，以及与其他同学相比吃、穿、用方面存在的差距，成为同学们取笑的对象。小林内心原有的平衡状态被打破，心里产生了一系列的矛盾和冲突。他在新的环境中，每天都很紧张、焦虑、不安，越是害怕越是迷糊，越是不能集中精力学习和做各种事情。这种状态持续了半年时间，小林没有心思做任何事情，严重影响了他的正常生活。

分析：心理障碍一旦出现，就会给本人的身心健康带来不良影响。案例中的小林因为自身性格原因，在进入新学校后，不能很好地调适自我，导致其紧张焦虑情绪越来越严重，长此以往必将影响其正常的学习生活。幸运的是他求助了心理咨询室的老师，相信经过一段时间的调整，小林可以调整自我认知，调适情绪，重新投入正常生活中去。

活动与训练

活动 10-1　瑜伽练习

主题：瑜伽练习。

目标：加强平衡能力的锻炼，通过练习可以感受身体和内心的平和，缓解抑郁、焦虑的情绪。

建议时间：15 分钟。

活动步骤：

1. 左脚为重心站立，保持平衡，慢慢将右脚抬起抵住左大腿内侧，双手胸前合十作祈祷状。

2. 慢慢将双手举过头顶，向上拉伸，同时收紧腹部，调整呼吸，尽可能坚持较长时间。

3. 缓慢复原站立姿势，换另一边做同样动作。

活动效果：瑜伽已被公认为一项具有预防和治疗效果的体育活动，属于最自然和有效的物理治疗方法之一，更是一种美与健康相结合的艺术。练习瑜伽能够放松身心，丰富业余生活，舒缓压力。长期坚持练习，能使身心舒适。

思考与讨论

1. 抑郁症有哪些表现？如何看待抑郁与正常情绪波动的区别？
2. 双相障碍和抑郁症的区别是什么？
3. 焦虑障碍有哪几种常见的类型？
4. 完成二维码 10-1 的量表，并分析结果。

10-1
PHQ-9 抑郁
症筛查量表

10.2　识别心理危机，有效预防化解

> **心理箴言**
>
> 长风破浪会有时，直挂云帆济沧海。
>
> ——李白

失恋后的小敏

小敏进入大学以来,学习成绩一直名列前茅,与室友、班级同学和老师都相处融洽。大二下学期,她与同班一个男生相恋,两人感情一直很好。期末时,男友提出分手,小敏怎么也接受不了这个事实,觉得自己被欺骗了,学习成绩一落千丈,出现了失眠、愤怒、厌食、呕吐等症状,整天无精打采,以泪洗面,无法与人正常交流,对生活中的一切都失去了兴趣。

分析: 失恋是在大学校园里经常发生的事情,小敏在与男友分手后有负面反应是正常的,但之后一段时间内出现的系列反应,已经属于心理危机范畴。心理危机不是天灾人祸,给人直接带来一个不好的后果,而是给人带来痛苦和威胁,是一种心理失衡的状态。处理好了是成长的契机,处理不好就会导致恶性事件的发生。

一、挑战困境

人的一生可能会遇到很多自己无法解决的困难或问题,尤其是在现今快节奏的社会中,处处有竞争和挑战,同时处处有契机或危机。当危机出现时,意味着有危险,同时也意味着有机遇。在危机面前,你会痛苦得无法自拔,还是迎难而上,积极解决问题呢?

(一)危机与心理危机

危机,从心理学角度来说,指的是一种混乱和"解体"的暂时状态。危机,顾名思义,意味着"危"险和"机"遇并存,处理得当,可以在有限时间里促进人的成长和改变,产生积极的结果;处理不当,则可能使情况变得严重。心理危机主要是指个人在遭遇某些重大突发事件或逆境等无法忍受的困难时,无法很好地运用个人的资源或应对机制来解决问题,从而产生的情感、认知和行为方面的功能障碍。

(二)识别心理危机

处于心理危机状态的人,临床表现可能是多种多样的,具体来说主要有以下五种。

1. 情绪改变

常出现如下情况:焦虑,烦躁,暴躁,易怒,愤怒,紧张,恐惧,怕见人,抑郁,情绪不稳定,兴趣减退,脆弱,哭泣,惊慌失措,表面平静却眼神游离等。

2. 认知改变

其主要表现:脑中常现侵入性画面、声音或气味,注意力不集中,遗忘,过度警觉,不信任他人,自责,有罪恶感等。

3. 躯体不适

其主要表现：失眠，食欲改变，头痛，腰酸背痛，感到疲劳等。

4. 行为改变

主要表现：躲避，回避，呆坐沉思，麻木，模仿行为，过分投入某些事情或活动，话多等。

5. 出现攻击破坏性行为

当心理问题严重时，可出现攻击破坏性行为。

（三）心理危机干预

心理危机干预就是针对心理危机发生的具体情况提供应急性的心理支持，它的目标就是使处于危机中的人重新获得心理控制，重新获得正常生活的能力，身体和心理机制至少应恢复到危机发生前的功能水平。

心理危机干预一般分为六个基本步骤。

1. 界定评估

在进行危机干预之前需要先评估当事人的平衡状态、能动性、自主性、认知、情绪等精神状况及自杀的危险性。然后，根据评估结果确定干预的主要问题和目标。

2. 确保安全

在危机事件发生后的几小时到几天内应该提供危机干预，首要的目标就是确保当事人生命安全，确保其不会做出危害自身及他人的行为。然后，再考虑其他问题。

3. 提供支持

接近当事人，了解他们的需要和要求。对当事人给予倾听、安慰和照顾，需要注意的是，不要勉强与其交谈。这种交流就是提供基本的心理支持，创造危机干预的外部环境。

4. 找出解决办法

通过综合分析存在的身心问题之后，选出可能的有效的干预措施。根据当事人的具体状况决定干预的方法和次数，是采用一次性干预还是连续性干预。此时，干预的重点是正常化当事人的反应，即告知当事人面对如此突发异常事件，出现有别于日常状况的情绪、行为或生理反应是自然的，以放松和解除当事人的担忧、焦虑和害怕，同时，帮助他重建社会支持系统。

5. 制订干预计划

在制订干预计划时，要考虑到干预的不同阶段的措施的差异，比如，在最初的危机干预之后，对当事人所出现的正常应激反应和问题，应立足于重建和保持他在实际生活中的功能和人际关系，使其能尽快履行日常社会职能，同时提供后续的心理康复服务，加速其康复过程，还要预防严重心理问题的发生和不良行为的出现。

6. 获得当事人按计划实施的承诺

必须获得当事人按计划实施的承诺，才能进行具体的危机干预，可以采用社会心理干预，也可以根据情况对症选用药物治疗。对于那些情况严重的案例来说，须提供持续的社会支持服务、心理状况评估甚至诊断服务。

二 生命不能承受之轻

近些年来,高校学生自杀的事件频频发生,甚至还呈现一种逐渐增多的趋势。一个个年轻的生命以如此决绝的方式逝去,这让我们惋惜却又引人深思。究竟是什么原因造成这些正处于最好年华的年轻学生们选择用自杀来结束自己刚起步的人生历程呢?对于这一现象,我们又应该做些什么呢?

(一)自杀的危险性影响因素

由于自杀是罕见事件,研究者们很难通过追踪性研究来验证哪些因素是自杀的根本原因,但是,我们可以对自杀的危险性影响因素进行探讨。

1. 生理、心理和遗传因素

自杀与生理、心理和遗传因素等都有着密切的联系。研究发现,自杀行为的危险性与年龄、性别、抑郁情绪、负面生活事件导致的急性和慢性心理压力、自杀未遂既往史、亲友或熟人的自杀行为史、童年早期的生活经历和精神障碍等因素有关,与失眠及自杀意念、自杀未遂和自杀死亡的危险因素增加有关。人具备的危险因素越多,其自杀的危险性越高。

2. 精神障碍因素

研究显示,我国自杀死亡者中约63%患有精神障碍,自杀未遂者中约40%患有精神障碍。精神障碍主要为心境障碍,其次为精神病性障碍,酒精或滥用药品也会导致精神障碍。对于自杀未遂者,人格障碍和焦虑障碍也较常见。

知识卡片

当你觉得压力超过自己能够承受的范围时,当你觉得需要帮助来挽救生命的时候,可以拨打12355青少年心理服务热线,或联系学校心理健康教育中心,或向父母、亲人、朋友求助,主动寻求心理援助,放松我们超载的心,帮助我们走出"阴霾"。

(二)自杀的评估

当在生活中听到某人说活着真累、生活没有一点儿意义,流露出轻生想法时,首先需要做的,就是要给予他密切的关注,切不可忽视他,否则会造成不可挽回的后果。然后,及时向老师反映相关情况,让受过训练的专业人员来评估其自杀倾向的严重程度。为了准确地评估当事人目前的状况,一般需要找一个适合谈话、安静的场所,并腾出足够的时间与当事人进行交流,这是因为想自杀的人通常需要更多的时间吐露自己的想法。最后,在有效倾听的基础上评估其自杀的危险程度。

在临床上,自杀评估的主要内容包括以下八种。

(1)目前的精神状况和诊疗经历。

（2）目前有关死亡和自杀的想法。

（3）目前的自杀计划：具体方式、准备程度、计划什么时候实施、遗书写作等。

（4）支持系统（家人、朋友等）。

（5）急性压力。

（6）慢性或长期的压力。

（7）躯体和精神疾病史和就诊治疗史。

（8）家人、亲友和熟人既往的自杀行为史。

为了有效地预防自杀，需要了解哪些人有自杀的可能性，即通过一定的技术手段识别出自杀的高危人群，这可以由专业人员通过相应的量表来评估识别。

（三）自杀的干预

面对有自杀倾向的人，我们需要保持镇静、真诚和坦率，倾听、理解、关注他的感受（共情），表现出支持和关心，尊重他的想法。在谈话的过程中，不要经常打断他，也不要表现得震惊、尴尬或惊恐，更不应该以恩人自居或要人领情，不负责任地允诺一些事情。另外，要切记言语不应该冒昧或模糊，既不能刺激他去自杀，也不应该认为他的问题微不足道，给予虚假承诺，让他独自待着。

面对有自杀倾向的人，身边每一个人的关怀都可能是帮助他走出困境的阳光，我们要找出促使他选择死亡的原因和继续活下来的理由，陪同他一起寻找自杀之外的其他解决办法，并鼓励他去尝试其他解决办法；同时要确保他远离自杀工具和场所，如远离刀具、农药或其他致死性药物、高地、江河；找到他信任的同学、朋友来一起提供帮助。如果当事人表现出很高的自杀危险性的话，则需要安排人24小时陪伴。

（四）自杀的预防

自杀行为对于个人、家庭、社会乃至国家来说，都是悲剧。为了有效预防自杀，需要从以下三个层面开展自杀预防工作，建立系统的自杀预防体系。

1. 通用策略

自杀事件发生后及时有效的措施固然重要，但更重要的是防患于未然。

（1）建立常规的心理健康促进、自杀预防服务体系以及应急工作方案，是非常重要的工作内容之一。

（2）定期举办心理健康教育和自杀预防健康教育的培训活动，以提高学生对自杀问题的认识水平，让学生了解自己的心理健康状况，知晓常用的缓解压力或解决问题的自我帮助与互助技巧，了解身边可用的心理援助机构、心理援助或心理危机干预热线、网上心理咨询服务、精神心理门诊等。

（3）进一步排查校园内安全隐患，完善校园内安排措施。比如，将高层窗户设置为非敞开式（仅能开启很小的一部分）；对于天台和其他高层位置，设置高护栏或其他障碍，增加电子眼设备等。

（4）设立心理援助热线或心理辅导机构，发挥心理援助的救助和危机干预功能。鼓励同学们在感到较大的心理压力时积极寻求帮助。

2. 选择性策略

面向高危人群开展工作,开展精神障碍筛查,增强对高危人群的支持并提高其技能,提高危机干预服务的水平。例如,与学校周边的心理危机干预热线、网上心理咨询服务、面对面心理咨询服务和精神科门诊住院服务等建立联系。

需要特别指出的是,精神障碍筛查或心理状况测评服务的目的是让人们了解自己的心理健康状况,而不能将测评结果与这些人能否就学、毕业挂钩,否则就侵犯了每个公民应有的求学与就业的权利,甚至是将这些脆弱人群推出了社会,孤立或排斥他们是万万不可取的。

3. 针对性策略

面向人群中的高危学生,要开展针对性的帮助工作,比如,针对面临人际关系冲突、抑郁、有轻生念头或感到压力大的同学,帮助他们学习如何处理人际矛盾,处理抑郁和轻生情绪,减轻压力,甚至提供转诊服务等。

知识卡片

自杀预防干预

自杀行为会严重威胁本人生命安全,也会给家庭、社会带来一定的伤害。自杀者在实施行动之前,总是会出现挣扎、犹豫、求救、失望等情绪和行为。尽管按照目前科研水平和研究结果,没有办法准确预测出自杀,但还是有一些先兆可以觉察的,如果身边的朋友同学出现了一些征兆,请你尽量做到以下七点。

(1)要重视不要忽视。要充分重视自杀信号,将干预付诸行动,而不要忽视信号,甚至以为他们是在开玩笑。

(2)要讨论不要躲避。要勇于讨论自杀话题,谈论就是一种支持,躲避反而让他们绝望。

(3)要理解不要说教。要对自杀想法给予理解,说教式的劝说无济于事。

(4)要帮助不要刺激。要认真帮助他们分析面临的问题,刺激的话语起不到"以毒攻毒"的效果,只能促使其立刻自杀。

(5)要陪伴不要独处。有人陪伴本身就是一种良好的支持,让其独处不仅不能让其冷静,反而会让他们感到孤独。

(6)要保护不要隐瞒。要保护其隐私,但不等于隐瞒,明确说明会让其他值得信任的人一起帮助他们。

(7)要治疗不要等待。时间不是缓解自杀意念的良药,要及时治疗干预,等待只能延误时机。

总结案例

小志的心理问题

小志是一名大四男生,以下是他到咨询室的陈述:"我有两个都已经成家的哥哥,但他们经济条件都不好。父亲在我初中的时候去世了,我母亲身体不好,不能工作劳动,现在她住在哥哥家里。哥哥家房子都很小,我回去也不方便,每年过年时,我会回去待几天,其他时间都是在做家教或是打工挣钱养活自己。哥哥们又觉得我是大学生,以后会有出息,经常说'以后就靠你了'这一类的话,让我感觉压力很大,有种疲惫感和无助感。由于长期打工,我和同学接触不多,没有好朋友,学习成绩也不怎么好,感觉老师和同学都想不起来有我这个人,生活真是一点意思都没有。马上要毕业了,同学们都考研或者找到工作了,只有我还没有着落,只有压力和痛苦,如何才能解脱呢?"

分析:无助的小志在对生活不抱有任何希望的时候,给自己一个机会,走进了心理咨询室。校园和社会中有许多人,在身心发展不够成熟的阶段,面对人生中的重大事件时,缺少积极的心理状态、缺少应对问题的能力,极易产生心理危机甚至导致恶性事件发生。

活动与训练

活动10-2 朗诵《我允许》

主题:朗诵《我允许》。

目标:通过朗读学会爱自己,学会接受和允许生活中的所有事情,无论它们是好还是坏。

建议时间:20分钟。

活动步骤:

1. 集体朗读《我允许》。

2. 分享朗诵后的感受体会,并谈谈如何在今后生活中爱自己。

活动效果:集体朗读会使人大脑思维清晰,精力集中,学习效率高,产生比个人默读和个人朗读更好的效果。

我 允 许

我允许任何事情的发生

我允许,事情是如此的开始
如此的发展,如此的结局
因为我知道,
所有的事情,都是因缘和合而来
一切的发生,都是必然
若我觉得应该是另外一种可能
伤害的,只是自己
我唯一能做的
就是允许

我允许别人如他所是
我允许,他会有这样的所思所想
如此的评判我,如此的对待我
因为我知道
他本来就是这个样子
在他那里,他是对的
若我觉得他应该是另外一种样子
伤害的,只是自己
我唯一能做的
就是允许

我允许我有了这样的念头
我允许,每一个念头的出现
任它存在,任它消失
因为我知道
念头本身本无意义,与我无关
它该来会来,该走会走
若我觉得不应该出现这样的念头
伤害的,只是自己
我唯一能做的
就是允许

我允许我升起了这样的情绪
我允许,每一种情绪的发生
任其发展,任其穿过
因为我知道
情绪只是身体上的觉受
本无好坏

越是抗拒,越是强烈
若我觉得不应该出现这样的情绪
伤害的,只是自己
我唯一能做的
就是允许

我允许我就是这个样子
我允许,我就是这样的表现
我表现如何,就任我表现如何
因为我知道
外在是什么样子,只是自我的积淀而已
真正的我,智慧具足
若我觉得应该是另外一个样子
伤害的,只是自己
我唯一能做的
就是允许

我知道
我是为了生命在当下的体验而来
在每一个当下时刻
我唯一要做的,就是
全然地允许
全然地经历
全然地享受
看,只是看

作者简介:伯特·海灵格(Bert Hellinger),德国心理治疗师。

思考与讨论

1.什么是心理危机? 它有哪些具体表现?

2.如果发现身边的一个同学突然间意志消沉,且多次提到"人生没有意义",应该怎么应对?

3.哪些预防方法可以减少自杀现象的发生?

10.3 了解干预技术,积极配合治疗

怕猫的小美

　　小美是一名大四的女生,她到咨询室寻求帮助,原因是她很害怕猫。小美说自己从小就怕猫,也记不清是从什么时候开始,或者是什么事情导致的。她在路上看到猫都会绕道走,甚至不能听到'猫'这个字,一听就会一激灵,有时候会出一身冷汗。平时家里人都知道,也就不提,但是她即将要毕业进入社会工作了,不可能始终回避这个问题,自己也不想被这个问题一直困扰。

　　分析:在日常生活中,为了解决心理问题就需要懂得一些心理学治疗方法。一方面,在自己或同学遇到相关问题时,可以更好地配合心理医生,实施更好的治疗;另一方面,也可以在现实生活中,建立心理预防机制,更好地关爱周围的人们。

一 了解行为治疗

　　行为治疗是以减轻或改善患者的症状或不良行为为目标的一类心理治疗技术的总称。行为治疗的概念最早由斯金纳和利得斯莱于20世纪50年代提出,它的发展已有上百年的历史,具有针对性强、易操作、疗程短、见效快等特点。

(一)系统脱敏法

　　系统脱敏法它是整个行为疗法中最早被系统应用的方法之一由精神病学家沃尔帕首创。最初,沃尔帕是在动物实验中应用此法的,在证明有效之后,沃尔帕便把系统脱敏疗法广泛运用于人的临床实践。

知识卡片

沃尔帕的动物实验

在实验中,沃尔帕把一只猫置于笼子里,每当实验猫开始进食时,就对它施以强烈电击。多次重复后,猫即产生强烈的恐惧反应,拒绝进食。最后,发展到对笼子和实验室内的整个环境都产生恐惧反应,即形成了所谓"实验性恐怖症"。

然后,沃尔帕用系统脱敏法对猫进行矫治,使猫逐渐消除恐惧反应。最后,只要不再被电击,猫回到笼中进食也不再产生恐惧。

实施这种疗法时,首先要深入了解当事人的异常行为表现(如焦虑和恐惧)是由什么样的刺激情境引起的,把所有焦虑反应由弱到强按次序排列成"焦虑阶层"。然后,教会当事人一种与焦虑、恐惧相抗衡的反应方式,即松弛反应,使当事人感到轻松而解除焦虑,进而把松弛反应技术逐步地、有系统地和那些由弱到强的"焦虑阶层"同时配对出现,形成交互抑制情境(即逐步地使用松弛反应去抑制那些较弱的焦虑反应,再抑制那些较强的焦虑反应)。这样就可以循序渐进地、有系统地把那些由于不良条件反射(即学习)而形成的、强弱不同的焦虑反应,由弱到强一个一个予以消除,最后把最强烈的焦虑反应(即我们所要治疗的靶行为)也予以消除(即脱敏)。异常行为被克服后,当事人也重新建立了一种习惯于接触有害刺激而不再敏感的正常行为。这就是系统脱敏疗法,也称交互抑制法。它在临床上多用于治疗恐怖症、强迫症以及某些适应不良性行为。

(二)行为塑造法

行为塑造法是根据斯金纳的操作条件反射原理设计出来的,目的在于通过强化(即奖励)而造成某种期望出现的良好行为的一项行为治疗技术。

在治疗中,一般布置逐步晋级的作业,在当事人完成作业时按情况给予奖励(即强化),以促使其增加出现期望获得的良好行为的次数。有人认为,最有效的强化因子(即奖励方法)之一是行为记录表,即要求当事人把自己每小时所取得的进展正确记录下来,并画成图表。这样做本身就是对行为改善的一种强大推动力。根据图表所示的进展,治疗者还可应用其他强化因子,当作业成绩超过一定的指标时即给予表扬或奖励。此外,还可采用让当事人得到喜爱的食物或娱乐等办法,来塑造新的行为,以取代旧的、异常的行为。

为了使治疗效果得以保持和巩固,在应用这一治疗方法时,需要特别注意如何帮助当事人把在特定治疗情境中学会的行为转换到家庭或工作的日常生活等现实环境中去。此方法的适用范围包括帮助孤独症儿童说话,改善或消除恐怖症、神经性厌食症、肥胖症及其他神经症的行为;也可以用来改善或促进精神分裂症病人的社交和工作的行为。在社会教育中,可用于训练低能者以及治疗某些性功能障碍等。

认知行为治疗

（一）什么是认知行为治疗

认知行为治疗是在认知治疗基础上结合行为治疗发展而来的。认知行为治疗可有效治疗多种精神障碍，如抑郁症、焦虑障碍，也可用于双相障碍、精神分裂症的辅助治疗。

认知治疗学派认为，心理障碍与消极的核心信念有关。也就是说，引发痛苦、烦恼、烦躁、焦虑、郁闷或悲观的不是事件或情境本身，而是我们如何看待这一事件或情境。因此，改变不良的思维就可以改善症状。图10-1中的例子说明了核心信念对人的影响。

认知的本质是人脑在信息处理过程中，往往存在验证性偏倚，倾向于首选与心境保持一致的信息处理过程。比如，如果一个人最近做了一件很没面子的事情，那当他看见周围的人窃窃私语时，就会觉得像是在议论自己。认知治疗就是通过一定的技术让人能够意识到自己的认知偏倚或认知歪曲，从而学会主动修正自己的认知歪曲。建立认知灵活性就是通过认知重建来达到改善情绪、恢复日常功能的目的。

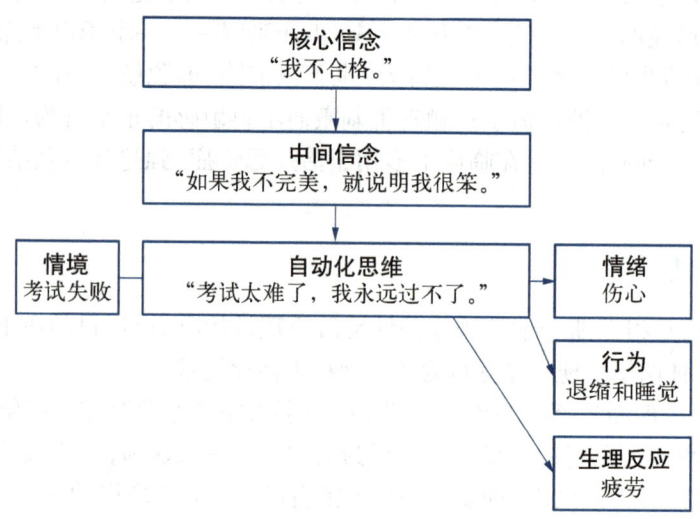

图10-1　核心信念对个体的影响

知识卡片

常见的认知歪曲

1. 两极化思维：又称非黑即白思维、全或无思维、非对即错思维，即把情形看成两极化而非连续体。例如，如果这件事没有成功，我就是一个失败者。

2. 灾难化思维：即消极地预测未来，而不考虑其他更可能产生的结果。例如，我如此郁闷，我不可能做好。

3. 低估正性信息：即不合理地告诉自己积极的经历、行为和品质不重要。例如，我把这件事情做好了，但这并不意味着我有能力，我只是运气好。

4. 情绪推理：又称感情用事，即自己认为的事情是对的或真实的，因为自己如此强烈地感觉到它或相信它，而忽略或低估相反的证据。例如，我知道我在工作中做了许多事情，但我仍然感到自己是个失败者。

5. 贴标签：即给自己或他人贴上一个固定的、通用的标签，而不考虑实际情况就下结论。例如，我就是一个失败者，不管我做了什么。

6. 夸大或缩小：又称正性贬值，即当评估自己、他人或一种情形时，不合理地高估消极面、负面，而低估正面、积极面。例如，成绩中等就证明我不合格，得了高分也不意味着我聪明。

7. 心理过滤：即过分关注负性细节，而非全部。例如，因为我的得分中有一个分数很低（其中也有高分），所以意味着我的学习很差。

8. 读心症：即认为自己知道别人是怎么想的，而不去考虑其他更合理的可能性。例如，他在心里看不起我。

9. 过度概括：又称以偏概全，即针对目前的情况，做了一个过度的负性概括。例如，因为我在那样的情境下感觉不舒服，因此我不可能在那里交到朋友。

10. 个人化：即认为其他人消极的行为源于自己，而不考虑有关他们行为的、更合理的其他解释。例如，那个人这样侮辱我，是因为我什么也做不好。

11. "应该"或"必须"声明：即对于自己或他人应该如何做，有一个确切的且固定的想法，并且当这些期望未达到满足时，则过高估计坏的结局。例如，我犯了一个错误，这太可怕了。

（二）如何进行认知重建

认知重建，也称认知调整，大致可分为以下四个步骤。

（1）通过角色演练或重现具体的情境，识别或引出自动化思维（头脑中自发产生的对事物的认知）。

（2）分析这些自动化思维是如何影响人的情绪、生理反应和行为的。

（3）对每一个自动化思维进行"逻辑分析"，以发现认知歪曲，从而促进认知的灵活性。

（4）创建一个"合理的替代思维"。自动化思维只是对事件或情境的一种解释，而且这种对事件或情境的解释在很大程度上会出现信息处理过程中的验证性偏倚（即心境一致性偏倚）。因此，在假定某个解释正确之前，通过找出更多的可能让自己考虑所有可能的解释。这样，就有助于逐步跳出单一僵化、负性扭曲的信息处理惯性，即调整认知歪曲，达到认知重建的目的。

抑郁思维是僵化的负性思维,针对那些让人烦恼的事件,如果我们能够试着找出其他解释,这个寻找其他解释的过程就会对抗和削弱原先思维的僵化、负性程度。因此,这个过程就可以使我们学会考虑其他可能性,即学会对事件有一个全面的认识,从而认识到在解释事件时经常出现的主观片面性,即过分关注事情的负面,最终使人逐步跳出"当局者迷"的误区。

(三)合理情绪疗法

合理情绪治疗是由美国著名临床心理学家阿尔伯特·艾利斯在20世纪50年代创立的一种心理疗法,简称情绪ABC理论,是一种认知行为疗法。合理的信念会引起人们对事物适当、适度的情绪和行为反应,而不合理的信念常会导致不适当的情绪和行为反应。心理学家韦斯特总结不合理的信念主要有三个方面的特征。

1. 绝对化要求

这是指人们以自己的意愿为出发点,对某一事件怀有一定发生或一定不会发生的信念。通常在话语中有"必须""一定""应该"等字眼。

2. 过分概括化

这是指不合逻辑的、以偏概全的不合理思维模式,它通常根据某一个事件或几个事件的结果就对整个人、一段时间作出评判。

3. 糟糕至极

这是指发生了一件事就会有灭顶之灾的想法。通常是发生了一件不好的事情,就会认为生活中的一切就都是非常可怕、非常糟糕的。

总之,不合理信念就是一个人内心不现实的、不合逻辑的、站不住脚的信念。

知识卡片

寻找幸福的赫克托

你觉得"快乐"是什么?"你快乐吗"?这是电影《寻找幸福的赫克托》(*Hector and the Search for Happiness*)中心理医师赫克托最常问别人的话。每个人都有自己对"快乐"的定义,或是在不同时间地点,对"快乐"有不同的体会和思考。如何追求快乐?"快乐"需要学习吗?这部电影提供了15个简单方法,有助于在自己延伸思考基础上,寻找"快乐"的方向。

1. 攀比会破坏你的幸福。(Making comparisons can spoil your happiness.)

2. 许多人将幸福看作未来式。(Many people see happiness only in their future.)

3. 许多人认为幸福是成为富人或重要人物。(A lot of people think happiness is being rich or important.)

4. 幸福可能是一种同时与不止一位女人恋爱的自由。(Happiness could be the

freedom to love more than one woman at the same time.）

5. 有时候幸福是别知道事情的全貌。（Sometimes happiness is not knowing the whole story.）

6. 你周遭相处的人带给你的是提升,还是沉沦?（Dose the person you're with bring predominately Up or Down?）

7. 躲避不幸并非通往幸福之旅。（Avoiding unhappiness is not the road to happiness.）

8. 幸福是应许你的感知。（Happiness is answering your calling.）

9. 幸福是以真实面貌被爱。（Happiness is being loved for who you are.）

10. 烤红薯。（Sweet Potato Stew.）

11. 恐惧是幸福的阻碍。（Fear is an impediment to happiness.）

12. 幸福是感受着生命力。（Happiness is feeling completely alive.）

13. 幸福是了解如何庆祝。（Happiness is knowing how to celebrate.）

14. 用心聆听是爱的表现。（Listening is loving.）

15. 往日情怀不是它原本的模样。（Nostalgia is not what it used to be.）

三、认知现实治疗

(一) 什么是现实疗法

现实疗法是由美国精神病学家威廉·格拉塞所开创的一个心理咨询和心理治疗流派,是帮助当事人控制行为、在生活中作出新决定和克服困难进行选择的疗法。

(二) 现实疗法的基本依据

1. 对自己的行为负责

现实疗法建立在控制理论的基础上,它假设人们可以对他们的生活、行为、感受和思想负责。

2. 有成功的统合感

现实疗法对人的一个基本假定是,每个人都力求较好地控制自己的生活,以达到一种"成功的统合感"。格拉塞认为,人是有一些基本需要的,包括生存、归属、力量感、乐趣和自由。这些需要都得到较好满足的人,就会体验到成功的统合感;相反,具有"失败的统合感"的人,他们相信没有人爱自己,觉得自己卑微渺小,没有能力做任何有意义的事情,对自己的问题也无能为力。在格拉塞看来,有心理困难、需要咨询和治疗帮助的人就是具有失败的统合感的人。

3. 有合适的行为

一个总是生活在"现实的"世界中的人,要满足他的基本需要,让其体验到成功的统合感,就必须在现实环境中有合适的行为。只有作出合适的选择,产生合适的行为,才有可能从与环境的关系和与他人的关系中获得需要的东西。从这个意义上说,一个人的命运取决于自己,必须自己对自己负责。

(三) 目标与重点

(1) 帮助当事人认清什么是他们真正需要的,认清自己为什么需要这些。

(2) 帮助他们对自己当前的所作所为进行分析评价,看看现有行为对满足当事人的需要而言是否有益、有效。

(3) 协助他们选择负责任的行为,制订建设性的行动方案,以便作出改变,达到对他们自己生活的有效控制。

因此,负责任的行为是现实治疗的核心目标,负责任的行为的含义是"满足自己的需要,而在这样做的时候,其行事方式又不剥夺他人满足自己需要的可能性"。

根据现实疗法的分类,行为由四种成分组成,即行动、思维、情感体验和生理反应,根据格拉塞的行为控制理论,从控制的有效性或容易程度来说,比较容易控制的是行动,其次是思维。因此,现实治疗把治疗过程的重点放在行动——可观察的行为上。它并非完全不理会情绪感受,但它总是从情感与行动和思维的关系、联系的角度来谈论情感。该疗法认为随着个人成功地控制其行动,个人的情感体验也会随之改善。

总结案例

恐蛇的小林

小林对蛇有强烈的恐惧,甚至看到蛇形的玩具、蛇的图片都会不由自主地发抖。这严重影响了他的正常生活、学习,我们可以采取系统脱敏疗法来对小林的恐怖症进行治疗。

分析: 在治疗中,我们针对具体情况要先形成当事人由弱到强的"焦虑阶层"。比如,小林看到真实的蛇反应最强烈,会发抖、尖叫、流泪;相对来说,看到蛇的图片的反应就弱很多,只是不由自主地发抖,但不会尖叫失控。因此,我们可以先从最弱的刺激开始,先给小林观看各种蛇的图片。渐渐地,当他不再感到害怕以后,再给他看各类蛇形的玩具,等他对玩具也不再恐惧以后,再让他远远地观看真实的蛇。这样一步一步逐渐使他消除恐惧反应,只要不是亲身接触蛇,小林对他曾经惧怕的蛇将不再产生恐惧。

活动10-3 自我激励练习

主题： 自我激励练习。

目标： 通过练习积极言语，促进合理信念的思维模式养成。

建议时间： 15分钟。

活动步骤：

1. 请学生在纸上写出在生活、学习、工作等方面，经常给自己的一些提醒或是暗示的词语。

2. 请学生分析，这些词语是积极的还是消极的。

3. 将消极词语转化为积极词语。比如，"别紧张"改为"冷静、放松"，"一定别犯错"改为"全力以赴、一定能做好"等。

4. 请学生分享转化后的语言带给自己的感受。

活动效果： 通过练习，养成积极心理暗示的思维习惯，并在日常学习生活中，感受正面积极的情绪情感。

思考与讨论

1. 本单元中提到的各个案例，可以分别采取哪些心理治疗法？

2. 在现实生活中，如何配合心理指导老师关心周围有心理危机的同学？

第4模块 | 职业发展

第11单元 ▶ 理性择业

辛勤工作是获取财富、实现人生价值的最好途径。高尔基曾经说过,真正希望过"很宽阔、很美好的生活",就创造它吧。和那些正在英勇地建立空前未有的宏伟的事业的人手携手地去工作吧。在生活中,有许多美好的实际的工作,这些工作会使我们的土地富饶,把人从偏颇、成见和迷信中解放出来。

作为一名当代大学生,将来会走上工作岗位,成为初出茅庐的职场新人。如何理性择业,如何在未来的工作中站稳脚跟,如何有效应对工作中的问题,如何协调好人际关系,如何克服可能出现的工作倦怠等,是每一位刚刚进入社会的年轻人必须面对的问题。

学 习 目 标

- 了解大学生常见求职心理问题。
- 熟悉职业生涯规划的方法和步骤。
- 能够运用求职技巧适应新的工作环境,能够结合自身特质制定合理的职业生涯规划。
- 树立正确的就业观与择业观。

11.1 明确职业方向,做好求职准备

心理箴言

登高莫问顶,途中耳目新。

——潘刚

我的工作在哪里

小毕大学读的是英语专业,由于缺乏社会经验,对自身的优势和特点也不够了解,她随意找了份工作。过了几个月,她发现自己不适合这份工作,随后又换了好几份工作,仍然不满意。现在,从事秘书工作的她十分苦恼,觉得自己并没有找到"属于自己的事业舞台"。

毕业于软件学院的应届生小李说,大学期间因一直在考研和工作之间摇摆不定,以至于两方面的准备工作都没有做好。考研由此失利,找工作的过程也十分不顺利。他感叹,如果大学时自己能多获取一些市场需求及行业发展信息,也许会拥有更好的工作机会。

众多像小毕、小李这样的毕业生都有这样的迷茫:到底什么样的工作才适合自己,让自己满意呢?

分析:小毕、小李最大的问题是没有做好自己的职业规划,对职业没有明确的方向。他们在选择工作时,显得很随意,开展工作总是三天热情,又不能吃苦耐劳,大量的时间都用在找工作、换工作上。建议像小毕、小李这样的青年学生首先进行一次全面的职业规划,认识自己的兴趣、能力、性格、价值观等方面的优势与不足,认清相关职业情况,进而找到符合其自身特点的相关职业、职位,并且要培养踏实苦干、不畏困难的精神,增强适应新的职业的能力。

一 职业生涯规划的必要性和主要方法

职业生涯规划就是对职业生涯乃至人生进行持续的系统的计划。一个人,如果想要找到心仪的工作岗位,想要获得更高的工作待遇,想要走向更高的职业平台,就要首先做好自己的职业生涯规划。

职业生涯规划的必要性体现在它的三要素上,即职业定位、目标设定和通道设计。职业定位是其中的前提要素,一个人的目标和实现目标的方法都是建立在充分了解自己定位的基础上的。在当今的职场上,很多人有就业问题,就是因为没有确定好自己的职业定位,也就是缺少职业生涯规划。职业生涯规划可以让人更加清晰地了解自己的目标以及自己现在的情况,能够更加明确地规划自己的未来,拥有实现目标的动力,并能够培养人的自我锻炼和适时的目标调整能力。由此可见,职业生涯规划是十分有必要的。

那么我们要如何做好职业生涯规划呢? 在职业规划中有这样五个问题:

(1) 我是谁? 在进行职业规划前,我们应该对自己进行一次深刻的反思,并理性地把自己的优点和缺点一一列出来。

(2) 我想干什么? 这个问题是对自己职业发展的一个心理趋向的检查,也是一个长时间的自我提问。当你处在不同的人生阶段时,想要做的事自然就会发生变化,我们要及时地发现并作一定的调整。

(3) 我能干什么? 这是在理性地了解自己之后,对自己能力的评估。在职业生涯中也可以不时地问自己,当发现能力有所增加时,人生也会有更多的动力; 当发现能力有所下降时,也不能松懈。

(4) 环境支持或允许我干什么? 这种环境支持在客观方面包括本地的就业环境,比如经济发展、人事政策、企业制度、职业空间; 主观方面包括同事关系、领导态度、亲戚关系等。主客观两方面的因素应该综合起来看。

(5) 自己最终的职业目标是什么? 这是在思考以上四个问题之后的人生大总结,也就是人生的终极追求。很多人在职业生涯的初期便已经找到了答案,这些人大都成就了一番事业。当然,每个人的追求都不相同,我们应该抓住时机,不断提高自己的能力,为实现最终的目标不懈奋斗。

二、求职存在的问题

根据大量对青年学生就业行为的调查,研究者发现一些职业发展不够顺利的同学普遍存在盲目出击、保守退缩、过于执着的问题,本节将就此讨论科学的职业选择的方法和技巧。

(一) 求职的盲目出击

1. 产生盲目出击的原因

(1) 目标不明确,自己不清楚今后在职场上的发展方向。这是最主要的一点。

(2) 迫于学校、家庭甚至社会的压力。在各方面的压力下,有的学生就随便选择一个工作,虽然对工作不是特别满意,甚至觉得不适合自己,但认为总比没有工作好。

(3) 周围的就业环境对求职者的影响。有的学生看着身边的同学陆续地签约,自己还未签约就会感到巨大的压力。在这种情况下,也会导致求职者的盲目出击。

2. 避免盲目出击的建议

招聘单位录用人员注重的是求职者的自身能力,关注的核心是求职者究竟会做什么。

求职者通过事前充分的准备和临场对环境的观察,可以避免在求职过程中出现盲目出击行为。为此,我们建议:明确自己的职业生涯规划,不要因为眼前的一些原因而偏离了自己的人生发展规划。真正了解企业的需求,分析自身所具备的技能是否与之匹配。分析参与竞争者的条件,确定自己的优势和不足,以便扬长避短。

心理诊所

　　如果盲目出击,不仅不会为求职者带来想要的东西,反而会浪费时间、精力,还会给求职者的内心带来难以磨灭的阴影。

下面我们来做一个测试。请你根据以下四种情况,选择一种应对方式。

(1)在招聘会上转转,寻找比较适合自己的企业。

(2)只要有工作就行,发展的问题在生活稳定了之后再作考虑。

(3)在招聘会上,只要提交足够多的简历,就不怕没有进入第二轮面试的机会。

(4)要根据自己的条件选择适合的职业和岗位。

我们应该做到真正了解自身所具备的技能,认真分析自己能为企业带去什么;明确自己的职业生涯规划,并坚定地执行下去。

(二)保守退缩

1.保守退缩的心理学含义

保守退缩是一种不自信的心理表现。自信是一个多维度的心理系统,是个体对自己的正面肯定和积极确认程度。自信是通过对认知过程、动机过程及身心反应过程等若干中介过程的调节来实现其主体作用机制的。因此,毕业生的保守退缩的心态是对自身能力的一种否定。

2.产生保守退缩的原因

保守退缩的原因,一方面是对自身的技能没有信心,总感觉别人比自己强;另一方面是潜意识中认为竞争是非常激烈的,在没有绝对优势的前提下,难以被好企业录取,因此产生退缩不前的心理。

3.如何预防和避免保守退缩心态

(1)如果现在选择的行业不是你打算长久从事的行业,应该尽早离开。

(2)规划好自己的目标职业,尽量做和其相关的工作,即使工作报酬暂时较低也值得,因为参加这样的工作能为自己未来的职业发展积累经验。

(3)任何人做任何工作,至少有两个基本出发点:一是前景在哪里;二是"钱"景是什么。这本身就无可厚非。对于刚进入职场的青年学生来说,应该在选择职业时更加注重前景而非"钱"景。

4.克服心理障碍,树立自信

(1)做力所能及的事,找回自信。对每个人来说,总在一些事上会有不错的表现。一件事的暂时失败并不能否定我们其他的成就。我们可以去做一顿丰富的晚餐,进行一次大扫除,去做志愿者帮助需要帮助的人,去其他的行业做简单的工作等。在这些小事当中,我们的自我成就感会提升,自信心也会增强。

(2) 认识心理障碍。心理障碍不是无法克服的,通过一些方法我们完全可以克服障碍,走向成功。许多名人曾经也存在一些生理或心理上的障碍,但是他们最后还是成功了。

(3) 对自己要宽容,树立可及的目标。我们对自己要学会宽容,不能太过于苛刻,相信每个人都是不同的,做好自己就行。同时,树立目标时,不能好高骛远,要切合实际。比如我们要做一份工作,直接的目标就是专业的对口,职位与薪酬的满意,然而刚开始工作时,这些目标是很难全部达到的。

(4) 学会放松心情。心理障碍产生的原因与我们的认知、心态有很大的关系。因而在实际的生活中,要学会自我娱乐。我们可以去参加一些体育活动,比如练习健美操、打羽毛球、跑步;也可以去参加户外运动,比如郊游、攀岩。其中,攀岩既可以放松我们的心情,同时作为一个有些挑战性的项目,又可以增强我们的勇气和自信心。

心理诊所

根据以上分析,请做一个测试,仔细看以下四种情况,选择一种应对方法。

(1) 不管什么工作,只要薪水高就行。

(2) 为了学校的就业率,只要有工作,就业协议签了再说。

(3) 在工作的选择上,注重的是前景而不是"钱"景。

(4) 迫于家庭的压力,选择自己没有兴趣的行业。

我们应该选择第三种应对方法,就是"在工作的选择上,注重的是前景而不是'钱'景"。

如果不能改变工作,至少要改变自己的心态。我们要明白,工作没有贵贱高低之分,充满自信地做好当前的工作,也可以实现自己的价值。

(三) 过于执着

1. 过于执着的心理学含义

如果在未做任何准备的求职初期就决定要进入竞争非常激烈的单位,而且盲目相信自己的能力很强,足以与那些在职场上奋斗拼搏多年的老将匹敌,就会为自己设置高不可攀的就业目标,最后导致过于执着的心理状态。

2. 产生过于执着的原因

过于执着现象产生的原因主要在于:错误的自我判断,高估自己的能力和专业条件;对于求职的单位寄予不切实际的期望,如对工资待遇、发展前景的过高期望。

3. 避免过于执着的建议

(1) 掌握基本的了解自我的方法,运用职业指导课习得的心理测评方法,在职业指导教师的帮助下,把自身的专业基础、职业技能和心理特征方面的优势确定下来。

（2）掌握基本的职业信息检索方法，如上网查询、参加人才交流会、在一些专业对口单位实习，通过多种途径获得社会职业需求信息，了解哪些职业、岗位适合自己。

（3）选择职业的关键在于，所选择的不一定是大家认为最好的职业，而应是最适合自己的职业。

（4）在就业形势比较严峻的情况下，选择职业很难一次到位，只要基本条件符合自己的要求，能通过学习逐渐展示自己的才能即可。初入职场的学生们应先认真适应一个职业，再逐步实现自己的职业理想。

三 求职心理调适技能训练

每年一到毕业季，许多学生就业难、就业遇挫的情况尤为明显，就业压力也变得越来越大，影响睡眠、食欲、情绪及身心功能。调整好就业压力的心理状态，梳理好就业遇挫的心理困境，才能更好地跨过这一阶段，迈向人生新旅程。

（一）合理调节认知

心理学证实，决定行为的不是理智，而是内在经验和对经验的认知。当面对就业挫折时，我们要改变自己的不合理信念，比如："被拒绝的我一无是处"，"得不到这个职位，我这辈子就完了"。当脑海中出现这种想法时，我们就要学会自我觉察，允许自己有一个适应的过程，采用接纳、不批判的态度对待自己。

（二）积极面对挫折

当面临就业挫折时，我们要进行正确的归因，不能因为一两次失败就全盘否定自己，自暴自弃。要保持信心寻找新的机会，在总结失败原因的同时，结合专业所学，思考自己的优势、兴趣和需要，做好面试准备，练习面试情境等。

（三）调整就业期待

在求职前对就业市场做一定的调查，有利于及时调整就业目标，转变就业观念。同时，要正确评价自己，对自己有准确的定位，精确定位选择职业，从而调整自身的就业期待。

（四）接纳不良情绪

在遭受挫折后出现焦虑、无助、迷茫、烦躁等消极负面情绪时，首先要学会接纳，允许它们存在，觉察这是在特殊时期正常的情绪体验。其次，可以通过多种途径去表达和释放这些情绪，比如找好朋友或信任的老师去倾诉，做一些体育运动帮助减压，还可以学习一些肌肉放松或呼吸放松的方法和技巧，让身体带着情绪一点点改变。

1. 情绪调适

当出现焦虑、抑郁等负面情绪时，首先要接纳这些情绪，知道这是特殊时期正常的体验。我们可以通过如下方法进行调适。

（1）放松训练法（常见的放松训练有呼吸放松法、想象放松法、肌肉放松法等）帮助自己缓解压力情绪。

（2）积极暗示法（例如在面试之前，心中默念暗示语来鼓励自己，如"我准备得很充分""我可以、我很棒"等）来强化自信心。

（3）注意转移法（例如外出散步、看剧、听音乐、运动、找朋友聊天等）使情绪平静下来，在活动中寻找到新的快乐。

（4）合理宣泄法（将自己心里积存的各种不良情绪，通过合理的方式宣泄出来）来获得心理上的平衡。

（5）腹式呼吸法（比如在面试前，先让自己有个一两分钟的时间，做几次腹式呼吸，让自己平静下来）有助提高抗压性，具体方法：① 选择合适的体位：站立位时要保证上半身竖直、双肩放松、双脚分开与髋部同宽，使体重均匀地分布于双脚，坐立位时要让上半身直立，双腿弯曲自然下垂，保证小腿与地面垂直，双手放在大腿上，仰卧位时要平躺在床上，上臂自然伸直。② 闭嘴经鼻腔吸气：将左右手分别放在上腹和前胸以感受呼吸，然后放松胸壁和辅助呼吸肌，采取慢而深的呼吸经鼻吸气，再进行缩唇呼气。深吸气末屏住呼吸3～10秒钟，让腹部隆起维持腹肌紧张状态，再张嘴缓慢呼气，通常要求吸气和呼气的时间比为1：2或1：3，呼气时应用腹肌收缩推动膈肌上移，呼吸期间保持胸廓的最小活动幅度或者是不动。掌握半卧位，或者是卧位的腹式呼吸锻炼方法以后，可应用于坐位，前倾位或者是立位式的膈式呼吸。

2. 行为调适

有效的情绪调适有助于快速恢复状态，而只有积极的行动才能从根本上消除就业带来的心理压力。

（1）明确形势，调整预期

通过各类渠道了解目标从事行业的就业形势、岗位要求、薪资待遇等情况，结合自身竞争力，调整自己的就业期望值。在求职时应准确认清自身条件，寻求真正与自身匹配的工作，客观评价自己，确定就业目标。

（2）整合资源，发掘渠道

求职时应注重利用周边资源，充分发挥人脉的作用。通过整合人脉资源开阔视野，寻求更多的就业机会。

（3）做好准备，主动出击

青年学生在求职的过程中，不能消极等待，而应主动出击，积极参与，这是自主择业的基本要求和起码原则。因此，既要主动了解自己，又要主动了解社会，特别是了解用人单位，更要主动参与信息搜寻、岗位竞争。

（4）灵活机动，适时调整

求职过程中往往会遇到许多突发情况，应当淡定从容，灵活反应，及时调整计划，使其适应于当前的环境要求。在求职过程中，要适时调整自己的心理状态，以积极乐观的心态面对各种困难，通过完善简历，总结经验，参加招聘会，积极主动争取求职信息和面试机会。

（五）树立合理职业观

首先，在择业时，不能只考虑经济收入、工作条件、工作地点等因素，更要考虑职业对自己一生发展的影响与作用，看重职业能否帮助自己实现自我价值，对那些当前工作条件不够理想但未来有较大发展空间的企业，可以优先考虑。对于那些发展潜力大、创业机会多的工作地点，也要足够重视。

（六）提高心理承受能力

求职遇到挫折时，要用冷静和坦然的态度去面对，客观分析失败的原因，正确归因。出现求职失败是在所难免的，不能期望自己每次求职都能成功，面对可能出现的求职挫折要有充分的心理准备，求职失败并不一定就是因为自己的能力不行，正确分析自己失败的原因，调整自己的求职策略，灵活反应，及时调整计划，使其适应于当前的环境要求。

总结案例

小张的求职心理调适之旅：从焦虑到自信的转变

小张是某职业院校的应届毕业生，专业是电子商务。在即将毕业的前半年，他开始着手准备求职，却发现自己对于未来的工作充满了不安和焦虑。他担心自己的学历和专业能力无法满足企业的需求，又害怕在面试中因紧张而表现不佳，影响求职结果。在一次学校举办的职业发展讲座中，小张了解到许多同学都有类似的困惑和压力。讲座的讲师是一位资深的职业规划师，他分享了求职心理调适的重要性，并介绍了几种实用的调适技巧，如：自我认知、情绪管理、目标设定和积极思维等。受到启发，小张开始尝试这些方法。他首先进行了自我分析，明确自己的优势和劣势，然后设定了具体的求职目标，比如希望在哪些类型的公司工作，期望的职位和薪资范围。接着，他通过模拟面试来练习自我介绍和回答常见的面试问题，逐步减少了面试时的紧张感。此外，小张还学会了使用深呼吸和正念冥想来缓解压力，保持心态的平和。

经过几个月的努力，小张在面试中展现出了良好的自信和沟通能力，最终顺利收到了几家公司的录用通知。他从中选择了一家自己最为满意的公司，成功迈入职场。

分析： 此案例突出了求职过程中心理调适技能的重要性。小张最初对求职的焦虑和恐惧是许多毕业生常有的情绪反应。通过系统的心理调适训练，小张不仅提升了自我认识，还有效管理了自己的情绪，更重要的是，他学会了设定实际目标和运用积极思维。这些策略帮助他在面对挑战时保持积极的态度，提高了应对复杂情况的能力。小张的转变也提醒了其他求职者，适度的焦虑可以成为推动自我提升的动力，而有效的心理调适则是求职成功的关键。

活动 11-1　职业信息访谈

主题：职业信息访谈。

目标：通过与被访谈者进行交流，掌握获取就业信息的专门技术。

建议时间：40分钟。

活动步骤：

1. 教师介绍信息访谈的概念。信息访谈是通过与被访谈者进行交流，获取就业信息的一种方法。在职业信息搜索中，我们可以通过了解目标工作从业者或者职业成功者的工作经历和感受，获得就业信息，了解某个工作是否适合自己。

2. 教师介绍在职业信息访谈过程中，需要了解的主要信息：

（1）工作的自主空间程度。

（2）工作条件和环境。

（3）完成工作所必需的特殊的知识、技能和培训。

（4）近期工作是否有因技术、市场和竞争发生变化。

（5）最喜欢的工作特征。

（6）最不喜欢的工作特征。

（7）工作与组织的整体目标和长期远景有何干系。

（8）在工作领域有无明确的职业通道。

（9）对自己工作走势的看法。

（10）初级从业人员和高级从业人员的薪资水平。

（11）能否推荐其他人让我加深对这个行业的理解。

3. 教师将学生分成若干小组，每组4～6人。以小组为单位，其中一人为访谈的对象，其他人对其进行访谈，限时4分钟，依次访谈每位组员。

4. 每组选派一位代表发言，交流访谈他人和被访谈时的收获和体会。

提示：在求职面试中，信息访谈是常用的一种探索职业认知倾向的方法。这些信息对于学生了解目标工作、获得工作线索和准备面试都非常有帮助。在访谈中，求职者提出问题，对方来回答，并且问的都是对方每天做的工作。通过信息访谈，求职者可以了解自己是否有资格做这项工作，如果没有，求职或面试前应如何做准备等。通过信息访谈还可以获得就业信息线索，因为被访问的人从事相关工作，他有许多熟人并了解同类公司的工作情况。在职业认知中，这种方法简单易行，容易操作，获取的信息真实可信，更容易让求职者作出判断。

活动11-2 招聘拟演

主题：招聘拟演。

目标：在模拟现实场景中，锻炼求职能力，并且换位体验招聘者的需求。

建议时间：30分钟。

活动步骤：

1. 教师介绍规则：全班同学都可参与进来，少数人扮演招聘者，其他同学扮演求职者。招聘者认真阅读关于岗位的描述，认真思考你的需要，并且在招聘过程中展现出来。而其他同学则思考哪个岗位适合自己，如何在激烈的竞争中脱颖而出，开始前，最好不要和其他求职者讨论。以下岗位可根据专业情况自行调整。

岗位一（推销员）：岗位要求热情大方、善于沟通交流的人才，认真负责，对产品有很详细的了解和推荐能力，最好有推销经验。招聘者可自行决定产品内容，也可以加入自身的情绪表演，以培养学生的应变能力。

岗位二（办公室人事）：岗位要求擅长交流、能发现求职者优点特性的人才，这也是对招聘者的要求，招聘者可思考对于这个岗位除你之外还有什么类型的人才可以胜任。必要时可进行角色互换。

岗位三（编辑）：岗位要求对文字有一定敏感性、审美理解到位，并且有善于和其他岗位的人交流的能力。此岗位对专业性有一定要求，招聘者和求职者可查阅资料进行理解，最重要的是发现和展现专业能力。

2. 教师对学生进行评分，并进行点评。

思考与讨论

1. 你的职业气质是怎样的？适合做什么样的工作？

2. 你的理想企业与岗位有哪些任职要求？

3. 你的能力与资历是否存在欠缺？该如何增强自己的实力？

11.2 促进人职匹配，助力就业创业

心理箴言

放弃独立思考，是一切不幸的核心。

——罗曼·罗兰

缺乏职业规划的小张

小张是一名硕士毕业生,在校期间曾担任学生会职务,也参加过各种活动,是一个多才多艺、综合能力强的人。但是他最近在找工作时发现,自己似乎没有什么特别擅长的技能,就算有过管理学生会的经验,用人单位也不会把一个新人安排到管理层。老师建议小张按照自己的兴趣来找工作,但涉猎广泛的小张也不清楚自己对什么感兴趣。越是回顾自己学习过的各种技能,小张越觉得前路迷茫,也越来越没有自信。

分析: 小张的问题在于不了解自己,虽然做了足够多的就业准备,但没有明确的方向。如果他在校期间做过详细的职业规划,就能够按照自己的个性选择合适的方向。通过职业规划训练,毕业生能够看清未来,也会意识到不是只有就业这一条路,创业也是一个选择。

一、个性与择业矛盾的处理

(一) 当代社会的择业问题

择业是当前很多人面临的一项难题,尤其是即将毕业的青年学生,他们找工作既要专业对口,又要薪水高,还要待遇好。可是招聘单位也要挑学历好、成绩优秀的毕业生,所以择业要考虑很多方面的因素,希望每个人能够找到自己心仪的单位。

兴趣、性格等是个人在选择职业时首先要考虑的问题。不同的个性适合不同的工作,不同的工作需要不同个性的人。人的个性会影响到职业的适宜度,某些个性的人更适合在某一行业内发展。当他从事的职业与其个性相吻合时,就可能发挥出能力,容易作出成就;反之可能导致其原有才能的浪费,或者必须付出更大的努力才能成功。

现在有的毕业生认为求职过程就是简单地递交一份简历,然后回答用人单位的几个问题,就万事大吉。还有的大学毕业生不进行市场调查,不问用人单位的要求,也不了解自己的兴趣、爱好与特长,一味按模特儿的身材、演员的长相苛求自己,不惜大量举债将自己从内到外都改造一番,有的甚至是以牺牲健康为代价的,一旦未达到原有期望,就焦虑不安、心理严重失衡,部分经济贫困学生甚至出现压抑、绝望的心情。这些都是不正确的求职方式。

(二) 结合自身个性更好地完成择业

1. 树立职业理想

职业理想是人们对未来职业的向往和追求,帮助职业院校学生树立坚定正确的职业理想,是高校对职业院校学生进行职业教育的切入点和核心内容。职业理想是职业院校学生的人生职业实现的精神支柱,它对职业院校学生在学业上奋发进取,顽强拼搏,锲而不舍地按照自己的职业需要充实完善自我,实现未来人生的职业目标有积极的促进作用。正确的职业理想还有助于职业院校学生在求职过程中正确处理国家、社会和个人之间的关系,合理地确立求职的期望值,自觉将国家需要与个人利益相结合。要使职业院校学生的职业理想向正确的方向发展,必须用现代的科学理论来指导择业、就业和创业,使他们的世界观、价值观、人生观与职业观统一起来,让正确的职业理想成为职业院校学生成人、成才的不竭动力。作为一名高职学生,我们要找准自己的职业位置,立足根本,才能实现自己的目标。

2. 了解职业个性

社会人力资源的研究表明,职业个性对个人事业的成功与否有密切的联系。因此,职业素质培养的目的就是要解决职业院校学生的兴趣、能力与工作机会相匹配的问题,帮助职业院校学生寻找与其特性相一致的职业。例如,他喜欢什么样的同事,喜欢怎样的活动,对什么问题感兴趣,这些问题都会与他们未来的工作状态有必然的联系。如果学生了解了这一点,在确定自己的工作时,会多一层理性的思考,择业的针对性就会增强一些。如个性偏内向的学生要知道如何发挥自己的个性优势;个性外向的学生在做研究工作时的最大挑战是什么;性格与职业匹配度高有助于个体在相应职业中更好地完成工作。

3. 提升职业品质

职业院校学生职业品质是指个人在职业行为、工作作风方面表现出来的思想、认识、态度等。提升个人职业品质的过程,也是个人逐步实现社会化的过程,这是提高职业素质的关键所在。用人单位对求职者的职业品质需求往往对学生发展有重要导向作用,诸如积极的人生态度、开拓创新精神、沉着应变能力、团队合作精神、敬业精神。

案例 ▶ **错误择业的李强**

李强是一个温柔细腻的男生,高中的时候就经常因为作文写得好被老师表扬,甚至还在杂志上发表过文章,但在高考填志愿的时候因为家里人的劝说,报了金融系。毕业之后,他也从事了与金融相关的工作,但他自己并没有这方面的天赋,也不太会处理与客户之间的矛盾,在工作中频频失误。在一次醉酒之后,他悲伤地哭喊道:"如果能再选一次就好了……"

分析:这是一个个性与择业矛盾处理失败的案例。一个人选择什么样的职业,常与他(她)本人的兴趣、爱好、性格、气质及能力等有密切关系。从某种意义上来说,兴趣、性格等是一个人在选择职业时首先要考虑的问题。所以,求职者在择业过程中,应对自己各方面的情况作出客观且全面的自我分析。

4.培养职业技能

培养职业技能是提升职业素质的关键。提高技能，一方面是社会发展、组织进步的需要；另一方面，为自己今后更进一步，取得更好的职位做准备。相应的技能是大学生进入职业领域的资本，不同的职业会对人们有不同的技能要求。专业教育是学习技能的基础。要把知识转化为技能，一定要经过反复实践或者体验。要学会整理自己的技能清单，了解这些技能与自己的职业目标之间的差距，以及职业技能培养的途径和认识的方法。

5.制订职业计划

通过制订职业计划（职业生涯规划）可以帮助了解自己，也包括了解他人和了解社会。制订计划时，大学生需要经历几个实践环节：一是通过各种途径收集一些相关的信息来补充、完善自己的职业培养计划；二是在制订计划时要评估目标实现的可能性，兼顾自己的能力、环境条件的限制、周围人对自己的期望；三是要预测在实现目标的过程中，可能出现的困难，如何逾越障碍。应积极利用业余时间参加一些临时性的工作，以获取更多的实践经验和社会信息增进对自我的全面了解。

二、关于创业的思考

（一）抓住机遇，投身创业

《中国职业教育发展大型问卷调查报告》调查数据显示：按创业的影响因素排序，46.48%的毕业生认为专业技能是创业最大的影响因素；按学校创业教育开展情况排序，选择一般、不好、不清楚的合计达到34.53%。从数据中不难看出，大多数学生还比较缺乏清晰的职业生涯规划，认为学校开展的创业教育还不够。因此，不断了解市场需求和增强政府对毕业生创业场地、资金、项目等多方面的支持政策，特别是学校对创业教育的重视程度，提升毕业生的职业规划清晰度和创业成功率，是保证毕业生创业带动就业的重要条件。

1.参与创业教育培训，增强创业自信

各大高校都重视创业教育与专业设置的协调发展，科学开展各式各样的创业教育与培训，这启迪了一部分大学生创业的梦想，但多数还仅仅停留在理论上。创业理论与实践的脱节，使多数青年学生空有一腔创业热情，却没有相关的专业积累，在遇到实际创业问题的时候，表现出对未知领域的恐惧，缺乏自信。在面临创业选择的时候，更是往少数热门行业集中，导致学生创业竞争压力大、风险高，创业成功的概率低，信心不高。

在信息"大数据"时代，只有通过不断的学习、积累，才能把握好创业的时代命脉。职业院校学生一方面可以利用国家、高校开设的各类创业教育、培训课，提高自身的创业积累，也可以利用"大数据"信息，通过互联网了解更多的就业创业动态，掌握最基本的就业创业信息，从而更好地把握市场动态与时代脉搏，增强创业自信心。

2.通过创业实践与创业大赛，提高创业素质

创业行为，归根结底是一种实践性活动，创业素质的培养不能停留在理论上，而应该以培养职业院校学生创业实践能力为最终目标。因而，职业院校学生的创业素质不仅包

括理论素养,同时还应该兼具动手经营能力、风险判断能力、社会协作能力等。在校企合作的良好机制下,职业院校学生获得了更好的创业实践机会,创业实践变得更加符合实际。为了鼓励职业院校学生通过创业竞赛的平台检验创业设想,"以赛代练",政府与高校组织了各式各样的学生创业赛事,旨在通过相关赛事使未涉足创业的职业院校学生了解创业,使有创业想法的学生实践创业蓝图。此类创业大赛有专业的企业及高校专家团队作为评审和指导,是培养和考查职业院校学生创业素质的重要阵地。因此,职业院校学生在校期间应该努力通过创业实践和各类创业大赛,培养就业创业需要具备的能力素质,这也有助于其毕业后更好地把创业付诸行动。

3. 了解创业"倾斜性"政策,抓住创业机遇

国家为进一步推动创业带动就业的有效试行,千方百计稳定和扩大就业,坚持经济发展就业导向,扩大就业容量,提升就业质量,促进充分就业,保障劳动者待遇和权益。《"十四五"就业促进规划》提出:加强职业生涯教育和就业创业指导,加大就业实习见习实践组织力度,开展大规模、高质量高校毕业生职业技能培训,提高高校毕业生就业能力。目的在于为学生创业者减少创业阻碍,创造更多的创业机遇。

11-1　你是否适合创业

为了吸引更多大学生投身创业的大舞台,国家制定了一系列保障大学生创业的"倾斜性"政策,无论是市场准入门槛、融资渠道,还是高校的各种创业教育和培训,都为大学生创业带来了前所未有的机遇。在政策先行的前提下,大学生应该主动学习、了解政策,积极利用政策所带来的创业优惠条件,创造创业机遇。在看到机遇的同时,大学生不应该盲目创业,而应该以理性的态度对待创业,结合自身兴趣爱好、个性特点、社会现实、资金等,选择自己的创业之路。

三. 大学生创业需要的心理准备

(一)面对挑战的勇气:认知重构与积极心理暗示

首先是认知重构,通过心理学中的认知重构技巧,大学生创业者可以调整自己对挑战的看法,认识到挑战是成长的机会,而非威胁,学会从失败中寻找积极面,重新定义失败为成功的前奏。其次是积极心理暗示,每天给自己正面的心理暗示,如"我有能力克服任何困难"、"失败只是暂时的,成功终将到来",这种自我激励能够增强面对挑战的勇气。

(二)持续学习的决心:目标设定与自我激励

目标设定,就是运用SMART原则设定学习目标,确保学习计划既有挑战性又可实现。同时,建立奖励机制,每当达到一个学习目标时,给自己一些小奖励。最后,将学习与个人成长和创业成功联系起来,增强学习的内在驱动力。

(三)团队协作的精神:情绪智能与沟通技巧

大学生在创业过程中,要培养高情绪智能,学会识别和管理自己及团队成员的情绪。在团队中营造开放、包容的氛围,鼓励成员表达真实感受,促进团队凝聚力。而且还需要掌握有效沟通技巧,如积极倾听、清晰表达、非言语沟通等。通过良好的沟通,减少误解和

冲突,增强团队协作的效率。

(四)承受压力的能力:压力管理与放松技巧

认识到压力是创业过程中的常态,学会合理规划时间和任务,避免过度压力,可以采用时间管理矩阵等工具,优先处理重要且紧急的事务。同时,掌握一些放松技巧,如深呼吸、冥想、瑜伽等,在感到压力时,及时运用这些技巧来缓解身心紧张,恢复平静状态。

(五)长期奋斗的毅力:目标可视化与习惯养成

目标可视化就是将长期目标以图像化的形式展现出来,如制作愿景板或目标地图,每天查看这些可视化目标,提醒自己为何而战,保持奋斗的激情。同时,将创业相关的活动转化为日常习惯,如每日复盘、定期学习、与导师或同行交流等,通过习惯的力量,持续推动自己向目标前进。

总结案例

钱阵:95后高职生专升本奋发创业 "创新创业大赛"拿金奖

25岁的钱阵是安徽信息工程学院首届创业班学生,他领衔的"科创3D——开启工业级3D打印的中国造"项目荣获七届中国国际"互联网+"大学生创新创业大赛高教主赛道金奖。这是近年来安徽省省属高校斩获的首个主赛道金奖,和他一起同台竞技的,大多是全国知名院校的硕、博团队。钱阵当年高考发挥失常,在高职努力练技术投身创业,恰巧与3D打印结缘,为了更上一层楼,他专升本,考取安徽信息工程学院创业班,在校期间成功研发出新型SLA和FDM两种成型原理的3D打印机,将3D打印速度提升3倍,实现所有零部件100%国产化。对此,科大讯飞董事长刘庆峰赞叹道:"一个专升本的学生干了博士生的活。"

分析:理性的头脑、敏锐的判断、坚定的信念和能吃得了苦的精神,铸就了青年学生创业就业的成功,同学们在面临职业选择这道难题时,需要找准自己的心之所向,认清自己的能力范围,然后脚踏实地为之努力,相信你一定可以走向成功。

活动与训练

活动11-3 大学生择业观的调查报告

主题:大学生择业观的调查报告。

目标： 了解当代大学生的择业意向。

建议时间： 10～15分钟。

活动步骤：

1. 教师事先做好调查报告，并在上课前分发问卷。

2. 确保每位同学可以顺利完成问卷。

3. 学生完成问卷。

4. 教师分析结果并制作表格，将结果直观地反馈给同学，并与同学一起分析目前青年学生的择业观。

思考与讨论

1. 你的未来就业规划是什么？

2. 思考如何使自身个性更好地与择业相结合。

3. 你更倾向于自己创业还是自主择业？

4. 如果选择创业，你会选择哪种方式的创业？

5. 关于创业和就业的哪些知识对你有用？

适应职场

🌐 引导语

俗话说"万事开头难",从安稳的校园生活初入职场,学生们面临的竞争压力和挑战比在校园时更大更多。有的学生不能很快度过适应期,快速进行角色转换,摆脱不掉学生时期的不成熟,就很难在工作上有突出表现。

职场适应期,需要适应工作环境、新的人际关系等,青年学生要意识到职场和大学的环境是完全不同的,人与人相处的模式可能也不太一样,同样的问题,在学校和在企业处理的方式可能也不一样。青年学生只有尽量减少心理落差,主动学习、努力上进,才能为职场生活开个好头。

🎯 学习目标

- ➲ 了解大学生入职适应的重要性及特点。
- ➲ 了解职场适应中工作倦怠、工作竞争、岗位职责等常见问题。
- ➲ 掌握职场适应的对策及心理调适建议,做好入职准备。
- ➲ 提升职业心理素质,有效投入工作。

12.1 把握职场要求,融入工作环境

情况是在不断地变化,要使自己的思想适应新的情况,就得学习。

——毛泽东

入职第一天

经历了校招面试后,小君顺利找到一份幼儿园教师工作。入职前,由于小君已经取得了教师资格证,所以她信心满满憧憬着未来的职场工作。

上班第一天,小君就忙得不可开交。上午好不容易在配班老师的带领下将幼儿的入园晨检、晨间活动、盥洗、如厕安排好,中午午餐时,主班老师又让她跟着去操作分配幼儿饭食,因为毛手毛脚,一不小心将菜汤撒到一名正在捣乱的幼儿手上,孩子疼得哇哇大哭。经班主任紧急处理后,小朋友的手并无大碍,但小君挨了一顿批评,被叮嘱做事情要小心谨慎。午饭后,小君又要安排幼儿散步、午睡准备,忙了一上午的她只吃了个面包,就赶去观察幼儿午睡情况。

下午又在忙碌中度过了,离园时,小君在主班老师的示意下,主动向午餐时被烫孩子的家长说明情况。还没等她说完,家长就怒不可遏地质问道:"你不会小心点吗?看孩子乱动不知道避开吗?"小君根本没想到家长会突然冲着她大叫,也没想推卸责任。她一下子蒙了,好一会儿才下意识地说了句:"对不起",然后慌张地跑开了,只能一个人跑到教室委屈地哭。

小君从小就立志当一名幼儿教师,向往太阳下最光辉的职业,工作后才知道,要得到家长的理解和温柔相待,真的很难!

分析:职场与我们熟悉的学校环境是不一样的,职场中没有老师不厌其烦的教育和指导,也没有同学真诚无私的支持和帮助。就职前如果缺乏必要的准备,仅凭着憧憬与幻想就冲进职场,极可能和案例中的小君一样,被"残酷"的现实毒打。入职前、入职中、入职后,都要时刻反思与提升自己,审时度势。要有预判问题的能力,积极向前辈学习取经。

一 新入职员工的心理特点

大学生作为宝贵的新鲜血液注入组织后,接收单位一般都会对其进行培训,使其尽快

适应新的工作环境和团队,承担工作任务,完成工作目标。一名新员工刚进入组织时,由于环境的陌生,会产生内心的惶恐和不自信,主要有如下一些心理特点。

(一) 不安与好奇

新员工进入组织和新岗位,对新的工作内容、工作方式、同事关系和团队氛围都感到十分好奇,希望能够通过不同的渠道尽快了解更多有关组织和工作任务的信息,以获得熟悉感。同时,新员工进入组织后,外在环境发生了变化,不同的文化背景和人际氛围要求新员工要采取不同的处理问题、沟通交往的方式,使新员工不断地调整自己,逐渐符合组织的期望。

(二) 孤独感与融入的愿望

新员工很容易陷入孤独的境地,感觉比较孤单。同时,他们也会积极努力,表现出工作热情,期待融入新的团队和环境中去,希望能够尽快成为组织的一分子,承担任务。

(三) 自卑感与认同需求

有些新入职的员工具有强烈的自尊心和认同需求,期望通过自己的奋斗,凭借自己的能力,扎实有效地做好当前工作,争取一流的工作业绩,以得到领导的赞赏、同行的羡慕。但是,在面对陌生的工作职责和环境时,每个人都需要一个过程进行调整。在这个过程中,需要别人的协助和指导,可能会因一些差错而导致自卑感,对他人的评价比较敏感。

以上几种心理冲突是刚入职时常见的心理冲突。新员工入职适应是一个心理转变的过程,即从"圈外人"转为"内部人"的过程,所以接收单位会在入职之前、入职之后以及正式入职后对全体员工进行入职辅导,对在入职适应过程中员工出现的工作绩效低下、人际关系适应不良、团队氛围不好等问题及时进行帮助解决。

二、入职辅导的内容

新员工需要一个过程适应新环境和新岗位,一般情况下,都会面临各种适应性和发展的问题。如果这些问题不及时疏导和解决,会对未来的工作绩效、工作态度带来一定负面的影响,也会造成组织的经济损失。所以,当组织中进入新员工时,入职辅导非常必要,企业、事业单位会通过多种方式让新员工从"外部人"变为"内部人"。新员工入职辅导主要包括以下内容。

(一) 工作环境

在新员工入职之后,需要了解组织中的企业文化和氛围,熟悉环境的过程能够降低陌生感和焦虑,协调自己与老员工的关系,增进相互间的认同感。同时,新员工要做好信息的收集和整理工作,这有助于减少在入职过程中带来的不确定性,建立对组织的认同。我们可以通过员工手册、与他人交流、组织网站和公司宣传资料、座谈会议等各种途径从同事、主管、领导、其他新员工那里获得关于组织特征、工作任务和角色期望等信息。

（二）岗位职能

岗位职能包括工作流程、工作方法、工作态度和工作角色等方面的信息。获取信息的丰富性和准确性能够降低焦虑感，减少新员工的信息搜索成本，以及调整自己的入职期望，建立合理的角色期待。同时，还需要掌握组织对个人的岗位技能提升和职业能力发展的培训计划信息、晋升规则和工作安排等信息。另外，要强调的是，组织内人际关系信息是入职后需要重点了解和熟悉的信息，如上下级关系现状、同事关系、部门关系、直接上司特点。这些信息有助于新员工建立良好的人际关系，融入团队和部门，快速成长。

（三）心理适应

新员工在入职过程中，需要根据环境和组织的要求进行不断地自我调整。这个适应过程是新员工职业发展的重要阶段，难免会遇到一系列的心理适应问题，如人际关系不良、文化冲突、应对不确定性事件、工作常见困难。员工援助师在入职辅导中，要针对常见问题，邀请相关专家开展有针对性的讲座和单独指导。一般而言，心理适应是新员工在进入组织后的一系列转换和调适过程。在入职之后，新员工面临的不仅是与组织相关的信息学习，还要面临身份、角色、技能的转换。只要做好心理辅导，并根据组织要求和自我发展需要进行自我调整，就能很快适应职场。

（四）组织文化

组织文化包括价值观、标准、行为规范、期望、传统与政策，如文化、人事福利制度、安全基本常识、环境与质量体系，以及上、下班时间与规定、公司基本礼仪、办公室规定、公司基本组织架构。另外，良好的人际关系是员工入职适应的催化剂，特别是初次踏上工作岗位的新员工，对于组织中人际关系的建立和指导的需求更为急切。

三、上岗辅导的基本程序

作为新员工，在完成集体入职培训后，还要接受专门的上岗辅导。在上岗辅导时，直接上司、资深员工、公司高层管理者等，都将承担一定的责任和辅导工作。

（一）上岗职责引导

上级主管会对新员工进行具体工作的引导，以便新员工尽快适应新工作，主要内容包括：部门职责、工作汇报事宜、部门间接触情况、参与项目工作可能遇到的障碍等。此外，还会涉及初次与老员工见面时需要关注的问题，包括如何做自我介绍，如何询问老员工，如何尽快适应新的工作环境等。除此之外，还包括与本职工作相关，但非工作范围内的一些活动，如：观摩会、技能比赛、网上社区，这些活动可以让员工了解组织的相关知识，学习岗位需要的技能。

（二）心理行为辅导

新员工的入职辅导还需要组织采取一些指示性策略，以帮助新员工尽快适应。在面对入职适应问题时,会有专门人员对新员工进行心理调适辅导。新员工个人调整策略主要包括个体学习、谈判、扮演等,在建立了信任的辅导关系后,将会指导新员工在了解自我的基础上,树立积极的心态,克服不适应带来的困难,为新员工提供一些建议和方案。最后,进行一定的追踪和反馈辅导,帮助解决新员工的适应问题。

(三)导师制辅导

导师制是通过选定合适的老员工当新员工的"导师",进行面对面沟通及现场工作指导,帮助新员工快速了解工作职责和工作内容,使新员工迅速成长。其中,当面沟通的要点和内容包括试用期内的基本要求和期望,告知试用期满后所要提交的报告、要填写的表单,还应该提示一些注意事项,以保证不偏离组织的价值观和岗位的要求。

(四)非正式辅导

非正式辅导关系是新员工主动同其他人员建立的一种关系。其他人员可能是自己的指导导师,也可能是其他部门的老员工。新员工应该同直接主管、领导和同事之外的其他员工建立一种关系,以进一步了解组织的流程、目标和整体结构,获得职业发展方面的支持。

四、职场适应常见问题

许多大学生求职时往往满怀热情、心怀憧憬,但入职后却又很快失去热情,觉得前途迷茫,无所适从。具体表现为以下几个方面的困扰:

(一)工作压力大

习惯了单纯的读书生活,大学生进入职场后,面临全新的环境、不熟悉的工作、复杂的人际关系、经常超负荷的工作量和冗长的工作时间等问题,感到工作压力大是很正常的。但随着对职场环境的越来越熟悉,工作适应后,这种压力会逐渐缓解。

(二)无法胜任工作要求

部分大学生在校时学习成绩挺好,但缺乏实践锻炼。参加工作后才发现理论与实践的差距,所学的知识很难在短时间内达到工作岗位的要求,于是开始怀疑自己的能力,这也是令很多职场新人困扰的事情。学业成绩和职场能力、专业技能不能画等号。要做有心人,不断地学习和求教,缩小理论知识和实践技能之间的距离,提升自己的职业能力。

(三)薪酬比期望低

新入职者一般都会经历试用期,试用期薪酬往往较低。转正以后,由于成长为熟练工还有一个过程,按照劳酬相符的原则,薪酬的提高是有过程的,除非是特别紧缺的人才。但有些职场新人却迫切追求高薪酬,缺乏现实考虑,从而产生职场适应问题。

（四）发展空间有限

有些新入职的员工觉得企业论资排辈，自己的地位不被重视；或者企业太小，不像在大企业里个人有比较好的发展空间。其实不管核心岗位与非核心岗位，大企业与小企业，都能培养人，都能成就人。有一句话说得好，没有卑微的职业，只有卑微的人。在普通的岗位尽职尽责，把简单的工作做到极致，也是一种成功，也会为自己未来的发展创造机会和空间。

（五）专业不对口，找不到发展方向

目前，大学生毕业后从事与专业不对口的工作现象较为普遍。一方面，由于所选专业不是自己决定的，毕业后不喜欢从事所学专业，求职时就改变了择业方向。还有一部分学生在从事本专业工作后，碰壁较多就放弃了本专业，就想尝试其他工作。但隔行不隔理，所谓触类旁通，知识、技能是可迁移的，如果大学生对专业知识、技能真正学深学透，对新的职业也会有帮助。很多职场新人以专业不对口来为自己的懈怠找借口，不仅会浪费自己宝贵的时间，还会失去探索自己职业弹性和发展潜能的机会。

（六）人际关系复杂

曾有人说："职场如战场。"由于职场同事之间存在竞争，职场人际关系总体上说比学校复杂。大学生在校期间 应该主动学习一些沟通的技巧和建立良好人际关系的方法，这样才不至于在参加工作后，因为人际关系不良而导致职场适应的困难。

职场之路崎岖不平，作为新人须有充分的思想准备，要耐得住寂寞，经得起考验，受得了委屈，扛得住辛苦。没有人随随便便就能成功，坚持下来，渡过困难时期，就有可能天宽地阔、柳暗花明。

五　应对职场适应的建议

职场适应是指员工接纳自己的工作和职场环境（包括环境中的人），且与工作和环境处于协调、平衡的一种良好状态。无人问津也好，技不如人也罢，你都要试着安静下来，去做你该做的事，而不是让内心的烦躁焦虑，毁掉你本就不多的热情定力。心理学家将为了形成平衡状态而不断进行自我调整的过程也叫职场适应。职场适应是获得职业幸福感和职场成功的重要前提。职场适应的核心是心理适应。青年学生步入社会，初进职场，一定会面临众多陌生和不适应的场景。那么，积极调整心态，采取有效措施促进心理适应，快速融入职场，是每个即将开始职场生涯的青年学生应了解和重视的问题。

（一）正确认识自己的角色

党的二十大代表、中南林业科技大学教授袁红梅说："期待心理健康教育能助力学生在了解自我基础上，更好地开发自己的潜能，信手拈来的从容都是厚积薄发的沉淀。"大学生进入职场后，一定要意识到自我角色的转变，正确认识自我。清楚认识到要实现自我价值从而达到自我成长，必须以给企业做贡献为前提。虚心从基层做起，尊重老职工，发

挥自己的专业潜能,以踏实、务实的职场态度和行为模式,快速适应职场,坚信"是金子总会发光",脚踏实地做好各项工作,实现自我价值。

(二)学会管理自己的情绪

在职场中,既要正确认识自己的情绪,还要学会恰当进行情绪管理。学会情绪管理不仅能帮助我们缓解心理压力,还有利于提高劳动效率,改善我们的人际关系。一个成熟的职业人士,应该是一个会正确认识自我、接纳自我,并调控自己情绪的人,以乐观积极的心态来消除困惑。

(三)建立良好的人际关系

职场人际关系是职场压力的重要来源,与同事关系良好,则压力相对较小,否则反之。作为职场新人,要谦虚有礼,相互尊重,积极沟通,多向同事学习,能从别人身上看到优点,在发现他人缺点后不是立即指责对方,而是自我反省,避免自己出现类似的缺点;要相信交往之道——真诚待人。真诚是打开别人心灵的钥匙,因为真诚的人使人产生安全感,减少自我防卫;同时,也要宽容待人,求同存异。"海纳百川,有容乃大",大事讲原则,小事讲风格,才能建立和谐团结的同事关系。

(四)合理安排时间

很多职场新人没有时间管理的意识和经验,不知道事情的轻重缓急,经常是"胡子眉毛一把抓",然后"四方灭火、处处告急"。这会造成工作压力变大,职场适应困难。因此,大学生在入职后要学会规划时间,做好时间管理。一是今日事今日毕,严守任务的时间节点,不拖拉;二是事情要按轻重缓解排好队,按顺序处理,部分简单的工作可以并行处理。时间管理的具体方法有很多种,如简单的事情和复杂的事情交替做,把每天(每周)要做的事情写在纸条上,完成一件划(撕)掉一条的"消除法"等。

(五)建立工作和生活的边界

如果能在工作与个人生活之间取得平衡,你的做事效率会更高,没那么容易疲劳。虽然平衡两者不容易,但并非不可能。你必须仔细规划,建立平衡和边界,把工作和生活分开,这有利于提高工作效率和职业幸福感,降低职业倦怠。首先,设定清晰的优先级。确定哪些事情对你来说最重要,然后将时间和精力更专注地分配给这些方面。确保工作和个人生活之间有明确而合理的时间分配。其次,设定界限。在工作和个人生活之间设定明确的界限,避免将工作带回家或用个人时间回应工作需求。学会创造一个工作环境,让你可以专注于工作,同样也创造一个家庭和个人生活环境,使你可以放松和享受自己的时间。最后,定期反思和调整。定期审视自己的时间管理和平衡工作和生活的情况,如果发现有不平衡的地方,就尝试寻找新的解决方案或进行必要的调整。

(六)坚持学习,勇于尝试

要想职场获得好的发展,必须要坚持学习和善于学习。现在知识更新很快,新技术新工艺层出不穷,大学生要以"四新"为思想指引,适应"新技术、新产业、新业态、新模式"的发展要求。向书本学习,向网络学习,更要向人学习,还要多思考、多总结,这样才不会在时代前进的步伐中掉队。作为职场新人,可适当扩宽视野和兴趣,博览群书,非本职工作、非自己的事情可以多做一些,不要患得患失,处处算计。要相信努力和付出就有收获,多一分努力和付出就多一分收获;同时,敢于尝试不同的职业与工作方法,适时调整自己的职业生涯规划。生涯规划从来不是静态的东西,它是个动态的过程,只有考虑企业和社会的需求,并不断尝试创新,找到自己的兴趣点和特长,发掘自己的潜能,我们就有可能走上自己职业发展的光明大道。

总结案例

巨晓林:铁路小巨人

只有高中学历的巨晓林刚到工地,看着铁路电气化专业技术知识的图纸犹如"天书",心里直发怵。他暗下决心要在这个行业闯出名堂,上班跟着师傅学,下班追着师傅问,记下70多本、130多万字的笔记,经过30多年锲而不舍的努力,他创新施工方法,给公司创造了巨大经济效益。巨晓林还写出了10万字的《接触网施工经验和方法》书稿,填补了我国铁路接触网施工技能培训教材的空白,成为铁路施工一线技术工人的学习"宝典"。

分析: 干工作,我们不但要用心记事,还要有想法,要发挥我们的智慧才能。困难像弹簧,你弱它就强,只要勤学苦练,掌握知识和技能,农民工也能有所作为。正如巨晓林一样,再平凡不过的出身和岗位,只要努力一样可以发光发热,成就自我。

活动与训练

活动12-1 沙漠求生

主题: 沙漠求生。

目标: 能够根据已掌握的知识,在新的环境中迅速作出选择。

建议时间: 20分钟。

活动步骤:

1. 教师进行背景介绍:在炎热的8月,你们乘坐的小型飞机备降在撒哈拉沙漠,机身即将着火。飞机燃烧前,你们只有15分钟时间从飞机中领取五件物品(详见表12-1)。飞机降落的位置不能确定,只知道最近的城镇是附近70千米处的一个煤矿小城。沙漠日间气温是40℃,夜间气温会骤降至5℃。在考虑沙漠的情况后,按物品的重要性,你们会怎样选择呢？请解释原因。假设当时你们装束轻便，只穿着短袖T恤、牛仔裤、运动裤和运动鞋，每人都有一条手帕。

表12-1　物品清单表

序号	物　品	序号	物　品
1	一支手电筒（内置四节电池）	9	一瓶盐片（1000片装）
2	一把军刀	10	10升饮用水
3	一张该沙漠地区的飞行地图	11	化妆镜
4	七件大号塑料雨衣	12	七副太阳眼镜
5	一个指南针	13	两升伏特加酒
6	一箱纱布	14	七件外套
7	一把45口径手枪（已有子弹）	15	一本《沙漠动物》百科全书
8	三个降落伞（有红白相间图案）		

2. 教师对学生的回答进行点评。

学生应注意，在小组讨论中要表示出诚意来，表现优秀者一般具有以下特征。

（1）仔细倾听别人的想法或意见并给予反馈。

（2）对别人正确的想法或意见及时予以支持。

（3）适时提出自己的观点并设法得到小组成员的支持。

（4）对别人的方案提出富有创造性的改进意见。

（5）在讨论陷入混乱时，努力向正确的方向引导。

（6）在需要妥协的时候妥协，以便小组在截止时间前达成共识。

（7）具有时间观念。

（8）能够对整个讨论内容和过程进行有效控制。

思考与讨论

1. 你觉得学校的集体生活有没有挑战性？请结合自己的实际情况，评价一下自己自入学以来在集体生活中的表现。

2. 你准备好开始新的学习生活了吗？请结合自己的实际情况，分析自己还需要在哪些方面多做些功课，以确保可以顺利适应新生活。

3. 你觉得自己是否能适应职业生活？请结合自己的实际情况，分析应该如何适应这种新要求。

4. 你在学校中是否参加了就业前的指导，效果如何？

12.2 积极投入工作,履行岗位职责

倦怠的小玉

小玉在行政部工作了七年,一提到公司的制度安排就牢骚连篇。她经常抱怨:"自从大学毕业,我就一直在琐碎的行政工作岗位上工作,每天面对的都是同样的工作内容,薪酬也已经到顶了。习惯之后,一切都变得毫无新意,更不用说挑战性了。"确实,小玉事事亲力亲为,宁可自己累一点,也不想培养一个下属来抢饭碗。在过去几年,给公司高层提了很多改善现状的建议,也曾多次暗示领导,自己对行政工作颇有厌倦感,希望有机会换工作岗位,但总经理没有任何反应。

分析:本案例反映了一个常见的工作倦怠的现象。小玉在行政部工作了七年,每天面对的都是同样烦琐的工作内容,职业停滞感给她带来很大的压力,导致她出现职业焦虑情绪。上级单位应该对其工作进行适当调整。

一、克服工作倦怠

(一)工作倦怠的心理探究

工作倦怠也称职业倦怠或职业枯竭,是指工作者在其工作情境中,基于个人、环境或社会因素,逐渐丧失工作动力的过程。工作倦怠会对人的工作与身心健康产生不良的影响,具体表现如下。

(1)在与他人互动的工作过程中,无法轻易处理周遭的问题与要求,因而感到精疲力竭,丧失工作的积极性。对工作对象失去关怀、信任、兴趣,丧失精力,并且感到极度疲倦。

(2)与他人互动的工作过程中,个人以不带感情与冷漠的方式、态度回应工作中的人际互动。在工作上,对自己的服务对象没有感觉而冷淡地回应。

(3)个人成就感降低。个人在工作中,用负面的态度衡量自己与工作对象的关系,不

满意自己的工作,感到工作中缺乏成就感、毫无意义,对自身的工作能力感到失望,感到自己的工作毫无价值。

现代社会竞争日趋激烈,工作、生活压力越来越大,职业倦怠已经成为一种通病,影响人们的心理状态。当自己的劳动得不到服务对象或上级领导的认可时,心理上承受过多委屈却不能随便发泄时,都容易引起对工作的不满,进而产生工作倦怠。

知识卡片

"约哈里窗户"理论

"约哈里窗户"是由美国社会心理学家约瑟夫·勒夫特和哈林顿·英格拉姆提出的,用来解释自我和公众沟通关系的动态变化。此理论被引入人际交往心理学、管理学、人力资源等领域。

"约哈里窗户"理论认为对个人而言,其认识世界的知识基本上是由四部分组成的:即公开、盲点、隐私、隐藏潜能(图12-2)。

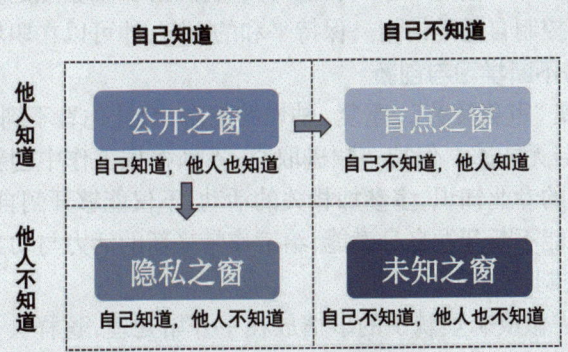

图12-2 约哈里窗户模型图

所谓公开,就是自己知道别人也知道的关于自己的事情;所谓盲点,就是自己不知道而别人知道的关于自己的事情;所谓隐私,就是自己知道而别人不知道的关于自己的事情;而自己不知道别人也不知道的关于自己的事实,称为未知之事,未知之事即为隐藏潜能。"约哈里窗户"不是静止的,而是动态的,我们可以通过内、外部的努力改变"约哈里窗户"四个区域的分布。也就是当我们公开的事实放大时,我们的盲点和隐藏潜能相对就变小了。

盲点、隐私制约和影响我们潜能的发挥,必须依据全新的团队互动式学习方法,理性而大胆地应用技巧中的反问、回应、分享等手段,不断冲破我们内心的本能阻力,使个人和组织思维中盲点越来越少,隐私充分披露,从而达到个人素质提升和组织效能的根本改变。

根据约哈里窗理论,在我们的社会生活中只要能够运用得当,就能在人际交往中受益良多。约哈里窗的启示：

（1）扩大自我信息的开放区，适度自我暴露，充分展示自我的人格魅力。

（2）注意倾听，缩小自我盲区。

（二）工作倦怠的心理调适

造成工作倦怠的因素有很多，既有工作和组织因素，又有个人因素。很多时候我们无法改变环境，如工作的性质、组织公平，但我们可以改变自己。对于个体来说，要想有效缓解或消除工作倦怠，关键还是从自身做起，寻找积极的自我调节手段，具体做法如下：

1. 保持平和心态，改变认识观念

工作总是要求精益求精，但有时候结果与要求并不相符，努力了、尽力了，就不要对自己过分苛责，对于上司的不理解和同事的指责，要保持平和的心态，适当的时候可以与他人沟通、交流。一个人不可能事事都做得尽善尽美，也不可能让所有的人都满意，更不可能控制和改变工作中的所有事情，有的工作是我们可以胜任的，有的则是自己做不好的。再者，有些职场因素是不可避免或难以在短时间内排除的，如激烈的竞争、失业，但我们可以改变自己的心境，控制自己的情绪。保持平和的心态，才可以在职场中走得更远。

2. 保持进取心，不断学习与创新

工作中也会出现"审美疲劳"，重复、枯燥的工作，会让你看不到自己的长处，"停滞"会让人产生挫败感与无能感。保持一颗进取心，不断挖掘工作中创新的可能性。同时不断地学习，吸收更多的专业知识，多参加相关的活动，不仅能够开阔自己的视野，构建自己新的思维框架，而且能不断开发自身潜能，给工作带来新的活力与动力。

3. 劳逸结合，控制工作节奏

把特别不情愿去做或麻烦棘手的事情放在一开始处理，这样会使自己一天的"压力指数"大大降低，因为最难办的事情已经处理，剩下的时间就可以轻装上阵了。同时，参加一些闲暇活动，如处理完一件事情之后，喝杯茶，与同事在休息区放松一下。心理学家认为"松散的休息"，也可以提高工作效率和效能。在紧张的工作之余，停下来，给心灵松松绑，会有美妙的体验。

（三）克服工作倦怠，做到社会性促进

很多陷入工作倦怠的人都抱着"自己不认真工作，有人会认真"的想法。实际上，个人的工作倦怠会在很大程度上影响集体的工作状态，所以，要克服工作倦怠的心理，要明确个人对集体的影响作用。当局部的个人工作倦怠被克服时，便会形成一种区域性促进，接着发展成行业性促进，当各个行业都少了倦怠之风时，便会形成社会性促进。

社会性促进既可以作为我们克服工作倦怠的原动力，也是我们的终极目标。人的价值在于创造价值，在于对社会的责任和贡献，我们在克服自我工作倦怠时也要激励别人，共同进步，达到滚雪球式的效果，在体验到自我价值实现的喜悦后，我们克服工作倦怠甚至免疫工作倦怠的能力也会随之增强。

案例 **小芬的抱怨**

作为一个入职一年的新教师,一个"00后"正式老师,小芬在教育系统的一年里不断刷新着自己的三观。刚入职的小芬踌躇满志、充满爱心,力求带好第一届学生。可她不久就失去了开始的热情:工作忙得要命,天天放学主动给差生补课,学生看到她都有点烦了;班主任一大堆的总结计划;处理学生纠纷;排队送孩子;收作业批作业;甚至副科老师一请假,代课的任务都丢给她。她有时一天都顾不上进办公室,都在班里。最后的结果却是她的绩效工资还没有副科老师多。这个寒假她一直在抱怨付出与回报不成正比。

分析:小芬比别人更高强度的工作却没有得到更高的绩效工资,她也没有努力去进行心理调适,反而整日抱怨。针对这种情况,相关部门应该完善相应制度,让社会工作者能多劳多得,增进工作者的工作积极性。

二、面对竞争的心理调适

(一)竞争与心理健康

各种竞争都会对人的心理健康产生一定的影响,具体表现如下:

(1)适当的竞争能产生压力与动力,有利于激发自身的潜能,更好地塑造自我。在竞争中,我们会感到一些压力,致使我们不敢怠慢,不断探索发现自己的有利资源,弥补自身不足,产生不断向前的动力,从而更好地认识自我、完善自我。

(2)过度的竞争则容易使人在长期的紧张生活中产生焦虑,出现心理失衡、情绪紊乱、身心疲劳等问题。尤其对于竞争失败的个体,由于主观愿望与客观满足之间出现巨大差距,加上有的人心理素质本来就存在不稳定因素,更会让人士气消沉、精神不振,甚至出现犯罪或自杀行为。

案例 **小明的竞争对手**

小明是一个已经工作四年的新媒体编辑,她工作认真,文笔很好,且待人友善,老板一直很器重她。然而今年公司招聘时录用了一名新人小曼,这名新人不仅毕业于双一流大学中文系,而且在知名杂志上发表过文章。她一入职便负责了小明原来负责的版块,让小明产生了明显的危机感。小曼入职后,也经常请同事吃饭唱歌,很会处理人际关系,得到了大家的喜爱。因为她的活跃,小明觉得自己的存在感不断降低。对于这样一个有力的竞争对手,小明觉得压力很大。

分析:竞争常常伴随压力,小明在面对一个强劲的竞争对手时感受到压力是正常的现象。面对压力,如果能够保持自信的心态,努力提升自己各方面的能力,即使直面强敌,也很可能取胜。

（二）面对竞争对手要自信

我们应本着公平、守法的前提，采用适当方法进行竞争。无论在什么情况下，都不要采取低劣恶性的竞争方式，更不要把职场竞争转化为个人恩怨，因为是一个人的品质和职业道德的体现。因此，面对竞争应遵循以下原则。

（1）要冷静，千万不能因为多了一个强有力的竞争对手就心慌意乱。冷静的好处不仅能让自己调整状态以思考对策，还能显出自己的理智和遇事不乱的风度。

（2）仔细观察竞争对手的能力与个性，建议从正面的角度看，并至少持续三个月，这不但能让自己充分了解对方的优势，而且还能了解对方的工作心态，做到知己知彼。

（3）在了解对方的同时，也要坚定地相信自己的工作能力，自己的优势不是某一个人一两次的出色表现就能掩盖的。同时，能在公司工作这么长时间，也足以说明公司对自己的认可程度。

（4）如果遇到对手恶意进攻或带有挑衅的言行，要尽量以委婉、不卑不亢的态度化解与对手的正面冲突。这不仅可以显示自己有极强的处理突发事件的应变能力还会彰显自己有一颗做大事所需要的宽容之心。

（5）如果对方是具备良好职业道德的优秀职业人，就要以同等的正面竞争迎接挑战，既要有赢的信心，也要有输的准备。职场失败是很正常的事，不必气馁，承认并能够承受别人比你强，才是一个成熟的职业人。党的二十大报告强调，"培养造就大批德才兼备的高素质人才，是国家和民族长远发展大计"，因此，除了遵循以上原则外，还要意识到树立有才有德的个人口碑才是在职场中长足发展的关键。个人口碑讲究持久性和可靠性，口碑形成是一个慢慢培养和积累的过程。面对竞争对手，要从长远角度考虑，坚定地朝着自己的目标前进，切勿急躁，只有这样，才能实现真正的胜利。

三、职业道德与岗位职责

（一）遵守职业道德

职业道德是同人们的职业活动紧密相连的符合职业要求的道德准则、道德品质与道德情操的总和，是一般社会道德在职业生活中的体现。党的二十大报告针对公民道德提出了："要推动明大德、守公德、严私德，提高人民道德水准和文明素养，在全社会弘扬劳动精神、奋斗精神、奉献精神等。"在职场中，树立良好的职业道德是每一位优秀员工的必备素质，同时也是企业对员工最基本的规范与要求。根据我国《公民道德建设实施纲要》的要求，职业道德的主要内容包括爱岗敬业、诚实守信、办事公道、服务群众、奉献社会等方面。美国著名的《哈佛商业评论》，评出了九条职业人应该遵循的职业道德：诚实、正直、守信、忠诚、公平、关心他人、尊重他人、追求卓越、承担责任。诚实守信、服务意识、责任意识是对职业人士道德规范的基本要求。

良好的职业道德是成为优秀员工的基本条件，是职业成功的必要条件。员工的职业道德水平与员工的责任心和服务意识都有密切的联系，要想成为一名优秀的员工，必须先牢牢树立职业道德意识。一个缺乏职业操守的员工，即使能力、技术再突出，也不能获得企业与社会的认可,职业成功也无从谈起。

职业道德有助于维护和提高本行业、本单位的信誉,提高经济效益。一个行业、一个企业的信誉,也就是它们的形象、信用和声誉,是指企业及其产品和服务在社会公众中的受信任程度。要想提高企业的信誉,要从产品质量和服务质量的提高入手。而从业人员职业道德水平高,是提高产品质量和服务质量的有效保证。

(二)履行岗位职责

负责,或者说可靠,是职场重要的一种价值观。在填写个人简历时,我们常常会在自我描述时提到"具有较强的责任心"。毫无疑问,我们都知道责任心对于个人和工作,甚至对于企业都具有重要的意义。那么,我们是否清楚了解"责任心"究竟是什么?企业要求员工具有较强的责任心究竟有什么意义?在心理学中有一个重要的人格模型——大五人格模型。此模型将个体的人格分为五个类型,其中尽责型是大五人格模型中的一个重要类型。有学者指出,预测一个人最终职业的成就,最有效的指标就是责任心。具体来说,责任心指的是企业中的员工能够以企业的目标作为自己的行为导向,有效调节、管理、控制自身的行为,按时按期完成预定的计划及组织要求自己完成的工作,能有效地进行自我调控并具有较强的延迟满足能力。

不论在工作还是生活中,我们都认为具有较高责任水平的人通常值得信赖,这些人具有很强的计划执行能力,在工作当中总是一丝不苟。当他们的个人愿望与组织目标产生冲突时,他们往往会站在组织的角度来进行思考,以大局利益为核心,个人愿望的满足服从于组织利益的实现。与此相反,责任心较低的员工则常常表现得懒散和漫不经心,他们会将工作看作一种生存手段而不是实现人生价值的途径,在与同事的合作中总是害怕承担责任,显得不可靠。

责任心对于企业中的每一个员工都是至关重要的,因为它不仅直接关系到我们个人的工作绩效,更与我们的职业发展、人生价值的实现有重要联系。一个具有高度责任心的员工才能更好地完成工作,进而更有效地服务企业、服务社会。

另外,在进行自我发展、自我提升的过程中,不仅要重视技能水平的提高、安全意识的增强,而且还不能忽视自己在职业道德方面的学习和提高。在生活中处理各类问题时,要注意保持较强的责任心,不做无责任心的人;要树立自己的责任意识,将企业目标与个人的人生价值相联系。在岗位培训中提升自己的责任意识,坚决遵守职业道德规范的要求,使自己的责任意识在自我修养中得到提高,在职业活动中得到强化。

(三)实现职业梦想

大学生需勇担历史重任,做新时代有为青年,"立足专业,成就职业梦想"。职业理想是人们在职业上依据社会要求和个人条件,借想象而确立的奋斗目标,即个人渴望达到的职业境界。它是人们实现个人生活理想、道德理想和社会理想的手段,并受社会理想的制约。职业理想是人们对职业活动和职业成就的超前反映,与人的价值观、职业期待、职业目标密切相关,与世界观、人生观密切相关。

由于职业的多样性,一个人选择什么样的职业,与他的思想品德、知识结构、能力水平、兴趣爱好等都有很大的关系。政治思想觉悟、道德修养水准以及人生观决定着一个人的职业理想方向。知识结构、能力水平决定着一个人的职业理想追求的层次。个人的兴趣爱好、气质性格等非智力因素以及性别特征、身体状况等生理特征也影响着一个人的职业选择。因此,职业理想具有一定的个体差异性。

实现自己的职业理想,是每个大学生为之奋斗的目标。实现大学生的就业梦关系到中国梦的实现,也是实现中华民族伟大复兴必须解决的问题。为早日实现职业梦想,大学生应该努力做到以下四点。

1. 增强综合素质,提高学习能力与创新能力

现在社会的竞争不再是单一能力的竞争,也不是一次性竞争,而是一场综合能力的博弈。毕业生为了在求职面试以及未来的职业竞争中取得较好的成绩,就必须增强自己的综合实力与综合素质,这是现代化竞争的要求。

2. 增强环境适应能力

当今世界信息纷杂、瞬息万变,只有不断增强自己的环境适应能力,才能在这个变化的社会中游刃有余。增强环境适应能力的有效途径是将理论知识与社会实践结合起来,用理论知识来增强自己对社会环境的宏观认识与把握,在社会实践中不断磨炼自己的意志与应变能力,并对社会环境与工作环境的细节与变化有更加深入的理解。

3. 增强责任意识

良好的职业道德与较高的责任意识是成为一名优秀员工的基础。虽然每个人从事的职业不同,但品德并无分别,无论身处哪一类行业,我们都需要遵守职业操守。德谟克利特认为:“人们应该热心地致力于按道德行事,而不要空谈道德。”作为一名即将走入职场的青年学生,职业道德的理念与责任意识不仅要牢记,而且应该用来指导自己的实际行动,做一名真正具有良好职业道德、具有较强责任意识的职业人。

4. 未雨绸缪,做好应对就业竞争的充分准备

“凡事预则立,不预则废。”作为一名毕业生,应该时刻想到自己与其他同学相比有哪些优势与劣势,自己与其他大学的毕业生相比有哪些优势与劣势,自己面临怎样的机遇与挑战。然后再根据自身的实际情况,开展学习与社会实践活动,有的放矢地完善自己。求职时,为笔试、面试等各个环节都做好充分的准备。

总结案例

坚定理想信念,争当开路先锋

小茹,广西交职院路桥工程学院道桥(检测)专业2021届学生,现就职于广西路桥集团。以往道路与桥梁工程技术专业的毕业生就业方向主要分为两大部分,一是到各省路桥公司、市政公司等一线施工单位担任施工员、技术员、测量员、质检

员、材料员、试验员等。二是到监理公司担任一般监理人员。小茹总结自己的求职经历，重点在于早做准备。在求职就业前，应当先准备好个人简历，写出自己最好的成绩，特长优点要有针对性，即与目标岗位有一定相关性，并且要对实习所做工作非常熟悉。在求职过程中，尽早确立自我目标，了解就业情况，可以先通过学校开展的各个公司实习生招聘宣讲活动和双选会进行求职，或是根据自身特长和专业知识，向有意愿的公司查询职位空缺情况，并向公司招聘实习生负责人毛遂自荐。提前做好面试准备，在回答问题时做到举止大方，谈吐清晰，不卑不亢，展示出自己的自信。

分析：大学生在求职过程中可能会遇到诸多困难，会因为许多不确定性而担忧、焦虑，这些都是正常现象，坦然接纳就好。因为自己能够控制的因素有限，尽自己最大努力做好自己能力范围可以控制到的。正如那一句话所说：但行好事，莫问前程。

活动与训练

活动 12-2　公司的规章制度初探

主题：公司的规章制度初探。
目标：初步了解几类公司的规章制度。
建议时间：课外+课上 10 分钟。
活动步骤：
1. 学生在课外通过搜索网络、询问家人和朋友等，了解几类（三类以上）公司的规章制度，找出它们的异同点。
2. 课上交流各自的收获，相互学习。

思考与讨论

1. 工作倦怠有哪些具体表现？克服工作倦怠的方法有哪些？
2. 你是如何看待职业道德的？
3. 在面对竞争压力时，你会如何进行心理调适？

12.3　提升心理素质,善尽职业责任

心理箴言

　　精神健康的人,总是努力地工作及爱人。只要能做到这两件事,其他的事就没有什么困难。

——弗洛伊德

中国天眼之父——南仁东

　　南仁东(1945—2017),生前系中国著名天文学家,国家重大科技基础设施建设项目——500米口径球面射电望远镜(FAST)工程首席科学家、总工程师。

　　为了给中国建成世界最大单口径射电望远镜,南仁东带领他的团队22年来足迹遍布云贵300个喀斯特地区的洼坑。常年的野外生活异常艰苦,他们喝的是天然的"浑水",吃的是自带的冰冷干粮,冬天实在冷得受不了就与同事燃起篝火相拥取暖。在工地上,南仁东和他带领的老中青三代科技工作者们生活极其节俭,每个房间住四人,洗浴、厕所全是公用的,食堂里做的是大锅饭菜。克服了不可想象的困难,推辞了国外高薪的聘请,他们最终实现了由跟踪模仿到集成创新的跨越。

　　2016年9月25日,举世瞩目的"大射电"竣工,被称为中国"天眼"。2017年10月10日,中国"天眼"首批观测成果对外公布:探测到来自数千光年甚至几万光年的数十个优质脉冲星候选体,其中两颗获得国际认证,这使得中国走在了世界天文界的前列。

　　分析:南仁东作为天文学家,带领团队几十年如一日坚守在条件艰苦的工作岗位上,克服重重困难,才使得"大射电"竣工。这不仅让他实现了职业梦想,还尽到了为国效力的责任,是每一个人学习的榜样。

一　职业心理素质概述

　　职业心理素质主要包括从业者认知、感知、记忆、想象、情感、意志、态度、人格特征(兴趣、能力、气质、性格、习惯)等方面的素质。在社会中,很多知名企业都通过拓展训练

来提高员工的心理素质以及团队信任关系。

（一）良好职业心理素质的表现

1. 正确的职业意识

职业意识是人对职业劳动的认识、评价、情感和态度等心理成分的综合反映，主要包括奉献意识、竞争意识、协作意识、创新意识等。良好的职业意识具体表现为：有主人翁精神；工作积极认真；有责任感；具有基本的职业道德和职业素养。不管从事哪个行业，对于这个行业的发展、专业性、未来展望都要有基本的判断。

2. 正确的职业态度

职业态度是指个人对所从事职业的看法及在行为举止方面反应的倾向。一般情况下，态度的选择和确立与个人对职业的价值认识，即职业观与情感维系程度有关，是构成职业行为倾向的稳定的心理因素。员工应具备正确的职业态度，能以积极乐观的心态对待工作、生活和他人，全力以赴地做好本职工作，在工作中享受生活。

3. 较高的职业情商

在职场中，职业情商是每个人最重要的必修课。职业情商，是一个人的掌控自己和他人情绪的能力，包含五个方面内容：了解自己情绪的能力；控制自己情绪的能力；自我激励的能力；了解他人情绪的能力；维系良好人际关系的能力。职业情商更加侧重对自己和他人的工作情绪的了解和把握，以及如何处理好职场中的人际关系。职业情商高的人往往对自己有清醒的认识，能控制自己的情绪，承受住压力，不为挫折和困难所左右，能维系融洽的人际关系，善于处理生活中遇到的各方面的问题。

4. 较强的自我管理能力

自我管理能力是指受教育者依靠主观能动性按照社会目标，有意识、有目的地对自己的思想、行为进行转化控制的能力。没有人能随随便便成功，每一个成功的人，都具有较强的自我管理和自我约束能力。

（二）不良职业心理素质的表现

1. 缺乏良好的职业意识

一些大学生不清楚自己毕业后所要从事职业的具体情况，不了解职业的从业要求，缺乏明确的学习目标和动力，职业选择具有盲从性，未建立起对职业的认同和为之坚持奋斗的理念。

2. 未能形成正确的职业价值观

在工作节奏快、就业竞争激烈的环境下，大学生很容易追求名利和物质的满足，而放弃对工作的热爱和责任感。因此，个人并没有形成与职业相关的价值体系，不能建立起工作的意义和价值，缺乏正确的价值导向，甚至缺乏专业素养，个人价值观和工作价值观存在较大冲突等。

3. 未能建立起良好的职业行为习惯

在职场中，养成良好的职业行为习惯是保证工作效率和质量的重要前提。但一些大学生在工作中往往缺乏良好的职业行为习惯，如缺乏时间管理技巧、缺乏自我约束力、缺乏主动沟通和及时反馈的意识等。

4. 缺乏有效的问题解决技巧

初入职场时，由于不熟悉工作内容、工作经验不足等问题，就会出现解决问题不力和方法技巧缺乏等现象。例如，不能发现问题、评估问题，不能找到合适的问题解决策略，不了解问题解决的过程，等等。

二　如何培养良好的职业心理素质

结合大学生的心理和职业特点，要发展和提升良好的职业心理素质，应该从以下四个方面着手：一是培养工匠精神；二是形成正确职业价值观；三是学会目标设定和自我激励；四是提升解决问题的效能。

(一) 培养工匠精神

习近平总书记指出："要在全社会弘扬精益求精的工匠精神，激励广大青年走技能成才、技能报国之路。"党的二十大报告提出，努力培养造就更多大师、战略科学家、一流科技领军人才和创新团队、青年科技人才、卓越工程师、大国工匠、高技能人才。作为进入职场的新人，我们应将工匠精神作为职业精神指南。何为工匠精神？敬业、专注、创新等都是它的内容。作为大学生，我们应该专注于工作，对自己的工作精益求精、尽职尽责，不断冲破常规去寻找新的提高工作效率的方法；对自己的职业敬畏、对工作持执着，并努力做到心无旁骛、潜心工作、不断改进、淡泊名利。

> **知识卡片**
>
> 在长期实践中，我们培育形成了爱岗敬业、争创一流、艰苦奋斗、勇于创新、淡泊名利、甘于奉献的劳模精神，崇尚劳动、热爱劳动、辛勤劳动、诚实劳动的劳动精神，执着专注、精益求精、一丝不苟、追求卓越的工匠精神。劳模精神、劳动精神、工匠精神是以爱国主义为核心的民族精神和以改革创新为核心的时代精神的生动体现，是鼓舞全党全国各族人民风雨无阻、勇敢前进的强大精神动力。
>
> ——习近平

党的十八大以来，习近平总书记曾先后多次提及工匠精神，特别是在党的十九大报告中，明确提出了弘扬工匠精神的要求，强调营造劳动光荣的社会风尚和营造精益求精的敬业风气。2020年11月24日，习近平总书记在全国劳动模范和先进工作者表彰大会上，阐明了"执着专注、精益求精、一丝不苟、追求卓越"的工匠精神内涵。当前，我国已进入新发展阶段，建设高素质劳动大军，建设科技强国，推动经济社会高质量发展，必须大力传承和弘扬工匠精神。

（二）形成正确职业价值观

大学生应该具备正确的职业价值观,在进入职场的过程中,应有意识地建立一些与职业和工作有关的价值观,可以帮助其改进工作习惯和工作效率。

（1）将职业发展的愿景作为行动指南,在决定如何安排每一天的生活时,给予使命相关目标最高的优先权。

（2）注意守时。无论是在工作中,还是在日常生活中,守时会为你赢得个人的声誉。

（3）重视时间管理。重视时间的人会充分地利用时间,会更合理地安排时间。

（4）重视整洁、秩序和速度。整洁、秩序和速度是工作效率的保障,应给予足够的重视。

（5）聪明地工作。寻求好的灵活的工作方法,而非单纯地埋头苦干、蛮干。

（6）对自己负责。注重自己每天到底做了哪些工作,反思自己的工作对工作绩效和生活质量的提高有没有起到促进作用。

（7）重视休息和放松。过度工作会导致工作压力增高,甚至精力耗竭,适当地休息将有助于保障工作效率和工作质量。

（8）关注效果。将注意力放在影响工作成效的关键因素上,而非工作本身。

（三）学会目标设定和自我激励

1. 目标设定原则

目标设定是一种激励方法,设置特定的、具有适当难度的目标,能够有效地提升自己的工作效果。目标设定是一门艺术,在目标设定过程中,可以参考以下原则。

（1）形成简明的目标。一个实用的目标通常可以用简洁明了的方式表达出来,过长的目标表述会涉及太多的行动,难以作为一个行动指南为行动服务。

（2）描述当达成目标后将会怎样。所列出的目标应该明确,应该是对实际行动的描述。

（3）设定现实的目标。目标既不能过于简单,又不能过难,应当具有一定的挑战性,但通过努力可以实现。

（4）在不同时期设定不同目标。目标最好根据不同时期而有所不同,设立日常、短期、中期或长期目标。

（5）在个人目标设定中保留一些幻想,幻想目标可以弥合职业和生活目标之间的鸿沟,可以帮助个体进行自我调整,这有助于缓解焦虑。

（6）经常回顾自己的目标。要经常回顾目标实现的情况,并确保这个目标对自己还有激励作用。

2. 自我激励的技巧

目标的设定可以为个体带来心理上的激励,但更重要的是,人们要学会更好地自我激励。以下是常见的自我激励的技巧。

（1）寻找工作的乐趣或工作本身的价值,寻找挑战和新鲜感。

（2）获得工作绩效的反馈。反馈信息很重要,它实际上代表着一种回报。如果知道自己的努力是有价值的,就会感到欢欣鼓舞。

(3)注重自我行为矫正。行为矫正是一个在做对事情时给予奖励,而在做错时给予惩罚的激励系统,人们可以运用这套机制来改变自己的行为,如克服饮食障碍、烟瘾、网瘾、啃手指头及无故拖延时间等。

(4)使技能提升与自己的目标相联系。个体应该接受适当的培训来提高自己的技能水平,以满足工作岗位的需要。适当的培训会给个体带来出色完成工作的信心,同时也会加强个体对自我效能的认知。

(5)适度提升自我期望的水平。可以对自己的期望更高一些,尽管高的自我期望和积极的心理状态需要花很长的时间来培养,但是在很多情况下,它们对个体而言是非常重要的。

(6)培养强烈的职业道德准则。一个自我激励的高效战略就是培养强烈的职业道德准则。如果个体认为大部分工作是很有意义的,并且是愉快的,那么自然就很容易受到激励。

(四)提升解决问题的效能

有效解决问题,就要做到发现问题、评估问题,寻求问题解决策略的能力。无论多么复杂的问题,如果找到方法,遵循一定的问题解决步骤,这些问题通常会迎刃而解。一般情况下,问题解决的步骤主要包括以下几点:

(1)发现问题。问题解决开始于人们意识到了问题的存在。

(2)界定问题原因。在采取任何行动之前,必须首先明确和澄清问题的原因。界定问题原因时,通常会从人、物、环境、方法的角度提出问题。在人的方面,比如,哪些人需要对问题负责?他们能胜任吗?他们是否存在态度问题?在物方面,比如,是否有可利用的正确材料?材料的品质适宜吗?是否有合适的机器和设备来完成工作?在环境方面,比如,环境是否有什么问题?环境是否发生了改变?在方法方面,比如,过程和程序是否得当?是否所有人已经了解了这个方法?

(3)寻找创新方法。创造力和想象力也同问题解决和决策相关。成功的决策者有能力想出更多的解决方法,那些迫使自己寻找不同的问题解决方法的人,更有可能寻找到突破性的解决方法。

(4)权衡不同方法。这个步骤仅指对先前阶段所产生出来的不同解决方法的利弊进行检查。在一个重大决策中,应该认真考虑每一种方法。在实践中,权衡不同的方法通常是指记录下每种可能选择的好处和坏处。

(5)作出选择。在选择解决方法时,不必过分执着于为问题寻找唯一正确的答案,许多问题都会有多种解决方法。

(6)实施选择。在决定了采用哪套方案后,需尽快将选择方案付诸实施。

(7)评估选择。实施选择后,要评估自己的选择是否达到理性的效果,从而判断问题解决的有效性,并根据评估结果对前述的问题解决过程进行回顾、反思和调整。

三. 责任感与职业发展

（一）责任感的定义

责任感从本质上讲既要利己，又要利他人、利事业、利社会、利国家，并且当自己的利益与国家、社会和他人的利益相矛盾时，要以国家、社会和他人的利益为重。责任感是一种自觉主动地做好分内分外一切有益事情的精神状态，与一般的心理情感所不同的是，它属于社会道德心理的范畴，是思想道德素质的重要内容。人只有有了责任感，才能具有驱动自己一生都勇往直前的不竭动力，才能感受到许许多多有意义的事，才能感受到自我存在的价值和意义，才能真正得到人们的信赖和尊重。

（二）责任感与职业成功

心理学研究发现，预测职业成就最有效的指标就是责任感。具体来说，责任感是指员工能够以企业的目标作为自己的行为导向，能有效地进行自我调控并具有较强的延迟满足能力，按时保质保量完成组织要求的工作。无论在工作还是生活中，我们都认为责任感水平高的人更值得信赖。因为这些人具有很强的执行能力，在工作当中总是表现得一丝不苟。当人们的个人愿望与组织目标产生冲突时，人们往往会站在组织的角度来进行思考，以组织的利益为核心，个人愿望的实现服从于组织利益的满足。而与此相反，责任感水平较低的员工则常常表现出懒散和漫不经心，将工作看作一种生存手段而不是实现人生价值的途径，总是害怕承担责任，显得不可靠。因此，责任心对于我们每一个人都是至关重要的，它不仅直接关系到我们的工作绩效，而且与我们的职业发展、人生价值的实现具有重要联系。

四. 自我责任感与社会责任感

（一）责任感与自我修炼

我们在进行自我发展、自我提升的过程当中，不仅要重视技能水平的提高、安全意识的增强，而且还要注意训练提升自己的责任感，将组织目标与自我人生价值相联系，使自己的责任意识逐渐得到提高，并在职业活动中得到强化。

（二）自我责任感与社会责任感

仅有自我责任感还不够，关键是通过我们自己的努力，营造出一种文化，使个人的自觉行为成为一种文化，去影响周围人的意识和行为。有了这种意识，我们才有可能将自我责任感转化为大家公认的社会责任感。

袁隆平院士，以科技助农，展现强烈社会责任感。他通过不断的研究和试验，成功培育出了高产、优质的杂交水稻品种，极大地提高了中国的水稻产量，为解决中国的粮食问题做出了突出贡献。他毕生致力于水稻的研究和改良，他研发的杂交水稻大幅提高粮食产量，解决亿万人的温饱问题，其技术推广惠及广大农民，促进农村经济发展。袁隆平院士的事迹不仅是农业科技的光辉篇章，更是社会责任感的生动体现。他的科研精神和社会贡献成为激励后人的文化力量，传递着责任与担当的价值观，影响着更多人关注农业发展，投身社会公益，共同推动社会进步。

张桂梅，一位在云南贫困山区默默耕耘的乡村教师，面对教育资源的匮乏与贫困女生的求学困境，她毅然决然地创办了一所免费女子高中，用知识的光芒照亮了无数女孩的未来之路。在创办与运营学校的过程中，张桂梅克服了重重困难，拖着病体坚持工作，她的坚韧与执着不仅赢得了社会的广泛赞誉，更激发了人们对教育公平和社会责任的深刻思考。

张桂梅的事迹如同一股强大的文化力量，冲击着社会的每一个角落。她用自己的行动诠释了责任与担当的真谛，传递出积极向上的正能量，激励着更多人关注弱势群体、投身公益事业。她的成功不仅改变了众多女孩的命运，更为社会树立了一个光辉的榜样，推动了社会对于教育公平、女性权益等议题的关注与讨论，促进了社会的和谐与进步。

这两则故事告诉我们，社会责任感不仅是一种道德要求，更是一种强大的文化力量，它能够凝聚力量、汇聚人心，推动社会向着更美好的方向前进。作为当代大学生，无论我们到什么地方，从事何种职业，都应该具备高度的社会责任感。社会责任感对大学生而言至关重要，深刻影响着其职业发展。具备社会责任感的人，能更敏锐地洞察社会需求，将个人职业规划与社会需求相结合，选择更具价值和意义的职业道路。

总结案例

思于客户之先

王明是某速递物流公司的揽投员，从2010年开始从事快递工作。他常说："世上没有永远忠诚的客户，只有以优于竞争对手一步的服务和产品品质赢得的客户。"在王明看来，唯有用多一份的责任与细致的服务，才能换来客户最衷心的认可。谈起多年来的代收货款邮件工作，王明感慨道："代收货款邮件投递难，但是全心全意为客户服务的心会架起沟通的桥梁，让客户感受到自己的诚意。"

从为气体压缩机厂退休工人组装订购的空调扇，到告知客户如何使用电子设备；从载着客户去银行取钱，到耐心解答客户的各种疑问……多年来，他正是靠着这种"思于客户之先"的理念和实实在在做人、踏踏实实做事的态度，先后被评为"企业十佳模范投递员""企业劳动模范"。尽管实际年龄不大，但是大家都亲切地称他为王师傅。

分析：在我们看来，快递员这份工作很普通，但是王明却凭着对工作的满腔热忱，在普通的工作岗位上干得津津有味。对于每一位即将入职的毕业生来说，要长年累月地做好一件工作，并尽可能做到最好，是一件非常了不起的事情。

活动12-3　团队合作

主题：团队合作

目标：培养队长与成员共同承担责任的能力，鼓励互相理解与支持。

建议时间：40分钟。

活动步骤：

1. 将班级全体学生分为3组，每组自主选择一位队长。

2. 教师要求队长宣誓，问3个问题："有没有信心战胜对手？""如果失败，敢不敢面对队员的指责？""如果失败，愿不愿意承担一切责任？"

3. 教师宣布比赛规则：

（1）全队学生进行报数，速度快且未出错者胜出。

（2）分别进行4轮比赛，3个小组两两比赛，总共进行12轮比赛，每两轮改换报数开始方向，分别在队首和队尾发起。

（3）每轮比赛结束后进行奖惩。输的一组（报数慢或报数出错），由队长率领队员向对方表示诚服，并向对方队员说："恭喜你们！我们愿赌服输。"男队长做俯卧撑10次，女队长做俯卧撑5次（或者蹲起5次）。以后每轮，输的一方男队长做俯卧撑的次数将会以10次递增，女队长做俯卧撑（或者蹲起）的次数将会以5次递增。

（4）队长不能完成的惩罚可以由小组成员代替，但是代替的成员必须完成本轮比赛惩罚规定的次数后，方可替队长完成剩余的惩罚次数。

4. 活动结束，教师进行点评和总结。

思考与讨论

完成二维码12-1中的职业锚测试，了解自己的能力、动机和价值观。

12-1　职业
锚测试

参考文献

［1］郭念锋.心理咨询师(二级)［M］.2版.北京：民族出版社,2012.

［2］郭念锋.心理咨询师(基础知识)［M］.2版.北京：民族出版社,2012.

［3］樊富珉,王建中.当代大学生心理健康教程［M］.2版.武汉：武汉大学出版社,2014.

［4］樊富珉.结构式团体辅导与咨询应用实例［M］.北京：高等教育出版社,2015.

［5］时勘.员工援助师［M］.北京：中国劳动社会保障出版社,2012.

［6］时勘.卓越心智培训［M］.北京：中国劳动社会保障出版社,2014.

［7］张利.高职心理健康教育实用教程［M］.北京：清华大学出版社,2012.

［8］马莹,黄晞建.大学生心理健康［M］.2版.北京：高等教育出版社,2019.

［9］肖淑梅,彭彤.高职大学生心理健康［M］.北京：机械工业出版社,2016.

［10］叶琳琳.大学生心理健康与心理素质训练［M］.北京：北京师范大学出版社,2016.

［11］吕秀梅,陈晋,段桂芹.心理健康教育［M］.北京：北京师范大学出版社,2013.

［12］朱立新,张斌,时勘.安全心智培训［M］.北京：中国劳动社会保障出版社,2013.

［13］吉家文,陈秀珍.新编大学心理健康教育(慕课版)［M］.成都：电子科技大学出版社,2020.

［14］唐金琴,柳树森.大学生心理健康教育［M］.北京：北京理工大学出版社,2022.

感谢您使用本书。为方便教学，我社为教师提供资源下载、样书申请等服务，如贵校已选用本书，您只要关注微信公众号"高职素质教育教学研究"，或加入下列教师交流QQ群即可免费获得相关服务。

"高职素质教育教学研究"公众号

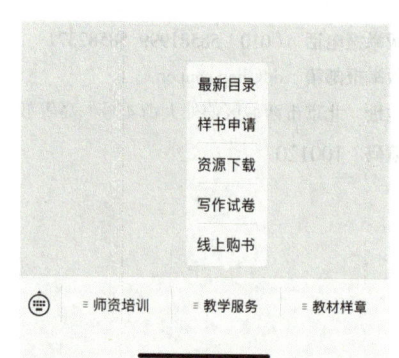

资源下载：点击"**教学服务**"—"**资源下载**"，或直接在浏览器中输入网址（http://101.35.126.6/），
　　　　　注册登录后可搜索下载相关资源。（建议用电脑浏览器操作）
样书申请：点击"**教学服务**"—"**样书申请**"，填写相关信息即可申请样书。
样章下载：点击"**教材样章**"，可下载在供教材的前言、目录和样章。
师资培训：点击"**师资培训**"，获取最新直播信息、直播回放和往期师资培训视频。

联系方式

大学生心理健康教育教师交流QQ群：383461117
联系电话：（021）56961310　电子邮箱：3076198581@qq.com